고등학교
정보

중 간 · 기 말 · 내 신 대 비

자습서
+
평가 문제집

㈜ 삼양미디어

이 책의 차례

I 컴퓨팅 시스템

01 | 네트워크 환경 구성   6
개념 확인 문제
시험 대비 문제

02 | 사물 인터넷과 사회 변화   14
개념 확인 문제
시험 대비 문제

03 | 사물 인터넷 시스템 구현   20
개념 확인 문제
시험 대비 문제

◉ 대단원 마무리 문제   26

II 데이터

01 | 암호화와 데이터 보호   34
개념 확인 문제
시험 대비 문제

02 | 디지털 데이터의 압축   40
개념 확인 문제
시험 대비 문제

03 | 빅데이터와 데이터 수집   46
개념 확인 문제
시험 대비 문제

04 | 데이터 시각화   52
개념 확인 문제
시험 대비 문제

◉ 대단원 마무리 문제   58

Ⅲ 알고리즘과 프로그래밍

01 | 알고리즘과 문제 해결   64
개념 확인 문제
시험 대비 문제

02 | 문제 분해와 모델링   70
개념 확인 문제
시험 대비 문제

03 | 자료형과 변수   78
개념 확인 문제
시험 대비 문제

04 | 표준 입출력과 파일 입출력   86
개념 확인 문제
시험 대비 문제

05 | 제어 구조와 데이터 구조   94
개념 확인 문제
시험 대비 문제

06 | 객체지향과 클래스, 프로그래밍 프로젝트   108
개념 확인 문제
시험 대비 문제

07 | 정렬과 탐색 알고리즘   114
개념 확인 문제
시험 대비 문제

● 대단원 마무리 문제   126

Ⅳ 인공지능

01 | 인공지능과 지능 에이전트   138
개념 확인 문제
시험 대비 문제

02 | 기계학습의 이해   144
개념 확인 문제
시험 대비 문제

03 | 기계학습을 이용한 문제 해결   150
개념 확인 문제
시험 대비 문제

● 대단원 마무리 문제   158

Ⅴ 디지털 문화

01 | 디지털 기술과 진로 설계   164
개념 확인 문제
시험 대비 문제

02 | 정보 공유와 보호   170
개념 확인 문제
시험 대비 문제

03 | 정보 보안과 디지털 윤리   176
개념 확인 문제
시험 대비 문제

● 대단원 마무리 문제   182

● 정답 및 해설   188

I

컴퓨팅 시스템

01 | 네트워크 환경 구성

02 | 사물 인터넷과 사회 변화

03 | 사물 인터넷 시스템 구현

네트워크 환경 구성

학습 목표
• 유무선 네트워크의 특성을 설명할 수 있다.
• 컴퓨팅 시스템 간 공유, 협력, 소통을 위한 네트워크 환경을 구성할 수 있다.

1 | 네트워크의 개념과 특성

01 네트워크

• 컴퓨팅 시스템에서 네트워크란 기기들이 데이터를 주고받을 수 있도록 구성된 통신망으로, 표준화된 통신 프로토콜을 따라 데이터를 송수신함.
• 전송 방식에 따라 유선 네트워크와 무선 네트워크로 구분함.

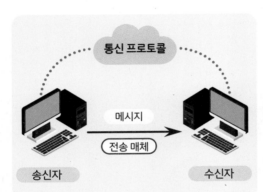

△ 데이터 통신 구성도

△ 유무선 네트워크 구성도

02 유선 네트워크

• 컴퓨팅 시스템 구성 장치들을 유선으로 연결하는 방식으로, 이동하며 사용하기 어려움.
• 통신 안정성이 높지만 구축 비용이 많이 발생할 수 있음.
• 일상에서 사용하는 대부분의 유선 네트워크는 이더넷 방식을 따름.

03 무선 네트워크

• 컴퓨팅 시스템 구성 장치들을 전파 등을 이용하여 무선으로 연결하는 방식으로, 이동하며 사용하기 편리함.
• 장애물이나 전파 간섭에 의해 연결 장애가 발생할 수 있음.
• 와이파이, 블루투스, NFC, 지그비 등이 대표적인 기술
① 와이파이(Wi-Fi): 가까운 거리의 인터넷 연결을 지원하는 기술
② 블루투스(Bluetooth): 짧은 거리에서 저전력으로 기기 간 데이터 전송을 지원하는 기술
③ NFC(Near Field Communication): 매우 근거리(10cm 이내)에서 빠른 데이터 교환이 가능한 기술
④ 지그비(Zigbee): 저전력, 저속, 다중 기기 연결이 가능한 IoT 및 스마트홈용 기술

⚙ 컴퓨팅 시스템
하드웨어와 소프트웨어를 결합한 시스템으로, 다양한 데이터를 입력받아 처리

⚙ 프로토콜(Protocol)
송신자와 수신자 간에 데이터를 주고받기 위한 신호 체계나 전송 방식 등에 관한 약속이나 규약을 의미

⚙ 유무선 공유기
여러 장치들이 하나의 인터넷에 연결될 수 있게 하는 장치

⚙ 이더넷(Ethernet)
랜 케이블, 랜 카드, 물리적 주소 등을 사용하여 근거리에 위치한 기기 간 통신이 가능하도록 하는 네트워크 기술

⚙ 페어링(Pairing)
블루투스 기기를 서로 연결하는 초기 인증 과정을 의미

⚙ RFID
어떤 주파수 영역을 사용하느냐에 따라 약 100m 이내의 거리에서도 무선 통신이 가능한 비접촉식 정보 통신 기술

⚙ 셀룰러 통신
서비스 영역을 작은 크기의 셀 단위로 분할하여 각 셀의 중심에 기지국을 두고 사용자가 위치한 각 셀의 기지국과 통신하는 기술로, 물리적으로 멀리 떨어진 사용자에게 동일한 대역의 주파수를 할당함으로써 제한된 주파수를 효율적으로 활용 가능

01 네트워크 환경 구성

- 네트워크 환경 구성을 위해 유무선 공유기와 같은 네트워크 장치와 이를 제어하기 위한 소프트웨어가 필요함.
- 인터넷 접속을 위해 IP 주소, 게이트웨이 등의 정보가 필요함.
- 동적 호스트 구성 프로토콜(DHCP) 방식을 활용하면 인터넷 접속에 필요한 정보가 자동으로 할당되어 편리함.

항목	정보 예시
IP 주소	10.237.18.125
서브넷 접두사 길이	24
게이트웨이	10.237.18.1
DNS 서버	168.126.63.1

△ 네트워크 환경 설정 예시

- 학교나 회사 등 일정 규모 이상의 조직에서는 보안을 위해 인터넷 접속 정보를 수동으로 입력하기도 함.

02 네트워크 환경 설정

① IP 주소: IP(Internet Protocol) 주소는 인터넷에 연결된 컴퓨터의 유일한 주소로 각 기기를 구별할 수 있는 주소를 의미하며 인터넷으로 데이터를 주고받기 위해서 필요한 정보

	IPv4 프로토콜	IPv6 프로토콜
개념	인터넷에서 데이터를 주고받기 위해 고안된 프로토콜 가운데 4번째 버전이면서 전 세계적으로 사용된 첫 번째 버전임.	IPv4의 IP 주소 부족 문제를 해결하기 위해 등장한 버전으로, 이전보다 더 많은 IP 주소를 나타낼 수 있으며 보안이 강화됨.
길이	32bit	128bit
구성	• 8bit씩 마침표(.)로 4개의 영역을 구분 • 각 영역별로 0~255 범위를 표현 가능	• 16bit씩 콜론(:)으로 8개의 영역을 구분 • 각 영역별로 0~65,535 범위를 표현 가능
IP 주소 예시	10.237.20.125	FDEC:BA98:7321:362A:2B5C:FFFF:2D9C:0098

△ IPv4와 IPv6 비교

✓ 알고 가기 — 서브넷 접두사 길이

서브넷(Subnet)은 네트워크를 효율적이면서도 안전하게 관리하기 위해 부분적으로 나눈 네트워크를 의미한다. 예를 들어, IP 주소를 유선 전화번호에 비유하자면, 서브넷은 02(서울), 044(세종), 064(제주도)와 같이 지역 번호에 해당한다.

서브넷 접두사 길이는 IP 주소가 속한 네트워크 주소의 길이를 의미한다. 예를 들어, 어떤 컴퓨팅 기기의 IP 주소가 '192.168.1.30'이고, 서브넷 접두사 길이가 24라면 이 기기가 속한 네트워크에서 사용 가능한 IP 주소의 범위는 대략 '192.168.1.0~192.168.1.255'가 된다.

```
 192   ·   168   ·   1   ·  XXX
11000000 10101000 00000001 XXXXXXXX
 8bit     8bit     8bit     8bit
         └── 네트워크 영역 주소 ──┘
```

△ 서브넷 접두사 길이가 24인 경우 예시

✿ MAC 주소(Media Access Control Address)
일반적으로 랜 카드(NIC) 제조 업체가 하드웨어 자체에 부여하는 고유한 기기 식별 번호로, IP 주소와 달리 사용자가 임의로 수정할 수 없음.

✿ 서브넷 접두사 길이와 서브넷 마스크
서브넷 접두사 길이는 IP 주소에서 네트워크 주소 부분을 나타내는 비트의 수로, 서브넷 마스크를 2진수로 변환하였을 때, 연속적으로 1로 채워진 비트의 수를 의미함. 예를 들어, 서브넷 마스크가 255.255.255.0인 경우, 2진수로 변환하면 11111111.11111111.11111111.00000000이고, 서브넷 접두사의 길이는 24가 됨.
서브넷 마스크는 IPv4 주소와 함께 사용되어 주어진 IP 주소가 어떤 네트워크에 속하는지 식별하는 이진 숫자임.

② 게이트웨이: 서로 다른 네트워크가 통신할 수 있도록 하는 장치

- 유무선 공유기 대부분이 게이트웨이 역할을 담당
- 공인 IP 주소와 사설 IP 주소 간 변환을 가능하게 하는 NAT(Network Address Translation) 기술도 포함

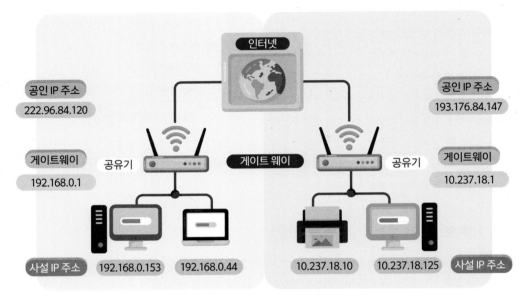

▲ 네트워크 구성도

③ DNS 서버: IP 주소와 도메인 이름 간 변환을 담당하는 서버

▶ 교육부 도메인(www.moe.go.kr)으로 이해하는 도메인 구성

www	.	moe	.	go	.	kr
월드 와이드 웹 (World Wide Web)		3단계 도메인		2단계 도메인		1단계 도메인

▶ 그림으로 보는 도메인 체계와 분류

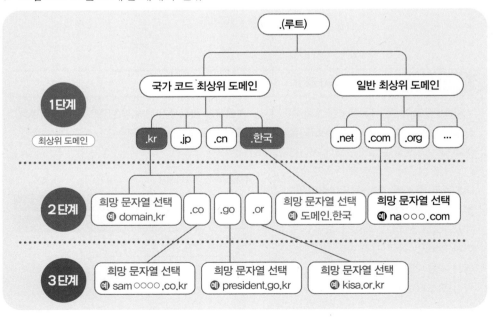

사이드바:

🔧 **공인 IP 주소**
인터넷 서비스 제공 업체(ISP)가 부여한 고유한 IP 주소

🔧 **사설 IP 주소**
특정 네트워크에 속한 기기들을 식별하기 위해 내부적으로 할당한 IP 주소로, 해당 네트워크에서만 사용 가능함. IPv4 방식의 네트워크에서 주소 부족 문제를 해결하기 위해 등장했음.

🔧 **도메인(Domain)**
숫자로 구성된 IP 주소를 대신하여 영문, 한글 등의 문자로 간결하게 재구성한 것으로, 전 세계 도메인 관리는 국제인터넷주소관리기구에서 총괄하고 '.kr', '한글' 도메인은 한국인터넷진흥원에서 관리함. 도메인은 대행 회사 등을 통해 구입 가능함.

🔧 **국가 도메인**
- .kr 한국
- .jp 일본
- .cn 중국
- .us 미국

🔧 **일반 도메인**
- .com 상업 목적 기관
- .net 네트워크 관련 기관
- .org 비영리 기관이나 단체
- .edu 교육 목적 전용

03 공유 네트워크 구성

- 컴퓨팅 시스템은 하드웨어, 소프트웨어, 데이터 등의 자원으로 구성됨.
- 공유 네트워크를 통해 자원을 공유할 수 있는 환경을 구성하면 한정된 자원을 효율적으로 이용할 수 있음.
- 공유 네트워크 구성 시 주의 사항
  - 허가 받지 않은 사용자가 자원을 변형하거나 훼손하지 못하도록 접근을 허용할 사용자의 범위를 지정하는 것이 좋음.
  - 공유하고자 하는 데이터에 개인 정보, 민감 정보 등이 포함되지 않도록 주의해야 함.

➕ 하나 더 플러스 클라우드 스토리지

클라우드 스토리지는 인터넷을 통해 데이터를 저장, 공유 및 관리할 수 있는 서비스로, 물리적 저장 장치 없이 언제 어디서나 데이터에 접근할 수 있음.

📋 점검하기

1 다음은 무엇에 대한 설명인가?

> 컴퓨팅 시스템에서 기기들이 데이터를 주고받을 수 있도록 구성된 통신망

2 다음 괄호 안에 차례대로 들어갈 말은 무엇인가?

> (㉠) 네트워크는 컴퓨팅 시스템을 구성하는 장치들을 랜 케이블, 랜 카드 등을 이용하여 유선으로 연결하는 방식이고,
> (㉡) 네트워크는 컴퓨팅 시스템을 구성하는 장치들을 전파를 이용하여 무선으로 연결하는 방식이다.

정답 **1** 네트워크(Network) **2** ㉠ 유선, ㉡ 무선

개념 확인 문제

01 다음은 네트워크 구성 방식에 관한 설명이다. 괄호 안에 들어갈 내용으로 가장 적절한 것은?

> (   ) 네트워크는 컴퓨팅 시스템을 구성하는 장치들을 랜 케이블, 랜 카드, 광섬유 케이블 등을 이용하여 직접 연결하는 방식으로, 통신 안정성이 높지만 자리를 이동하며 사용하기 어려운 것이 특징이다.

① 공유   ② 광역   ③ 무선
④ 유선   ⑤ 표준

02 네트워크에서 송신자와 수신자 간에 데이터를 주고받기 위한 신호 체계나 전송 방식 등에 관한 약속이나 규약을 무엇이라고 하는가?

① 통신   ② 메시지   ③ 프로토콜
④ 하드웨어   ⑤ 소프트웨어

03 다음 중 무선 네트워크 관련 기술이 <u>아닌</u> 것은?

① NFC   ② RFID   ③ 이더넷
④ 블루투스   ⑤ 와이파이

04 다음 〈보기〉에서 설명하고 있는 것은?

보기

> 인터넷에 연결된 컴퓨터의 유일한 주소로 각 기기를 구별할 수 있는 주소를 의미한다.

① IP 주소   ② MAC 주소
③ 이메일 주소   ④ 프로토콜
⑤ 게이트웨이

05 다음 〈보기〉의 괄호 안에 들어갈 내용으로 옳은 것은?

보기

> (   )(이)란 숫자로 구성된 IP 주소를 영문, 한글 등의 문자로 간결하게 표현한 것을 의미한다.

① 데이터   ② 도메인
③ 지그비   ④ 공인 IP 주소
⑤ 사설 IP 주소

06 다음 중 서로 다른 네트워크 간 통신이 가능하도록 하는 장치는 무엇인가?

① IP 주소   ② 도메인
③ 게이트웨이   ④ DNS 서버
⑤ 동적 호스트 구성 프로토콜

개념 확인 문제 〈정답 및 해설〉

정답

01 ④   **02** ③   **03** ③   **04** ①   **05** ②   **06** ③

해설

01 유선 네트워크는 컴퓨팅 시스템을 구성하는 장치들을 유선으로 연결하는 방식이다.

02 프로토콜에 대한 설명으로, 표준화된 통신 프로토콜을 이용하여 데이터를 송수신할 수 있다.

03 이더넷은 유선 네트워크 관련 기술이다.

04 IP 주소에 대한 설명으로, IP 주소는 인터넷으로 데이터를 주고받기 위해 필요한 정보이다.

05 도메인이란 숫자로 구성된 IP 주소를 영문, 한글 등의 문자로 간결하게 표현한 것으로, 사람들이 쉽게 이해하고 기억할 수 있도록 돕는다.

06 게이트웨이(Gateway)는 서로 다른 네트워크가 통신할 수 있도록 하는 장치로, 다른 네트워크에 접속하기 위해 반드시 거쳐야 하는 지점이다. 유무선 공유기 등이 게이트웨이 역할을 한다.

시험 대비 문제

01 다음 중 네트워크에 관한 설명으로 옳지 <u>않은</u> 것은?

① 네트워크란 기기들이 데이터를 주고받을 수 있도록 구성된 통신망이다.
② 프로토콜은 네트워크에서 송신자와 수신자 간의 데이터 전송 방식을 규정하는 규약이다.
③ 유선 네트워크는 무선 네트워크에 비해 안정성이 높은 편이며 일상에서 주로 이더넷 방식을 사용한다.
④ 무선 네트워크는 유선 네트워크에 비해 이동성이 뛰어나며 장애물이나 전파 간섭에 의한 연결 장애가 적게 발생하는 편이다.
⑤ 공유 네트워크를 형성하여 자원을 효율적으로 사용할 수 있다.

02 다음 중 무선 네트워크에 관한 설명으로 가장 적절하지 <u>않은</u> 것은?

① 무선 네트워크는 전파를 이용하여 데이터를 주고받는 방식이다.
② 무선 네트워크는 항상 유선 네트워크보다 뛰어난 안정성을 보인다.
③ 자리를 옮기며 업무를 처리해야 하는 상황에서는 일반적으로, 유선 네트워크보다 무선 네트워크를 구성하는 것이 좋다.
④ 와이파이(Wi-Fi), 블루투스(Bluetooth), NFC(Near Field Communication) 등은 무선 네트워크 관련 정보 통신 기술에 해당한다.
⑤ 무선 네트워크는 보안 취약성이 존재하며 데이터 암호화와 인증 기술이 필요하다.

03 다음 중 NFC에 관한 설명으로 옳지 <u>않은</u> 것은?

① 매우 가까운 거리에서 데이터를 송수신할 수 있는 무선 통신 기술이다.
② 교통 카드, 모바일 결제, 전자 출입 시스템 등에 활용된다.
③ 블루투스처럼 페어링 과정이 필요하다.
④ 한 번에 하나의 태그만 인식할 수 있다.
⑤ NFC 태그를 스마트폰으로 스캔하면 다양한 정보를 읽거나 특정 작업을 수행할 수 있다.

04 다음 중 IP 주소에 관한 설명으로 옳지 <u>않은</u> 것은?

① 인터넷에서 데이터를 주고받기 위해 필요한 정보다.
② IPv4는 32bit로 구성되며, 8bit씩 마침표(.)로 구분한다.
③ IPv6는 128bit로 구성되며, 16bit씩 콜론(:)으로 구분한다.
④ 주소 부족 문제를 해결하기 위해 IPv6이 등장하게 되었다.
⑤ 현재 IPv4는 완전히 사라졌으며 IPv6만 사용 가능하다.

05 다음 〈보기〉의 괄호 안에 들어갈 내용으로 옳은 것은?

> **보기**
>
> (   )(은)는 일반적으로 랜 카드 제조 업체가 하드웨어 자체에 부여하는 고유한 기기 식별 번호이다.

① IP 주소
② MAC 주소
③ 이메일 주소
④ 프로토콜
⑤ 게이트웨이

06 다음 〈보기〉에서 설명하고 있는 것은?

> **보기**
>
> 블루투스는 노트북과 무선 마우스, 스마트폰과 무선 이어폰 등 서로 다른 기능을 하는 장치를 연결하기 위해 고안된 정보 통신 기술로, 데이터 전송 전에 두 기기를 서로 연결하는 초기 인증 과정인 (   )(이)가 필요하다.

① 컴퓨팅
② 페어링
③ 호스팅
④ 네트워킹
⑤ 동적 호스트 구성 프로토콜

07 다음 〈보기〉의 빈칸에 들어갈 내용으로 가장 적절한 것은?

> **보기**
>
> (   )(이)란 인터넷에 연결된 컴퓨터의 유일한 주소로, 각 기기를 구별할 수 있는 주소를 의미한다. 택배를 보낼 때, 수신자의 주소가 필요한 것처럼, 인터넷에서 데이터를 주고받기 위해서는 (   )(이)가 필요하다.

① IP 주소
② MAC 주소
③ 이메일 주소
④ 프로토콜
⑤ 게이트웨이

08 도메인에 대한 설명으로 가장 적절한 것은?

① 도메인은 숫자만으로 구성된다.
② 도메인은 IP 주소를 이해하거나 기억하기 쉬운 형태로 표현한 것이다.
③ 도메인은 대행 회사 등을 통해 개인적으로 구입할 수 없다.
④ '.한국'과 같이 한글로 구성된 도메인은 등록이 불가능하다.
⑤ 최상위 도메인은 국제적으로 정해진 것 외에도 자유롭게 생성하여 등록할 수 있다.

09 다음 〈보기〉의 도메인에 관한 설명으로 가장 적절한 것은?

보기

http://korea.edu.com/

① '.com'은 최상위 도메인이다.
② 'korea'는 대한민국에서만 사용할 수 있다.
③ 'korea.edu'를 통해 우리나라 교육 기관에서 등록한 사이트임을 알 수 있다.
④ '.edu.com'은 공식적인 교육 기관용 도메인 체계로 각국의 대학에서 공통적으로 사용된다.
⑤ '.com'은 정부 기관 전용 도메인으로, 해당 사이트는 정부 기관이 운영하는 사이트이다.

10 다음 중 인터넷 환경 구성에 대한 설명으로 옳지 <u>않은</u> 것은?

① 인터넷에 연결된 모든 기기는 고유한 IP 주소를 갖는다.
② 게이트웨이는 서로 다른 네트워크 간 통신을 위해 반드시 거쳐야 하는 지점이다.
③ DNS 서버는 도메인 이름을 IP 주소로 변환하는 역할을 한다.
④ 서브넷은 네트워크의 보안 강화를 위한 암호화 방식 중 하나이다.
⑤ 유무선 공유기는 여러 장치들이 하나의 인터넷에 연결될 수 있게 하는 장치이다.

11 유선 네트워크를 구성할 때 주로 사용되는 기술로, 랜 케이블 등을 이용하여 근거리 네트워크를 구축하는 방식은?

12 다음 〈보기〉의 괄호 안에 들어갈 내용은?

보기

네트워크에서 송신자와 수신자 간 데이터를 주고받기 위해서는 표준화된 통신 (   )(을)를 준수해야 한다. 이는 데이터를 어떻게 주고받을지에 관한 규약을 의미한다.

13 근거리에서 무선 인터넷 연결을 가능하게 하는 기술로, 일상생활에서 스마트폰, 노트북 등을 인터넷에 연결할 때 사용하는 무선 네트워크 기술은?

14 서로 다른 기능을 하는 장치를 연결하기 위해 고안된 정보 통신 기술로, 데이터 전송 전에 두 기기를 연결하는 페어링 과정이 필요하며 한 번에 여러 개의 기기를 연결할 수 있는 것은?

15 다음 〈보기〉의 괄호 안에 들어갈 내용은?

보기

(   )(이)란 숫자로 구성된 IP 주소를 인간이 쉽게 이해하고 기억할 수 있도록 영문, 한글 등의 문자로 간결하게 표현한 것을 의미한다.

16 유무선 공유기와 같은 네트워크 장치에서 공인 IP 주소와 사설 IP 주소 간 변환을 가능하게 하는 기술의 이름은?

17 무선 네트워크와 유선 네트워크의 차이점을 설명하시오.

18 주변에서 무선 네트워크 관련 정보 통신 기술을 활용한 예시를 찾아 설명하시오.

19 공인 IP 주소와 사설 IP 주소의 차이를 설명하시오.

20 네트워크 보안이 중요한 이유를 서술하시오.

사물 인터넷과 사회 변화

02

학습 목표
- 사물 인터넷의 구성과 동작 원리를 분석할 수 있다.
- 사물 인터넷 기술로 인한 개인의 삶과 사회의 변화를 예측할 수 있다.

1 | 사물 인터넷의 개념

- **사물 인터넷(IoT: Internet of Things)**: 사물과 사물뿐만 아니라 사물과 사람, 사람과 사람을 연결하여 상호 작용하게 하는 정보 과학 기술
- **사물 인터넷을 구성하는 요소**: 센서, 액추에이터, 다양한 장치, 통신 기술, 데이터 처리 기술 등으로 구성되며, 이외에도 센서를 통해 수집되는 방대한 양의 데이터 처리를 위해 클라우드 컴퓨팅, 에지 컴퓨팅과 같은 기술이 사용됨.

구성 요소	예시
센서	온도 센서, 습도 센서, 가속도 센서, 초음파 센서
액추에이터	모터, 밸브, 스위치
통신 기술	이더넷, 와이파이, 블루투스, NFC, RFID, 셀룰러 통신
소프트웨어	제어 프로그램, 응용 소프트웨어

🔺 사물 인터넷 시스템 구성 요소와 예시

➕ 하나 더 플러스 지능형 사물 인터넷(AIoT: Artificial Intelligence of Things)

인공지능 기술의 발달로 사물 간 지능형 정보 통신이 가능해지면서 지능형 사물 인터넷이라는 개념도 등장했다. 사물 인터넷이 빠르게 확장되고 있어 2030년 이후에는 인터넷에 연결된 사물의 수가 약 1조 5천억 개가 될 것으로 추정된다.

2 | 사물 인터넷의 동작 원리

- 사물 인터넷 센서에 의해 수집된 다양한 데이터를 장치 내에서 곧바로 처리하거나 네트워크를 통해 데이터 관리 플랫폼으로 전달됨. 이 분석 결과를 바탕으로 적절한 형태로 가공, 사용자에게 서비스됨.

⚙ 센서(Sensor)
주변 환경을 인식하고, 다양한 물리적 정보를 감지하며 이를 디지털 데이터로 변환함.

⚙ 액추에이터(Actuator)
사물 인터넷 시스템에서 물리적인 작동을 담당

⚙ 에지 컴퓨팅
(Edge Computing)
데이터가 생성되는 곳 주변에 위치한 데이터 처리 장치(에지)를 이용하여 분산형 방식으로 데이터를 처리하는 것을 말함. 데이터 처리 시간이 큰 폭으로 단축되며, 인터넷 대역폭과 사용량이 감소하는 장점이 있음.

⚙ 클라우드 컴퓨팅
(Cloud Computing)
클라우드 내에서 중앙 집중형 방식으로 데이터를 처리하는 방식

예 스마트홈: 온도 센서, 습도 센서가 데이터 수집 → 게이트웨이를 통해 스마트폰과 데이터 분석 및
관리 플랫폼으로 이동 → 스마트폰을 통해 현재 온도와 습도 실시간으로 확인 → 데이터 분석 및
관리 플랫폼의 결과를 바탕으로 보일러와 가습기는 적절한 온도와 습도 유지

활용 사례 ❶ 체험형 놀이 시설: RFID와 NFC 기반의 통신 기술을 활용하여 웨어러블 밴드로
입장객의 정보를 관리, 체험 시설을 운영하는 사례가 증가함. 이 기술들은 입장 절차부터 놀이
기구 작동, 체험 결과 확인까지 다양한 과정을 자동화하고 편리하게 처리할 수 있도록 함. 이를
통해 놀이 시설은 운영 효율성을 높이고, 입장객들에게 몰입감 높은 체험을 제공함.

활용 사례 ❷ 차세대 지능형 교통 시스템: 사물 인터넷, 통신 기술, 데이터 분석 등을 활용해 도
로 인프라, 차량, 운전자가 실시간으로 서로 연결되어 교통 정보를 주고받음. 이를 통해 도로 상황,
교통 흐름, 차량 상태 등을 실시간으로 파악하여 보다 안전하고 효율적인 교통 관리가 가능함.

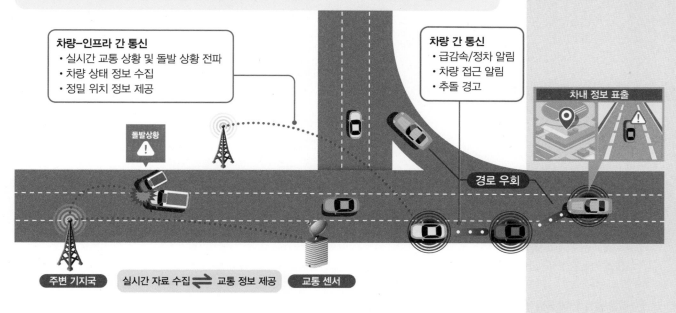

3 | 사물 인터넷 기술로 인한 삶과 사회의 변화

• 사물 인터넷 기술의 발달로 다양한 사물과 사람이 연결되는 초연결 사회, 인공지능을 활용하여 문제를 해결하는 지능화 사회가 되면서 개인의 삶과 사회에 큰 변화가 일어나고 있음.

사례 ❶ 경상북도 상주시: 건강과 안전에 취약한 독거노인 가구에 사물 인터넷 기기를 설치한 후, 일정 시간마다 생활 데이터를 분석하여 위급 상황이라고 판단될 경우 자동으로 관리자나 보호자에게 알림 메시지를 전송함으로써 신속하게 대응함.

사례 ❷ 서울시 관악구: 노인 보호 구역이나 어린이 보호 구역, 상습적으로 불법 주정차가 발생하는 지역 일부에 사물 인터넷과 태양과 LED 기술을 접목한 불법 주정차 예방 시스템을 구축하여 운영함. 주정차 금지 구역에 차량을 주차하거나 정차할 경우, 센서로 차량을 감지하고 스피커와 LED 전광판을 이용하여 차량 이동을 유도함으로써 안전하고 쾌적한 도로 환경 구축에 기여함.

• 사물 인터넷 기술을 활용하면 생산성과 편의성을 향상하는 등 우리 삶에 긍정적인 변화를 기대할 수 있음.
• 주의할 점
  – 여러 기기가 연결되어 있으므로 하나의 기기가 해킹될 경우, 다른 기기 또한 쉽게 해킹될 수 있음. 컴퓨팅 기기의 유형이 다양한 만큼 여러 위협에 노출될 수 있기 때문에 보안에 신경을 써야 함.
  – 개인 정보 주체자로서 자신의 정보를 관리하고 보호해야 함.
  – 사물 인터넷 기술을 이용하기에 앞서 데이터의 수집과 처리 과정에 대한 보안과 신뢰성 등을 충분히 고려해야 함.
• **데이터 주권**: 자신의 데이터가 언제, 어디서, 어떻게 사용될지를 결정할 수 있는 권리를 뜻함.

📋 점검하기

❶ 다음은 무엇에 대한 설명인가?

사물과 사물뿐만 아니라 사물과 사람, 사람과 사람을 연결하여 상호 작용할 수 있도록 하는 정보 과학 기술

❷ 다음 괄호 안에 공통으로 들어갈 말은 무엇인가?

사물 인터넷 시스템은 (   )(와)과 액추에이터를 비롯한 다양한 장치, 통신 기술 등으로 구성된다. 이외에도 (   )(을)를 통해 수집되는 방대한 양의 데이터를 효율적으로 처리하기 위해 클라우드 컴퓨팅, 에지 컴퓨팅과 같은 기술이 사용되고 있다.

정답 ❶ 사물 인터넷(IoT, Internet of Things) ❷ 센서

개념 확인 문제

01 다음 중 물리적 환경으로부터 데이터를 수집하는 장치는 무엇인가?

① 센서
② 액추에이터
③ 통신 기술
④ 에지 컴퓨팅
⑤ 클라우드 컴퓨팅

02 다음 중 사물 인터넷 시스템에서 물리적인 움직임을 담당하는 장치를 의미하는 것은 무엇인가?

① 센서
② 액추에이터
③ 통신 기술
④ 소프트웨어
⑤ 에지 컴퓨팅

03 다음 〈보기〉의 괄호 안에 들어갈 내용으로 옳은 것은?

> **보기**
> ( ) 센서를 이용하면 빛의 양을 측정 및 수집할 수 있다.

① 습도
② 온도
③ 조도
④ 가속도
⑤ 카메라

04 다음 중 사물 인터넷 시스템을 구성하는 데 필수적인 요소로 가장 적절하지 <u>않은</u> 것은?

① 센서
② 액추에이터
③ 통신 기술
④ 소프트웨어
⑤ 그래픽 카드

05 사물 인터넷 기술의 발달은 우리의 삶과 사회에 많은 변화를 가져오고 있다. 다음 〈보기〉의 괄호 안에 공통으로 들어갈 내용으로 옳은 것은?

> **보기**
> 데이터 ( )(이)란 자신의 데이터가 언제, 어디서, 어떻게 사용될지를 결정할 수 있는 권리를 의미한다. 사물 인터넷 시스템이 사용자의 위치, 활동, 생활 패턴 등 다양한 개인 정보를 수집하고 있기 때문에, 데이터 ( )(을)를 알고, 올바르게 행사하는 것이 중요하다.

① 권리
② 주권
③ 이용권
④ 자주권
⑤ 행사권

개념 확인 문제 〈정답 및 해설〉

정답

01 ① **02** ② **03** ③ **04** ⑤ **05** ②

해설

01 센서에 관한 설명으로, 온도, 습도, 압력, 빛, 소리 등 주변 환경 데이터를 수집할 수 있다.

02 액추에이터에 관한 설명으로, 모터, 밸브, 스위치 등이 이에 해당한다.

03 센서는 물리적 환경으로부터 데이터를 수집하는 장치를 의미하며 조도 센서를 통해 빛의 양을 측정 및 수집할 수 있다.

04 사물 인터넷은 센서, 액추에이터, 통신 기술, 소프트웨어 등으로 구성되며, 센서를 통해 데이터를 수집하고 통신 기술을 이용해 데이터를 전송하며 소프트웨어를 통해 이를 분석하고 자동화한다. 그래픽 카드(GPU)는 주로 영상 처리와 컴퓨터 그래픽을 위한 하드웨어로, 사물 인터넷을 구성하는 필수 요소가 아니다.

05 데이터 주권이란 자신의 데이터가 언제, 어디서, 어떻게 사용될지를 결정할 수 있는 권리를 의미한다. 사물 인터넷 기술을 이용하기에 앞서 데이터의 수집과 처리 과정에 대한 보안과 신뢰성 등을 충분히 고려해야 한다.

시험 대비 문제

01 다음 중 사물과 사물, 사물과 사람, 사람과 사람을 연결하여 상호 작용할 수 있도록 하는 정보 과학 기술은 무엇인가?

① 페어링
② 로봇 기술
③ 인공지능
④ 네트워킹
⑤ 사물 인터넷

02 다음 〈보기〉의 괄호 안에 들어갈 내용으로 옳은 것은?

> **보기**
> (   )(은)는 사물 인터넷 시스템에서 센서를 통해 수집되는 방대한 양의 데이터를 효율적으로 처리하기 위해 사용되는 기술로, 중앙 집중형 방식으로 데이터를 처리한다.

① 센서
② 액추에이터
③ 통신 기술
④ 에지 컴퓨팅
⑤ 클라우드 컴퓨팅

03 다음 중 사물 인터넷 기술의 특징으로 옳지 <u>않은</u> 것은?

① 다양한 장치 간 상호 연결성을 제공한다.
② 실시간 데이터 수집과 분석이 가능하다.
③ 스마트폰에서만 제어가 가능하다.
④ 원격으로 장치를 제어할 수 있다.
⑤ 자동화된 기능을 제공한다.

04 다음 중 사물 인터넷에 대한 설명으로 옳지 <u>않은</u> 것은?

① 사물 인터넷 기술의 발전은 경제적 이익과 삶의 질 향상을 가져왔다.
② 사물 인터넷 기술은 다양한 장치를 연결함으로써 효율성을 높이고 새로운 서비스와 부가 가치를 창출하고 있다.
③ 사물 인터넷 기술은 개인 정보 침해, 데이터 유출 및 악용 등 다양한 보안 및 개인 정보 보호 문제를 일으킬 수 있다.
④ 사물 인터넷 시스템에서 특정 기기가 해킹되면 이와 연결된 다른 기기까지도 해킹될 수 있다.
⑤ 사물 인터넷 기술은 충분히 발전하였기 때문에 더 이상의 보안 강화나 기술적 개선은 필요하지 않다.

05 다음 중 사물 인터넷 기술이 적용된 사례로 적절하지 <u>않은</u> 것은?

① 스마트워치를 통해 심전도 데이터를 측정하고 헬스 케어 서비스를 제공하는 것
② 도로에 설치된 CCTV를 활용하여 교통량을 분석하고 신호 체계를 조절하는 것
③ 이메일을 주고받기 위해 인터넷을 사용하는 것
④ 스마트폰을 통해 원격으로 집 안의 전등을 켜고 끄는 것
⑤ 불법 주정차 금지 구역에 주차된 차량을 LED 전광판이 감지하여 차량 이동을 유도하는 것

06 다음 중 사물 인터넷 기술이 적용된 사례로 가장 적절하지 <u>않은</u> 것은?

① 스마트 냉장고가 내부 온도와 음식 보관 상태를 감지하여 사용자에게 알림을 보내는 것
② 스마트홈 시스템에 의해 외출 시 자동으로 가스 밸브와 조명이 차단되는 것
③ 온라인 쇼핑몰에서 상품을 검색하고 결제하는 것
④ 공공장소의 스마트 쓰레기통이 적재량을 감지하여 일정량 이상이 되면 자동으로 청소업체에 알림을 보내는 것
⑤ 차량의 블랙박스가 사고 발생 시 자동으로 사고 영상을 클라우드에 업로드하는 것

07 사물 인터넷 기술의 발달로 인해 발생할 수 있는 문제점으로 볼 수 있는 것은?

① 편리성 저하   ② 생산성 저하
③ 개인 정보 유출   ④ 대중교통 체증
⑤ 부가 가치 감소

08 사물 인터넷 기술의 발달로 인한 보안 위협을 줄이기 위한 방안으로 가장 적절한 것은?

① 모든 기기의 연결을 해제한다.
② 사용자의 데이터를 모두 삭제한다.
③ 보안 업데이트와 패치를 정기적으로 수행한다.
④ 인터넷 사용을 중지한다.
⑤ 모든 데이터를 암호화하지 않는다.

09 다음 〈보기〉의 괄호에 들어갈 내용으로 옳은 것은?

보기

사물 인터넷에서 (   )(은)는 주변 환경을 인식하고 다양한 물리적 정보를 감지하며 이를 디지털 데이터로 변환하는 역할을 한다.

10 사물 인터넷에서 데이터가 생성되는 곳 주변에 위치한 데이터 처리 장치를 이용하여 분산형으로 데이터를 처리하는 방식을 무엇이라고 하는지 쓰시오.

11 사물 인터넷 시스템을 구성하는 요소를 두 가지 이상 제시하고 각각에 대하여 설명하시오.

12 사물 인터넷 기술을 활용하여 도시 지역 미세먼지 및 공기 오염 문제를 해결할 수 있는 방안을 서술하시오.

사물 인터넷 시스템 구현

학습 목표
- 문제 해결에 적합한 피지컬 컴퓨팅 시스템 장치를 선택할 수 있다.
- 피지컬 컴퓨팅 시스템 장치를 활용하여 사물 인터넷 시스템을 설계하고 구현할 수 있다.

1 | 사물 인터넷 시스템의 이해

- **사물 인터넷 시스템 구성 요소**: 센서나 마이크로컨트롤러(Micro Controller Unit)와 같은 하드웨어, 와이파이나 지그비 같은 통신 기술, 데이터 분석 플랫폼과 같은 소프트웨어가 필요함.
- **마이크로컨트롤러 보드**: 마이크로컨트롤러를 중심으로 구성된 전자 회로 기판으로, 다양한 센서나 액추에이터와 같은 외부 장치를 연결하여 제어할 수 있음. 마이크로비트, 아두이노, 라즈베리파이 등이 있음.

마이크로비트	아두이노	라즈베리파이

🔵 마이크로컨트롤러 보드 예시

- **마이크로비트**: 블루투스와 라디오 통신 기능이 내장됨. 데이터를 송수신할 마이크로비트의 라디오 그룹을 동일하게 설정하면 마이크로비트 간 데이터를 주고받을 수 있음. 이때, 라디오 그룹은 0 이상 255 이하의 정수 가운데 하나로 설정할 수 있음.

🔵 라디오 그룹 설정 화면

마이크로컨트롤러
입력 장치와 출력 장치를 제어하면서 프로그램에 의해 명령을 수행하는 장치

오픈 소스 하드웨어
회로도, 제작 과정 등 하드웨어 설계와 관련된 내용이 대중에게 공개된 하드웨어

통합 개발 환경(IDE)
프로그램 개발에 필요한 작업을 하나로 통합한 도구로, 마이크로비트는 메이크코드와 같은 통합 개발 환경을 통해 쉽게 제어할 수 있음.

마이크로비트 버전
마이크로비트는 현재 v2까지 출시되었음. v1에는 빛 센서, 가속도 센서 등이 내장되어 있으며, 차세대 버전 v2에는 소리 센서, 터치 센서 등이 추가되었음.

2 | 사물 인터넷 시스템 설계와 구현 실습

01 운동 칼로리 계산 시스템

· **문제 상황** 문화체육관광부 제공 '2022년 국민 생활 체육 조사' 자료에 따르면, 규칙적으로 생활 체육에 참여하고 있는 사람들 중 절반 가량이 '체중 조절 및 체형 관리'를 위해 운동을 함. 이들을 위해 운동 칼로리를 자동으로 계산하여 체중 조절에 도움을 줄 수 있는 시스템을 구현하려면 어떻게 해야 할까?

> ⚠️ **유의점**
>
> 메이크코드에서 비교 연산 블록 사용 시, 비교하고자 하는 데이터의 자료형이 수치형인지, 문자형인지를 고려하여 알맞은 블록을 사용해야 함.

· **프로그래밍**

다리 운동 감지기

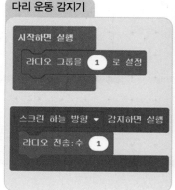

소모 칼로리 계산기

02 스마트 전등 시스템

· **문제 상황** 원격 제어를 통해 조도 감지 모드를 설정할 경우, 주변 밝기에 따라 전등의 밝기가 적절한 수준으로 자동 설정되는 시스템은 어떻게 설계하고 구현할 수 있을까?

> ✿ **마이크로비트 조도 센서와 밝기 블록**
>
> 마이크로비트를 통해 감지한 조도는 밝기 블록을 통해 활용할 수 있음. 주변이 밝을수록 255에 가깝고 어두울수록 0에 가까운 값이 반환됨.

· **프로그래밍**

리모컨

전등

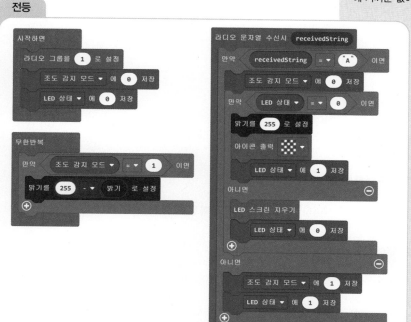

✿ 마이크로비트에서는 수치형 비교 블록과 문자형 비교 블록이 서로 다름에 유의하자.

03 층간 소음 예방 시스템

- **문제 상황** 국가소음정보시스템 통계 자료에 따르면, 2020년부터 4만 건이 넘는 층간 소음 신고가 접수되고 있음. 이를 예방하기 위해 특정 방에서 층간 소음 발생 기준을 초과하는 소음이 발생할 경우 모든 방에 위치한 인터폰에 방 번호와 경고음이 출력되는 시스템을 구현하려면 어떻게 해야 할까?

- **프로그래밍**

☼ 마이크로비트 소리 센서와 소리 크기 블록
마이크로비트를 통해 감지한 소리의 크기는 소리 크기 블록을 통해 활용할 수 있음. 주변이 조용할수록 0에 가깝고 시끄러울수록 255에 가까운 값이 반환됨.

각 방의 인터폰

```
시작하면
  라디오 그룹을  1  로 설정
    방 번호 ▼ 예  0  저장
    층간 소음 발생 기준 ▼ 에 150 저장

무한반복
  만약  층간 소음 발생 기준 ▼  < ▼  소리 크기  이면
    재생  멜로디 전화벨 멜로디 ▼   배경에서 실행 ▼
    라디오 전송:문자열  연결 "ROOM"  방 번호 ▼  ⊖ ⊕
  ⊕

라디오 문자열 수신시  receivedString
  재생  멜로디 전화벨 멜로디 ▼   배경에서 실행 ▼
  문자열 출력  receivedString
```

☼ 층간 소음 예방 시스템 예시

✓ 점검하기

1 다음은 무엇에 대한 설명인가?

입력 장치와 출력 장치를 제어하면서 프로그램에 의해 명령을 수행하는 장치

2 다음 괄호 안에 공통으로 들어갈 말은 무엇인가?

마이크로비트에는 블루투스와 (   ) 통신 기능이 내장되어 있다. 데이터를 송수신할 마이크로비트의 (   ) 그룹을 동일하게 설정하면 데이터를 주고받을 수 있다.

정답 **1** 마이크로컨트롤러 **2** 라디오

개념 확인 문제

01 다음 〈보기〉의 괄호 안에 들어갈 내용으로 적절한 것은?

> **보기**
>
> (   )(이)란 프로그램 개발에 필요한 작업을 하나로 통합한 도구를 의미한다.

① 디버깅
② 블루투스
③ 라디오 통신
④ 개발자 도구
⑤ 통합 개발 환경

02 다음 〈보기〉의 괄호 안에 들어갈 내용으로 옳은 것은?

> **보기**
>
> (   ) 하드웨어란 회로도, 제작 과정 등 하드웨어 설계와 관련된 내용이 대중에게 공개된 하드웨어를 의미한다.

① 프리 소스
② 셰어 소스
③ 오픈 소스
④ 통합 개발 환경
⑤ 마이크로컨트롤러

03 다음 중 입출력 장치를 제어하면서 프로그램에 의해 명령을 수행하는 장치는?

① 공유기
② 마우스
③ 소프트웨어
④ 통합 개발 환경
⑤ 마이크로컨트롤러

04 다음 중 마이크로비트에서 기본적으로 지원하는 기능이 아닌 것은?

① 조도 감지
② LED 출력
③ 와이파이
④ 블루투스
⑤ 라디오 통신

개념 확인 문제 〈정답 및 해설〉

> **정답**
>
> **01** ⑤ **02** ③ **03** ⑤ **04** ③

> **해설**
>
> **01** 〈보기〉는 통합 개발 환경에 관한 설명이다. 디버깅은 프로그램의 오류를 찾아 수정하는 과정을 의미하고 개발자 도구는 웹 개발자들이 브라우저에서 웹 페이지를 분석하고 디버깅할 수 있도록 제공하는 도구를 의미한다.
> **02** 〈보기〉는 오픈 소스 하드웨어에 대한 설명이다.
> **03** 마이크로컨트롤러는 입출력 장치, 중앙 처리 장치 등 다양한 기능을 하나의 칩에 통합해서 제공하는 작은 컴퓨터이다.
> **04** 마이크로비트에서 기본적으로 지원하는 무선 통신 기술은 블루투스와 라디오 통신이다.

시험 대비 문제

01 다음 〈보기〉에서 설명하고 있는 장치 중 하나인 것은?

> **보기**
>
> 마이크로컨트롤러를 중심으로 구성된 전자 회로 기판으로, 메모리와 입출력핀 등이 포함되어 있다.

① 논리 회로
② 조도 센서
③ 입출력 장치
④ 라즈베리파이
⑤ 유무선 공유기

02 다음 중 마이크로비트에서 기본적으로 지원하는 기능으로 옳은 것은?

① NFC
② RFID
③ 와이파이
④ 가속도 감지
⑤ 초음파 감지

03 마이크로비트를 활용하여 스마트 냉장고 시스템을 구현하고자 한다. 냉장고 내부 온도를 모니터링하고 일정 온도 이상으로 올라갈 때 경고를 보내는 시스템을 구현하기 위한 과정으로 가장 적절한 것은?

① 가속도 센서를 연결하고, 움직임이 감지되면 경고 알림을 보내는 코드를 작성한다.
② 조도 센서를 연결하고, 빛이 감지되면 경고 알림을 보내는 코드를 작성한다.
③ 온도 센서를 연결하고, 온도가 임계 값을 초과하면 라디오 통신으로 경고 알림을 보내는 코드를 작성한다.
④ 버튼 입력을 활용하여 사용자가 버튼을 누르면 온도 데이터를 확인하는 기능을 구현한다.
⑤ 자기장 센서를 활용하여 냉장고 내부 온도를 감지하고 온도가 높으면 경고를 보내는 코드를 작성한다.

04 마이크로비트를 활용하여 주변 밝기에 따라 각 전등의 밝기가 적절한 수준으로 자동 설정되는 사물 인터넷 시스템을 구현하고자 할 때, 반드시 필요한 센서로 옳은 것은?

① 조도 센서
② 온도 센서
③ 음량 센서
④ 가속도 센서
⑤ 초음파 센서

05 다음 〈보기〉의 문제 상황을 해결할 수 있는 사물 인터넷 시스템을 구현하고자 할 때, 필요하지 <u>않은</u> 기능은?

> **보기**
>
> 현대인들은 바쁜 일상 속에서 식물을 돌보는 것을 잊기 쉽다. 특히, 출장이나 여행 중에는 식물에게 물을 주지 못해 식물이 시드는 경우가 많다. 따라서, 식물의 상태를 실시간으로 모니터링하고 자동으로 물을 주는 스마트 화분 시스템을 설계하는 것이 필요하다.

① 토양 습도 센서를 사용하여 토양의 수분 상태를 모니터링한다.
② 와이파이 모듈을 사용하여 데이터를 클라우드 서버에 전송하고 스마트폰 앱을 통해 사용자가 실시간으로 확인할 수 있도록 한다.
③ 토양이 건조할 때, 물 펌프를 제어하여 자동으로 물을 분사한다.
④ 조도 센서를 사용하여 햇빛의 양을 측정하고 햇빛이 부족할 때, 물 펌프를 제어하여 물을 추가로 분사한다.
⑤ LED 디스플레이를 통해 식물의 상태를 표시하고 사용자에게 알림을 제공한다.

06 다음 〈보기〉는 사물 인터넷 기술을 활용하여 스마트홈을 구현하고자 학생들이 나눈 대화이다. 이 대화에서 적절한 아이디어와 사물 인터넷 기술 활용 방안을 제시한 학생의 이름끼리 짝지어진 것은?

보기

사랑: 온도 센서를 활용하여 실내 온도를 감지하고 냉난방 시스템이 자동으로 동작하도록 하는 것은 어떨까?

우정: 모션 센서를 활용해서 움직임이 감지되면 자동으로 조명을 켜는 거야. 그리고 일정 시간 동안 움직임이 감지되지 않으면 조명을 끄는 건 어때?

지혜: 집안에 있는 모든 기기가 데이터를 주고받아야 하는데, 원거리 통신이 가능한 NFC를 활용하는 건 어떨까?

현명: 집안에서 가족끼리 사용할 사물 인터넷 시스템이니까 굳이 암호화하지 않아도 될 것 같은데?

① 사랑, 우정
② 사랑, 지혜
③ 우정, 지혜
④ 우정, 현명
⑤ 지혜, 현명

07 2개의 마이크로비트를 이용하여 다리 운동(스쿼트) 횟수에 따른 소모 칼로리를 자동으로 계산하는 시스템을 만들고자 한다. 마이크로비트가 각각 다리 운동 감지기, 소모 칼로리 계산기로서의 역할을 하도록 프로그래밍하고자 할 때, ?에 들어갈 값은?

다리 운동 감지기

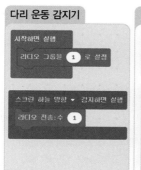

소모 칼로리 계산기

08 마이크로비트를 활용하여 〈보기〉와 같은 도서관의 문제 상황을 해결하고자 한다. 적절한 도서 보관 환경과 독서 환경을 유지하기 위한 사물 인터넷 시스템 구현 방법에 대해 구체적으로 서술하시오.

보기

도서관의 온도나 습도가 너무 높거나 낮아서 책이 손상되는 경우가 있다. 또한, 도서관의 조명이 너무 밝거나 어두워서 독서 환경이 불편해지는 경우도 있다.

대단원 마무리 문제

★★★ 난이도 **상** | ★★ 난이도 **중** | ★ 난이도 **하**

선택형

★
01 다음 중 무선 네트워크 관련 기술에 관한 설명으로 옳은 것은?

① 와이파이를 사용하려면 데이터 전송 전에 두 기기를 연결하는 페어링 과정이 필요하다.
② 블루투스를 사용하려면 무선 신호를 유선 신호로 바꾸어 주는 기능이 포함된 공유기가 필요하다.
③ 셀룰러 통신은 물리적으로 멀리 떨어진 사용자에게 동일한 대역의 주파수를 할당함으로써 제한된 주파수를 효율적으로 활용할 수 있다.
④ NFC는 약 100m 이내의 거리에서도 무선 통신이 가능한 비접촉식 정보 통신 기술이다.
⑤ 지그비(ZigBee)는 약 10cm 이내의 매우 가까운 거리에서 무선으로 데이터를 주고받을 수 있지만 페어링 과정이 필요하다.

★
02 다음 중 블루투스에 관한 설명으로 옳은 것은?

① 인터넷 연결을 위해 반드시 필요한 장치다.
② 한 번에 여러 개의 기기를 동시에 연결할 수 없다.
③ 데이터를 주고받기 위해서는 페어링 과정을 거쳐야 한다.
④ 유선 네트워크 구성 시 대표적으로 사용되는 정보 통신 기술이다.
⑤ 약 10cm 이내의 매우 가까운 거리에서 무선으로 데이터를 주고받기 위한 정보 통신 기술이다.

★
03 다음 중 IP 주소에 관한 설명으로 옳은 것은?

① IPv4 주소의 길이는 8bit이다.
② IPv6 주소의 길이는 128bit이다.
③ IPv6는 IPv4보다 4배 더 많은 주소를 제공한다.
④ 사설 IP 주소는 인터넷 서비스 제공 업체(ISP)가 부여한 고유한 IP 주소를 의미한다.
⑤ 공인 IP 주소는 특정 네트워크 내부에서만 사용 가능하다.

★
04 다음 중 최상위 도메인에 관한 설명으로 옳은 것은?

① 국가 코드 최상위 도메인 중에 '.usa'은 미국을 의미한다.
② 국가 코드 최상위 도메인 중에 '.kor'은 한국을 의미한다.
③ 일반 최상위 도메인 중에 '.com'은 비영리 목적 기관을 의미한다.
④ 일반 최상위 도메인 중에 '.net'은 교육 관련 기관을 의미한다.
⑤ 일반 최상위 도메인 중에 '.org'는 비영리 기관이나 단체를 의미한다.

★
05 다음 중 컴퓨팅 시스템과 공유 네트워크에 관한 설명으로 적절하지 <u>않은</u> 것은?

① 컴퓨팅 시스템은 하드웨어, 소프트웨어 등으로 구성된다.
② 공유 네트워크를 통해 한정된 자원을 효율적으로 이용할 수 있다.
③ 보안 문제를 고려하여 공유 네트워크를 구성해야 한다.
④ 공유 네트워크에서는 누구나 자원에 자유롭게 접근할 수 있도록 접근 권한을 설정하는 것이 좋다.
⑤ 동일한 네트워크에 속하지 않은 자원을 공유하고자 할 경우, 클라우드 스토리지를 활용하여 공유한다.

★
06 다음 〈보기〉의 괄호 안에 들어갈 내용으로 옳은 것은?

보기

( ) 기술은 사물 인터넷 시스템에서 네트워크를 통해 연결된 다양한 기기들이 서로 데이터를 주고받을 수 있도록 하는 기술이다.

① 공유   ② 센서   ③ 통신
④ 블록체인   ⑤ 데이터 분석

★
07 다음 〈보기〉의 괄호 안에 들어갈 내용으로 옳은 것은?

보기

( )(은)는 사물 인터넷 시스템에서 센서를 통해 수집되는 방대한 양의 데이터를 효율적으로 처리하기 위해 사용되는 기술로, 데이터가 생성되는 곳 주변에 위치한 데이터 처리 장치를 이용하여 분산형 방식으로 데이터를 처리한다.

① 센서
② 액추에이터
③ 통신 기술
④ 에지 컴퓨팅
⑤ 클라우드 컴퓨팅

★★
08 다음 중 사물 인터넷 기술에 관한 설명으로 가장 적절한 것은?

① 와이파이가 반드시 필요하다.
② 가전제품에만 적용할 수 있다.
③ 사물 인터넷 기술은 다양한 장치 간 상호 작용을 가능하게 한다.
④ 사물 인터넷 기술을 활용하면 모든 보안 문제를 해결할 수 있다.
⑤ 사물 인터넷 기술은 일부 과학 분야에서만 활용되고 있다.

★★
09 다음 중 사물 인터넷 시스템 관련 설명으로 가장 적절한 것은?

① 데이터 송수신을 필요로 하지 않는다.
② 사물이 10개 이상 연결되어 있어야 사물 인터넷 시스템으로 인정할 수 있다.
③ 특정 기기가 해킹될 경우, 이와 관련된 다른 기기도 쉽게 해킹될 수 있어 보안에 주의해야 한다.
④ 사물 인터넷 시스템을 통해 수집한 데이터는 공공 데이터로 취급되어 누구나 자유롭게 접근하여 활용할 수 있다.
⑤ 사물 인터넷 시스템은 가정에서만 사용되며 산업 및 의료 분야에서는 잘 활용되지 않고 있다.

★★★
10 다음 중 사물 인터넷 기술이 적용된 사례로 가장 적절한 것은?

① 스마트폰 리모컨으로 TV를 제어하는 것
② 스마트폰으로 이메일을 주고받는 것
③ 컴퓨터를 이용하여 문서 작성 프로그램을 사용하는 것
④ 스마트워치를 통해 심박수 데이터를 측정하고 분석하여 헬스케어 서비스를 제공하는 것
⑤ 불법 주정차 금지 구역에 주차된 차량에 주차 관리인이 경고 스티커를 붙이는 것

★★
11 사물 인터넷 기술을 활용하여 보기와 같은 체험형 놀이 시설을 구현하고자 할 때, 반드시 필요한 요소가 <u>아닌</u> 것은?

보기

다음과 같이 웨어러블 밴드를 도입하여 입장객 정보를 관리할 뿐만 아니라 입장객의 시설 입장부터 놀이 기구 작동, 체험 결과 확인에 이르기까지 다양한 과정을 자동화하고자 한다.

또한, 실내 온도에 따라 자동으로 냉온풍기를 작동시키고 습도에 따라 자동으로 가습기 혹은 제습기를 작동시키고자 한다.

① NFC
② 모니터
③ 키보드
④ 습도 센서
⑤ 온도 센서

★★
12 사물 인터넷 기술을 통해 공공 안전을 향상시키는 방법으로 옳은 것은?

① 공공장소에 CCTV 설치
② 스마트폰을 통해 개인 메시지 발송
③ 온라인 광고를 통해 정보 제공
④ 소셜 미디어를 통한 이벤트 홍보
⑤ 독거노인의 생활 데이터 분석 기반 위급 상황 알림 전송

★

13 다음 중 마이크로컨트롤러에 관한 설명으로 옳지 <u>않은</u> 것은?

① 마이크로컨트롤러란 입출력 장치를 제어하면서 프로그램에 의해 명령을 수행하는 장치다.
② 모든 마이크로컨트롤러 보드는 동일한 언어를 사용하여 프로그래밍할 수 있다.
③ 마이크로컨트롤러가 내장되어 있는 대표적인 오픈 소스 하드웨어로는 마이크로비트, 아두이노, 라즈베리파이 등이 있다.
④ 구현하고자 하는 사물 인터넷 시스템의 목적과 특성에 따라 적절한 마이크로컨트롤러를 선택하는 것이 중요하다.
⑤ 마이크로컨트롤러 보드는 마이크로컨트롤러를 중심으로 구성된 전자 회로 기판이며 메모리, 입출력핀 등이 포함되어 있다.

★

14 다음 중 마이크로비트에 관한 설명으로 옳지 <u>않은</u> 것은?

① 주변이 밝을수록 밝기 블록은 255에 가까운 값을 반환한다.
② 주변이 조용할수록 소리 크기 블록은 0에 가까운 값을 반환한다.
③ 라디오 통신 기능을 이용하면 다른 마이크로비트와 데이터를 주고받을 수 있다.
④ 라디오 그룹은 1 이상 256 이하에 해당하는 정수로 설정할 수 있다.
⑤ 라디오 그룹이 동일한 마이크로비트끼리 데이터를 주고받을 수 있다.

★

15 마이크로비트를 활용하여 주변 소음의 크기를 측정하고자 할 때, 사용해야 할 센서로 옳은 것은?

① 조도 센서
② 온도 센서
③ 음량 센서
④ 가속도 센서
⑤ 초음파 센서

★★

16 다음 〈보기〉의 문제 상황을 해결할 수 있는 사물 인터넷 시스템을 구현하고자 할 때, 가장 필요한 기능은?

> **보기**
>
> 현대 사회에서 에너지 절약이 중요한 이슈가 되고 있다. 특히, 가정이나 사무실에서 불필요한 전기 사용을 줄이고 실내 환경을 자동으로 조절할 수 있는 스마트 전력 관리 시스템을 설계하는 것이 필요하다.

① 음량 센서를 사용하여 특정 소리가 감지될 때 전등을 자동으로 끄도록 설정한다.
② 조도 센서를 사용하여 실내가 어두우면 자동으로 조명을 켜도록 설정한다.
③ 모션 센서를 사용하여 사람이 없는 공간에서는 자동으로 조명을 끄도록 설정한다.
④ 스마트 플러그를 활용하여 전기 기기의 전원을 원격으로 제어할 수 있도록 한다.
⑤ 온도 센서를 사용하여 실내 온도가 일정 수준 이상이면 경고음을 울리도록 설정한다.

★★

17 다음 〈보기〉의 문제 상황을 해결할 수 있는 사물 인터넷 시스템을 구현하고자 할 때, 필요하지 <u>않은</u> 기능은?

> **보기**
>
> 현대인들은 가정 내에서 반려동물을 키우지만, 출근이나 여행으로 인해 사료와 물을 제때 챙겨주기 어려운 경우가 많다. 따라서, 반려동물의 식사 시간을 자동으로 관리하고 사료와 물이 부족하면 사용자에게 알림을 보내는 스마트 급식기 시스템이 필요하다.

① 초음파 센서를 사용하여 사료통의 남은 사료량을 측정한다.
② 모터를 제어하여 설정된 시간마다 자동으로 사료를 공급한다.
③ 와이파이 모듈을 사용하여 데이터를 클라우드 서버에 전송하고 스마트폰 앱을 통해 사용자가 실시간으로 확인할 수 있도록 한다.
④ 조도 센서를 사용하여 주변 밝기를 감지하고 어두울 때 사료를 추가로 공급한다.
⑤ 스피커를 연결하여 사료 급여 시간에 맞춰 반려동물에게 소리로 알림을 제공한다.

★★

18 아래 〈보기〉는 사물 인터넷 기술을 활용하여 스마트팜을 구현하고자 학생들이 나눈 대화이다. 이 대화에서 적절하지 않은 아이디어와 사물 인터넷 기술 활용 방안을 제시한 학생의 이름끼리 짝지어진 것은?

보기

아름: 온실의 내부 온도를 측정하기 위해 조도 센서를 설치하는 것이 좋겠어.

다정: 원격으로 농장 상태를 모니터링하려면 와이파이를 활용하는 것이 좋을 것 같아.

고운: 토양 습도 센서를 활용하여 토양의 습도를 파악하고 토양이 건조할 때 조명을 켜면 좋을 것 같아.

보람: 태양광 패널을 활용해 스마트팜의 전력을 공급하면 에너지를 절약할 수 있을 것 같아.

① 아름, 다정
② 아름, 고운
③ 다정, 고운
④ 다정, 보람
⑤ 고운, 보람

단답형

★★

19 다음 〈보기〉의 괄호 안에 들어갈 내용은 무엇인지 쓰시오.

보기

(   ) 통신은 서비스 영역을 다음과 같이 작은 크기의 셀 단위로 분할하여 각 셀의 중심에 기지국을 두고 사용자가 위치한 각 셀의 기지국과 통신하는 체계이다. 세대를 거듭할수록 대역폭 확장, 전송 속도 향상, 연결 가능한 기기의 개수 증가 등으로 초연결 사회에 필수적인 기술로 자리매김하고 있다.

★★

20 상품 바코드 인식, 도서관 도서 관리, 출입 통제 시스템 등에 활용되는 무선 인식 기술로, 태그와 리더기를 이용하여 데이터를 송수신하는 기술은 무엇인지 쓰시오.

★★

21 다음 〈보기〉의 괄호 안에 들어갈 내용은 무엇인지 쓰시오.

보기

도메인이란 (   )(으)로 구성된 IP 주소를 인간이 쉽게 이해하고 기억할 수 있도록 영문, 한글 등의 문자로 간결하게 표현한 것을 의미한다.

★

22 다음 〈보기〉는 교육부 도메인 구성 체계를 나타낸 것이다. 괄호 안에 차례대로 들어갈 내용은?

보기

〈교육부 도메인 구성〉

www	.	moe	.	go	.	kr
		↑ (㉠)단계		↑ (㉡)단계		↑ (㉢)단계

㉠_____ ㉡_____ ㉢_____

★★

23 다음 〈보기〉의 괄호 안에 공통으로 들어갈 내용은?

보기

정보 통신 기술이 발달하면서 다양한 IP 버전이 등장하였다. 현재 보편적으로 사용되고 있는 버전은 IPv4와 (   )(이)다. 인터넷에 연결할 수 있는 기기의 수가 증가하면서 IP 주소 수가 부족하게 되면서 (   )(이)가 등장하게 되었다. 기존 시스템을 (   )(으)로 전환하는 데 많은 시간과 비용이 소요되기 때문에 현재는 두 버전을 병행하여 사용하고 있으며 앞으로 (   )(으)로의 전환이 가속화될 예정이다.

24 다음 〈보기〉의 괄호 안에 들어갈 내용은 무엇인지 쓰시오.

보기

( )(이)란 IP 주소와 같이 네트워크 접속에 필요한 정보를 자동으로 할당하는 방식을 의미한다.

전등

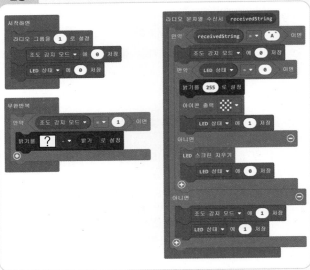

★★

25 원격 제어를 통해 LED를 최대 밝기로 켜거나 끌 수 있으며 조도 감지 모드를 설정할 경우, 주변 밝기에 따라 전등의 밝기가 자동으로 조절되는 시스템을 구현하고자 한다. 아래 〈보기〉와 같은 알고리즘을 바탕으로 구현하고자 할 때, ?에 들어갈 값은?

보기

① 리모컨과 전등 역할을 할 각 마이크로비트의 라디오 그룹을 동일하게 설정한다.
② 리모컨 역할을 하는 마이크로비트의 A 버튼을 누를 경우, 전등 역할을 하는 마이크로비트의 LED 상태를 확인하여 LED가 켜져 있다면 끄고, LED가 꺼져 있다면 켜도록 한다.
③ 리모컨 역할을 하는 마이크로비트의 B 버튼을 누를 경우, 전등 역할을 하는 마이크로비트가 주변의 밝기를 감지하고 LED의 밝기가 주변의 밝기에 반비례하도록 설정한다.

서술형

★★

26 무선 네트워크보다 유선 네트워크를 사용하는 것이 유리한 상황을 제시하고, 그 이유를 서술하시오.

★★★

27 사설 IP 주소를 사용하는 이유를 서술하시오.

★★

28 A대학교에 다니고 있는 '김정보' 학생은 얼마 전, 국가에서 국내 대학생을 대상으로 장학금을 지급하는 국가장학금을 신청했다. 그리고 얼마 지나지 않아, 〈보기〉와 같은 문자를 받게 되었다. 문자 속 '정보 입력 링크'를 바탕으로, 이 문자를 신뢰할 수 있을지 서술하시오.

보기

〈국가장학금 서류 재확인 안내〉
안녕하세요, 김정보님. 한국장학재단 국가장학금 담당자입니다.
국가장학금 신청 시, 제출한 정보에서 일부 누락된 항목이 확인되었습니다. 24시간 내 미입력 시, 장학금 지급이 제한될 수 있으니 즉시 입력 바랍니다.

정보 입력 링크: www.uni-kosaf.co.kr

오후 3:00

★★

29 공유 네트워크 구성 시, 유의해야 할 점을 두 가지 이상 서술하시오.

★★★

30 아래 〈보기〉와 같은 사물 인터넷 기술 활용 사례를 바탕으로, 이와 같은 기술의 발달이 가져온 개인적 측면의 변화와 사회적 측면의 변화를 서술하시오.

보기

스마트팜을 활용한 온도, 습도, 토양 상태를 실시간 모니터링하는 자동 관개 시스템 도입

★★★

31 이상 기후로 인한 폭염이 지구촌 전력난을 부르고 있다. 사물 인터넷 기술을 활용하여 건물의 에너지를 절약할 수 있는 방안을 서술하시오.

★★★

32 사물 인터넷 기술을 통해 새로운 서비스와 부가 가치가 창출되고 있는 가운데, 이러한 기술을 활용할 때 유의해야 할 점을 서술하시오.

II

데이터

01 | 암호화와 데이터 보호

02 | 디지털 데이터의 압축

03 | 빅데이터와 데이터 수집

04 | 데이터 시각화

암호화와 데이터 보호

학습 목표
- 암호화의 개념을 설명할 수 있다.
- 암호화 사례 분석을 통해 암호화의 중요성과 필요성을 설명할 수 있다.

❀ 암호문
암호키 없이는 읽을 수 없는 암호화된 메시지

❀ 평문
암호화되기 전의 원본 메시지

❀ 암호키
원본 메시지가 암호 메시지로 어떻게 치환되는지 알아야 암호 메시지를 해독할 수 있는데, 이에 대한 정보가 원본 메시지를 확인할 수 있는 중요한 '열쇠'인 암호키임. 허가된 사용자와 그렇지 않은 사용자를 구분하기 위해 사용되며, 암호화 방법마다 암호키의 생성 방식이 다를 수 있음.

❀ SSL(Secure Sockets Layer)
사용자와 서버 간에 전송되는 데이터를 암호화하여 인터넷 연결을 보호하는 표준 기술로, 디지털 인증서라고 함.

❀ 데이터의 기밀성(Confidentiality)
암호화를 통해 데이터를 보호하여 허가된 사람만이 접근할 수 있도록 하는 것

❀ 데이터의 무결성(Integrity)
암호화를 하여 데이터가 전송되거나 저장되는 동안 변경되지 않았음을 보장하는 것

❀ 데이터의 가용성(Availability)
데이터는 접근이 허용된 사람이 필요할 때 접근할 수 있어야 한다는 것

---

1 │ 암호화의 개념

- 암호화는 원본 메시지를 암호화된 메시지인 암호문으로 변환하는 것으로, 암호화 기술은 정보를 안전하게 보호하는 데 핵심적인 역할을 함.
- 암호화는 허락되지 않은 사용자가 데이터에 접근하여 데이터를 악의적으로 사용하는 것을 방지함.
- 복호화(Decryption)는 암호문을 원본 메시지로 되돌리는 것

- 데이터의 가치가 높아짐에 따라 이를 노린 사이버 범죄도 증가하고 있는데, 이를 예방하고 피해를 최소화하기 위해 데이터의 기밀성과 무결성을 보장하는 암호화가 필요함.
- 암호화 기술의 사용 예: 인터넷 뱅킹, 일회용 비밀번호(OTP), SSL 인증서 등

➕ 하나 더 플러스 대칭키 암호화와 공개키 암호화

- **대칭키 암호화:** 하나의 동일한 키(비밀키)를 사용하여 데이터를 암호화(Encryption) 및 복호화(Decryption)하는 방식. 송신자와 수신자가 같은 키를 공유해야 하므로, 키의 보안 관리가 중요함.
- **공개키 암호화:** 암호화와 복호화에 서로 다른 키를 사용하는 방식임. 공개키(Public Key)는 누구나 알 수 있는 키로 데이터를 암호화함. 개인키(Private Key)는 오직 수신자만 알고 있는 키로 암호화된 데이터를 복호화함. 키를 미리 공유할 필요가 없기 때문에 대칭키 암호화보다 보안성이 높지만 속도가 느림.

2 │ 암호화 기법의 종류

01 치환형 암호 기법

- 원본 메시지인 평문에 있는 문자들을 규칙에 따라 다른 문자로 바꾸어 암호문을 만드는 방법
- 📝 치환형 암호화 기법의 예: 문자를 일정한 방향으로 이동하면서 각 문자를 13개 뒤의 알파벳으로 치환하여 암호화함.

	1	2	3	4	5	6	7	8	9	10	11	12	13
원본 메시지	A	B	C	D	E	F	G	H	I	J	K	L	M
암호 메시지	N	O	P	Q	R	S	T	U	V	W	X	Y	Z

암호화 → ← 복호화

	14	15	16	17	18	19	20	21	22	23	24	25	26
원본 메시지	N	O	P	Q	R	S	T	U	V	W	X	Y	Z
암호 메시지	A	B	C	D	E	F	G	H	I	J	K	L	M

암호화 ↔ 복호화

원본 메시지	H	E	L	L	O
암호 메시지	U	R	Y	Y	B

암호 메시지의 문자를 왼쪽으로 13문자씩 당긴 문자로 치환한다.

Tip 로마의 황제였던 시저(Caesar)는 가족과 비밀 통신을 할 때, '시저 암호'를 사용함. 시저 암호는 원본 문자의 자리를 특정 규칙에 따라 바꿔 암호화하는 방식으로, 대표적인 치환형 암호 기법에 해당

02 전치형 암호 기법

• 원본 메시지의 문자 배열을 특정한 암호키의 순서에 따라 암호 메시지로 만드는 방법

예 전치형 암호 기법의 예: 암호키의 길이와 원본 메시지의 길이가 동일하지 않을 경우 원본 메시지를 암호키의 길이에 맞추어 나누고, 암호화를 수행함.

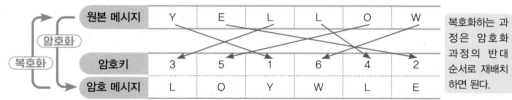

원본 메시지	Y	E	L	L	O	W
암호키	3	5	1	6	4	2
암호 메시지	L	O	Y	W	L	E

암호화 / 복호화

복호화하는 과정은 암호화 과정의 반대 순서로 재배치하면 된다.

➕ 하나 더 플러스 · 전치형 암호 기법의 종류

• 열 기반 전치형 암호(Columnar Transposition Cipher): 각 열에 문자를 순서대로 채운 후, 미리 정해진 열 순서에 따라 재배열하는 방식
• 행 기반 전치형 암호(Row Transposition Cipher): 문자를 행별로 나누어 암호화한 후, 행 단위로 재배열하는 방식
• 격자 암호(Grid Cipher): 격자 형태로 문자를 나누어 암호화하고, 열이나 행 순서에 따라 재배열하는 방식

📋 점검하기

1 다음은 무엇에 대한 설명인가?

데이터의 기밀성을 유지하고, 외부의 악의적인 공격으로부터 보호하기 위한 기술이다.

2 다음 괄호 안에 들어갈 말은 무엇인가?

( )(은)는 원본 메시지인 평문에 있는 문자들을 규칙에 따라 다른 문자로 바꾸어 암호문을 만드는 방법이다.

3 다음 괄호 안에 들어갈 말은 무엇인가?

( )(은)는 원본 메시지의 문자 배열을 특정한 암호키의 순서에 따라 암호 메시지로 만드는 방법이다.

정답 **1** 암호화 **2** 치환형 암호 기법 **3** 전치형 암호 기법

01. 암호화와 데이터 보호 35

개념 **확인 문제**

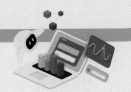

01 데이터 암호화의 목적으로 옳은 것은?

① 데이터의 크기를 줄이기 위해
② 데이터의 보안성을 높이기 위해
③ 데이터를 자동으로 삭제하기 위해
④ 데이터를 효율적으로 정리하기 위해
⑤ 데이터의 처리 속도를 높이기 위해가 있었다.

02 다음 중 복호화에 대한 설명으로 옳지 <u>않은</u> 것은?

① 암호문을 원래의 평문으로 변환하는 과정이다.
② 대칭키 암호화 방식에서는 암호화 과정에서 사용된 암호키가 필요하다.
③ 암호화된 데이터는 누구나 복호화할 수 있다.
④ 암호화 방식에 따라 복호화 과정이 달라질 수 있다.
⑤ 적절한 암호키 없이 복호화하는 것은 어렵다.

03 다음 〈보기〉의 설명에 해당하는 것은 무엇인가?

보기

원본 문자의 자리를 특정 규칙에 따라 바꿔 암호화하는 방식으로, 대표적인 치환형 암호화 기법이다.

04 다음 중 전치형 암호 기법의 특징으로 옳은 것은?

① 데이터를 압축하는 기법이다.
② 특정한 규칙을 이용하여 데이터를 삭제하는 방식이다.
③ 암호키 없이도 원본 데이터를 복원할 수 있는 방식이다.
④ 암호화된 데이터를 여러 개의 조각으로 나누어 저장하는 방식이다.
⑤ 문자의 위치를 암호키의 규칙에 따라 변경하여 암호화하는 방식이다.

05 다음 중 암호화 기술이 적용되는 사례로 보기 <u>어려운</u> 것은?

① 온라인 쇼핑몰 결제 시스템
② 개인 금융 정보 보호
③ 브라우저에 저장된 로그인 비밀번호 정보
④ 데이터 압축을 통한 파일 크기 감소
⑤ 전자정부의 주민등록 정보 보호

개념 **확인 문제** 〈정답 및 해설〉

정답

01 ②   **02** ③   **03** 시저 암호   **04** ⑤   **05** ④

해설

01 암호화는 데이터의 기밀성을 유지하고, 외부의 악의적인 공격으로부터 보호하기 위한 기술이다.

02 암호화된 데이터는 암호키를 가진 사용자만 복호화할 수 있으며, 암호키 없이 누구나 복호화하는 것은 불가능하다.

03 시저 암호는 원본 문자의 자리를 특정 규칙에 따라 바꿔 암호화하는 방식으로, 대표적인 치환형 암호 기법에 해당한다.

04 전치형 암호는 문자의 위치를 특정한 암호키의 규칙에 따라 재배열하여 암호화하는 방식이다.

05 데이터 압축은 저장 공간을 줄이거나 전송 속도를 높이기 위한 기술이며, 보안과 직접적인 관련은 없다.

시험 대비 문제

01 다음 중 암호화의 주요 역할로 옳지 않은 것은?

① 데이터 기밀성 유지
② 데이터 보호를 통한 개인 정보 보안 강화
③ 데이터 크기 감소
④ 네트워크상에서 안전한 정보 전송
⑤ 외부 공격으로부터 데이터 무결성 유지

02 암호화된 메시지를 복호화할 수 있는 사람이나 주체로 옳은 것은?

① 인터넷을 사용할 수 있는 모든 사람
② 암호키를 가진 사용자
③ 무조건 송신자만 가능
④ 정부 기관만 가능
⑤ 데이터가 전송될 때마다 암호화는 자동 해제된다.

03 데이터 암호화를 하는 주요 이유로 옳지 않은 것은?

① 개인 정보 보호
② 데이터 위 · 변조 방지
③ 데이터 복구 기능 제공
④ 네트워크 보안 강화
⑤ 데이터 기밀성 유지

04 다음 중 SSL(Secure Sockets Layer)의 주요 역할로 옳은 것은?

① 웹 사이트의 속도를 향상시키는 것
② 인터넷 연결을 암호화하여 보안성을 높이는 것
③ 모든 데이터를 압축하여 전송하는 것
④ 데이터를 암호화 없이 전송하여 접근을 쉽게 하는 것
⑤ 암호화된 데이터의 복호화 과정을 단순화하는 것

05 암호화된 데이터가 제3자에 의해 변경되지 않았음을 보장하는 개념으로 적절한 것은?

① 무결성
② 가용성
③ 기밀성
④ 인증
⑤ 압축

06 데이터의 기밀성에 대한 설명으로 가장 적절한 것은?

① 데이터가 허가되지 않은 사용자로부터 보호되는 것
② 데이터가 손상되지 않고 원본 그대로 유지되는 것
③ 데이터를 손실 없이 압축하여 저장하는 것
④ 암호화된 데이터의 복호화를 단순화하는 것
⑤ 데이터 전송 속도를 증가시키는 것

07 치환형 암호 기법의 특징으로 옳은 것은?

① 문자의 위치를 변경하여 암호화하는 방식이다.
② 원본 메시지의 문자들을 규칙에 따라 다른 문자로 대체하는 방식이다.
③ 암호화 과정에서 데이터 크기를 줄이는 방식이다.
④ 암호화된 데이터를 자동으로 복호화하는 방식이다.
⑤ 공개키를 이용하여 암호화하는 방식이다.

08 전치형 암호 기법의 특징으로 옳은 것은?

① 데이터를 압축하는 기법이다.
② 문자의 위치를 변경하여 암호화하는 방식이다.
③ 특정한 규칙을 이용하여 데이터를 삭제하는 방식이다.
④ 암호키 없이도 원본 데이터를 복원할 수 있는 방식이다.
⑤ 암호화된 데이터를 여러 개의 조각으로 나누어 저장하는 방식이다.

09 다음 중 암호 기법에 관한 설명으로 옳지 <u>않은</u> 것은?

① 치환형 암호 기법에서는 원본 메시지에 대응하여 치환되는 문자는 암호화에 사용하는 키에 따라 달라진다.
② 치환형 암호 기법은 평문에 있는 문자들을 규칙에 따라 다른 문자로 바꾸어 암호문을 만드는 방법이다.
③ 전치형 암호화 기법은 원본 메시지의 문자 배열을 특정한 암호키의 순서에 따라 암호 메시지로 만드는 방법이다.
④ 전치형 암호화 기법의 경우 암호키의 길이와 원본 메시지의 길이가 동일하지 않을 경우, 암호화가 불가능하다.
⑤ 암호 메시지를 원본 메시지로 복호화하는 과정은 암호화 과정의 반대 순서로 재배치하며 된다.

10 다음 중 암호화 기술이 적용되는 사례로 보기 <u>어려운</u> 것은?

① 온라인 쇼핑몰 결제 시스템
② 개인 금융 정보 보호
③ 전자정부의 주민등록 정보 보호
④ 네트워크에서 중요한 데이터를 안전하게 전송하는 경우
⑤ 저장 공간을 절약하기 위한 데이터 압축

11 다음 중 암호화가 적용되지 않은 상태에서 발생할 수 있는 보안 문제로 적절한 것은?

① 데이터 저장 공간이 증가한다.
② 암호키가 없어도 데이터를 복호화할 수 있다.
③ 데이터 유출 및 해킹의 위험성이 증가한다.
④ 암호화는 데이터 처리 속도를 높이기 위한 기술이다.
⑤ 데이터가 자동으로 백업된다.

12 다음 중 공개키 암호화 방식의 특징으로 가장 적절한 것은?

① 암호화와 복호화에 동일한 키를 사용한다.
② 암호화 과정에서 공개된 키를 사용하고, 복호화 과정에서 개인키를 사용한다.
③ 데이터를 자동으로 압축하여 전송 속도를 향상시킨다.
④ 비밀번호 저장 방식으로 사용된다.
⑤ 데이터를 안전하게 삭제하는 데 사용된다.

13 다음 중 암호화된 메시지를 복호화하는 데 필요한 정보를 무엇이라고 하는지 쓰시오.

14 웹 사이트에서 보안 강화를 위해 사용되며, HTTPS 프로토콜을 지원하는 보안 기술을 무엇이라고 하는지 쓰시오.

15 데이터 암호화의 특성 중 암호화된 데이터가 제3자에 의해 변경되지 않았음을 보장하는 특성을 무엇이라고 하는지 쓰시오.

16 데이터 암호화 기법 중 문자의 위치를 바꿔 암호화하는 것을 무엇이라고 하는지 쓰시오.

17 대칭키 암호화와 공개키 암호화의 차이를 설명하고, 각각의 장단점을 비교하시오.

18 치환형 암호와 전치형 암호의 차이를 문자 예시를 들어 설명하시오.

19 네트워크 환경에서 암호화가 적용되지 않은 경우 발생할 수 있는 보안 위협을 두 가지 이상 서술하시오.

디지털 데이터의 압축

학습 목표
• 디지털 데이터 압축의 개념과 필요성을 설명할 수 있다.
• 압축의 효율성을 분석하여 평가할 수 있다.

1 | 디지털 데이터 압축의 이해

01 압축의 개념

• 디지털 데이터의 압축은 원본 데이터를 보다 작은 크기로 재구성하거나 부호화하여 표현하는 것
• 디지털 데이터를 압축하면 한정된 저장 공간에 더 많은 정보를 보관할 수 있으며, 데이터 전송의 효율성도 향상할 수 있음.

➕ 하나 더 플러스 **디지털 데이터 압축의 실제 활용 사례**

• 이메일 첨부 파일: ZIP 형식으로 압축하면 파일 전송 속도가 빨라지고 저장 공간 절약
• 웹 페이지 이미지: JPEG나 PNG 포맷으로 이미지 크기를 줄여 웹 로딩 속도 향상
• 동영상 스트리밍: MPEG 압축 방식을 사용해 고화질 영상을 작은 용량으로 전송 가능
• 클라우드 백업: 백업 파일을 압축해 저장소 사용을 최소화
• 사물 인터넷 기기: 사물 인터넷 환경에서 데이터를 간단한 형태로 압축해 빠르게 전송하고 전력 소모를 줄임

02 다양한 압축 방법

① 손실 압축과 무손실 압축

• 손실 압축: 주로 통신 속도나 저장 공간 등이 제한된 환경 속에서 원활하게 데이터를 저장하거나 전송하기 위하여 품질을 낮추어 사용하는 방법
• 무손실 압축: 원본 데이터의 모든 정보를 보존하면서 파일 크기를 줄이는 방법

특징	압축 방법	
	손실 압축	무손실 압축
데이터 용량	줄어들 수 있음.	줄어들 수 있음.
원본 데이터 손실 여부	손실됨.	손실되지 않음.
압축 효과	뛰어남.	상대적으로 떨어짐.

🔺 손실 압축과 무손실 압축 방법의 특징 비교

② 문자 데이터 압축

• 반복되는 패턴이나 문자의 중복을 줄여 효율적인 저장과 전송을 가능하게 함.

❀ 디지털 데이터 압축
데이터의 크기를 줄여 저장 공간을 절약하고 전송 속도를 개선하는 기술

❀ 압축의 필요성
대규모 데이터 저장 및 백업 시 압축을 통해 저장 공간을 줄여 데이터 관리를 용이하게 함.

❀ 손실 압축
일부 데이터를 영구적으로 삭제하여 파일 크기를 줄이는 방식임. 원본 데이터의 일부가 사라지기 때문에 복원 시 원본과 다소 차이가 있을 수 있지만, 시각적/청각적 품질 손실이 미미한 수준에서 이루어짐.

❀ 무손실 압축
데이터를 압축한 후, 원본 데이터의 모든 정보를 완벽하게 복원할 수 있는 방식으로, 중요한 문서나 고품질 그래픽 작업에서 주로 사용됨.

❀ 허프만 트리
모든 데이터를 이진 트리의 종단 노드에 배치하며, 빈도수가 높은 문자는 트리의 상위 레벨에 배치하여 표현하기 위한 비트 수를 줄이고, 빈도수가 낮은 문자는 트리의 하위 레벨에 배치함.

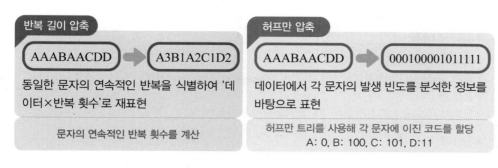

반복 길이 압축	허프만 압축
AAABAACDD ➡ A3B1A2C1D2	AAABAACDD ➡ 000100001011111
동일한 문자의 연속적인 반복을 식별하여 '데이터×반복 횟수'로 재표현	데이터에서 각 문자의 발생 빈도를 분석한 정보를 바탕으로 표현
문자의 연속적인 반복 횟수를 계산	허프만 트리를 사용해 각 문자에 이진 코드를 할당 A: 0, B: 100, C: 101, D:11

③ 이미지 데이터 압축

• 이미지 표현에 필요한 저장 공간을 최소화하면서 시각적 품질을 최대한 유지하게 함.

> • GIF(Graphic Interchange Format): 무손실 이미지 압축 방식으로, 웹에서 작은 크기의 이미지를 표현할 때 주로 사용됨.
> • PNG(Portable Network Graphics): 무손실 이미지 압축 방식으로, 24비트 값을 사용하여 트루 컬러까지 표현할 수 있음.
> • JPEG(Joint Photographic Experts Group): 손실 압축 방식으로, 압축 성능이 뛰어나고 일반적으로 많이 사용되는 압축 방법임. 투명도가 있는 이미지에는 부적합하며, 압축 후 픽셀당 비트가 줄어들어 품질이 저하됨.

④ 소리 데이터 압축

• 더 적은 저장 공간을 사용하여 소리를 표현하면서 음질을 최대한 보존하는 방식으로, FLAC(Free Lossless Audio Code)와 MP3(MPEG audio layer-3) 등이 있음.

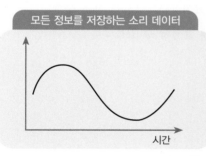

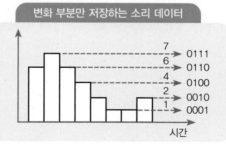

△ 소리 데이터의 압축

⑤ 동영상 데이터 압축

• 연속된 이미지 구성 중 움직임이 생겨 이전 장면과 차이가 생기는 경우 그 변화만을 저장하는 것

구분	문자 데이터	이미지 데이터	소리 데이터	동영상 데이터
압축 원리	반복되는 문자의 중복을 줄이거나, 긴 코드를 짧은 코드로 대체하여 문자를 표현할 때 데이터의 양을 줄이는 것	시각적 품질을 최대한 유지하면서 이미지를 표현할 때 필요한 데이터의 양을 줄이는 것	음질을 최대한 유지하면서 소리를 표현할 때 데이터의 양을 줄이는 것	영상의 질을 최대한 유지하면서 영상을 표현할 때 데이터의 양을 줄이는 것
종류	무손실 압축: ZIP, 허프만 압축, 반복 길이 압축	무손실 압축: PNG, GIF / 손실 압축: JPEG	무손실 압축: FLAC / 손실 압축: MP3	손실 압축: MPEG

△ 데이터 유형별 압축 방법 및 표준화 방식

⚙ FLAC
오디오 데이터를 압축해도 원본 음질이 보존되기 때문에 고음질 음원을 감상할 때 유리하나 압축률이 낮아 파일 크기가 큰 단점이 있음.

⚙ MP3
저장과 전송에 용이하며, 음악 스트리밍, 팟캐스트 등에 널리 사용됨. 사람의 귀로 감지할 수 없는 주파수 대역과 중복 데이터를 제거하고 주로 소리가 변화하는 부분을 저장함. 음질 손실이 발생할 수 있으며, 원본 데이터를 완전히 복구할 수 없음.

⚙ 비트율
디지털 데이터가 전송되는 속도로, 단위 시간당 전송되는 비트 수를 의미하며, 단위는 보통 비트/초(bps)로 표현함.

⚙ 압축 코덱
압축 및 압축의 해제를 위해 사용되는 소프트웨어로, 코덱(Codec)은 무결성과 품질을 유지하면서 데이터 파일의 크기를 줄여 디지털 콘텐츠의 저장, 전송 등을 쉽게 함. 데이터 유형에 따라 적절한 코덱을 선택하여 사용할 수 있음.

▸ **정보의 재표현 기술**
- **압축**: 저장 공간의 효율성을 높이고, 전송 대역폭을 효율적으로 이용하기 위해 정보를 재표현하는 기술
- **암호화**: 정보를 보호하기 위해 정보를 재표현하는 기술

▸ **인코딩**
- 영상이나 이미지, 소리 데이터를 생성할 때 데이터 양을 줄이기 위해 데이터를 코드화하고 압축하는 방법
- 대량의 데이터 처리에 핵심적인 역할을 수행

2 | 압축의 효율성 분석

- **압축률**: 데이터 압축을 통해 압축 이후 파일의 용량이 얼마나 줄어들었는지의 정도로, 압축률이 높을수록 원본 데이터의 손실이 크고 복원이 어려울 수 있음.

$$압축률 = \frac{원본\ 데이터\ 크기 - 압축된\ 데이터\ 크기}{원본\ 데이터\ 크기}$$

- 원본 데이터보다 압축한 데이터의 크기가 더 커지는 경우도 있음. 이때 압축률을 계산하면 음수 값이 나오며, 이는 압축이 오히려 비효율적이었다는 것을 의미함. 이러한 상황은 데이터에 반복되는 패턴이 없거나, 파일 크기가 너무 작아서 압축 알고리즘 자체의 부가 정보가 오히려 공간을 더 차지하는 경우에 발생할 수 있음.

📝 점검하기

1 다음은 무엇에 대한 설명인가?

원본 데이터를 보다 작은 크기로 변환하여 표현하는 것

2 다음 괄호 안에 들어갈 말은 무엇인가?

(㉠   )(은)는 주로 통신 속도나 저장 공간 등이 제한된 환경 속에서 원활하게 데이터를 저장하거나 전송하기 위하여 품질을 낮추어 사용하는 방법이다. 중요한 정보는 보존하면서 일부 데이터를 제거함으로써, 파일 용량을 비교적 크게 줄일 수 있다.
반면, (㉡   )(은)는 원본 데이터의 모든 정보를 보존하면서 파일 크기를 줄이는 방법이다. 이 방식은 원본 데이터의 손상이 없으며, 압축률은 낮지만 원본 데이터로 복원이 가능하다.

3 다음 괄호 안에 들어갈 말은 무엇인가?

(   )(이)란 데이터 압축을 통해 압축 이후 파일의 용량이 얼마나 줄어들었는지의 정도를 말한다.

정답 **1** 압축 **2** ㉠ 손실 압축, ㉡ 무손실 압축 **3** 압축률

개념 확인 문제

01 디지털 데이터 압축의 주된 목적으로 옳은 것은?

① 데이터의 보안을 강화하기 위해
② 데이터를 더 작은 크기로 표현하여 저장 공간을 절약하기 위해
③ 데이터의 원본 품질을 유지하기 위해
④ 데이터를 더 복잡하게 만들어 보안성을 높이기 위해
⑤ 데이터의 전송 속도를 느리게 하기 위해

02 다음 중 손실 압축 방법이 <u>아닌</u> 것은?

① MP3
② JPEG
③ PNG
④ MPEG
⑤ 손실 압축 방식은 존재하지 않는다.

03 무손실 압축의 특징으로 적절한 것은?

① 압축 후 원본 데이터로 복원이 가능하다.
② 데이터 손실이 발생하여 품질이 저하된다.
③ 주로 영상 및 오디오 파일에서 사용된다.
④ 저장 공간을 절약하는 데 가장 효과적인 방식이다.
⑤ 압축률이 높아 원본 데이터보다 파일 크기가 작아진다.

04 무손실 압축과 손실 압축에 대한 설명으로 옳은 것은?

① 무손실 압축은 원본 데이터를 유지하며, 손실 압축은 데이터 일부를 제거한다.
② 무손실 압축은 파일 크기가 증가하며, 손실 압축은 파일 크기가 감소한다.
③ 무손실 압축은 원본 데이터를 훼손하며, 손실 압축은 원본을 그대로 유지한다.
④ 손실 압축은 데이터의 크기를 증가시키는 역할을 한다.
⑤ 무손실 압축은 항상 원본보다 크기가 작아진다.

05 다음 중 손실 압축이 주로 사용되는 데이터 유형이 <u>아닌</u> 것은?

① 오디오 파일
② 비디오 파일
③ 텍스트 파일
④ 이미지 파일
⑤ 동영상 스트리밍 데이터

06 다음 중 반복 길이 압축(RLE)의 원리를 설명한 것은?

① 동일한 문자가 연속되었을 때 압축하여 저장하는 방식이다.
② 데이터에서 빈번히 사용되는 문자를 짧은 코드로 대체하는 방식이다.
③ 원본 데이터를 통째로 저장하는 압축 방식이다.
④ 이미지 파일을 색상별로 저장하는 압축 방식이다.
⑤ 파일의 크기를 줄이지 않고 단순히 형식을 바꾸는 방식이다.

개념 확인 문제 〈정답 및 해설〉

정답

01 ②　　**02** ③　　**03** ①　　**04** ①　　**05** ③　　**06** ①

해설

01 디지털 데이터의 압축은 저장 공간을 절약하고, 전송 속도를 증가시키기 위해 사용된다. 원본 데이터를 변환하여 크기를 줄이는 것이 핵심 목적이다.

02 PNG는 무손실 압축 방식으로, 데이터를 그대로 유지하면서 압축하는 방식이다. 반면, MP3, JPEG, MPEG 등은 데이터를 일부 손실하면서 압축하는 손실 압축 방식이다.

03 무손실 압축 방식은 원본 데이터의 모든 정보를 유지하면서 압축하여 복원이 가능하다. 하지만 압축률이 상대적으로 낮고, 파일 크기가 손실 압축보다 크다는 단점이 있다.

04 무손실 압축은 원본 데이터를 그대로 유지하면서 압축하는 방식이며, 손실 압축은 일부 데이터를 제거하여 크기를 줄이는 방식이다.

05 손실 압축은 오디오, 비디오, 이미지 파일과 같이 크기가 큰 멀티미디어 데이터에서 주로 사용되지만, 텍스트 파일에서는 데이터를 그대로 유지해야 하므로 주로 무손실 압축이 사용된다.

06 반복 길이 압축(RLE)은 동일한 문자가 연속될 경우 압축하여 저장하는 방식이다. 예 AAAABBB → A4B3

시험 대비 문제

01 다음 중 데이터 압축을 통해 얻을 수 있는 이점으로 가장 적절한 것은?

① 데이터의 보안성이 증가한다.
② 전송 속도가 느려진다.
③ 저장 공간을 절약할 수 있다.
④ 데이터 변조가 방지된다.
⑤ 파일 크기가 증가한다.

02 무손실 압축과 손실 압축의 차이를 올바르게 설명한 것은?

① 무손실 압축은 원본 데이터를 유지하며, 손실 압축은 데이터 일부를 제거한다.
② 무손실 압축은 손실 압축보다 압축률이 낮아 상대적으로 더 큰 파일이 될 수 있다.
③ 무손실 압축은 데이터를 삭제하고, 손실 압축은 모든 데이터를 유지한다.
④ 손실 압축은 데이터의 크기를 증가시키는 역할을 한다.
⑤ 무손실 압축은 항상 원본보다 크기가 작아진다.

03 다음 중 손실 압축이 주로 사용되는 데이터 유형이 <u>아닌</u> 것은?

① 텍스트 파일
② 이미지 파일
③ 오디오 파일
④ 비디오 파일
⑤ 동영상 스트리밍 데이터

04 다음 중 무손실 압축을 주로 사용하는 이유로 적절한 것은?

① 데이터 전송 속도를 증가시키기 위해
② 데이터의 원본을 완벽하게 복원하기 위해
③ 파일 크기를 최대한 줄이기 위해
④ 데이터의 품질을 개선하기 위해
⑤ 데이터의 일부를 제거하여 압축률을 높이기 위해

05 다음 중 무손실 압축 방법이 <u>아닌</u> 것은?

① ZIP
② PNG
③ FLAC
④ JPEG
⑤ 허프만 압축

06 허프만 압축 기법의 특징으로 적절한 것은?

① 사용 빈도가 높은 문자는 짧은 코드로, 빈도가 낮은 문자는 긴 코드로 표현하는 방식이다.
② 모든 문자를 동일한 길이의 코드로 변환하는 방식이다.
③ 손실 압축 방식이며, 원본 복원이 불가능하다.
④ 데이터를 랜덤한 순서로 재배열하여 압축하는 방식이다.
⑤ 데이터의 색상을 단순화하여 압축하는 방식이다.

07 데이터 압축 기술이 네트워크 전송 속도 향상에 기여하는 이유로 적절한 것은?

① 데이터를 암호화하여 보안성을 높이기 때문에
② 데이터의 크기를 줄여 전송 시간이 단축되기 때문에
③ 데이터 변조를 방지하기 때문에
④ 데이터를 랜덤하게 배치하여 효율적으로 관리하기 때문에
⑤ 데이터 손실을 최소화하기 때문에

08 PNG 이미지 파일이 다른 손실 압축 이미지 파일(JPEG 등)과 비교할 때 가지는 장점은?

① 파일 크기가 더 작다.
② 데이터 손실 없이 원본 품질을 유지한다.
③ 모든 픽셀을 동일한 방식으로 압축한다.
④ 압축 후 원본으로 복원할 수 없다.
⑤ 손실 압축보다 압축률이 높다.

09 다음 중 이미지 압축에서 손실 압축 방식을 사용하는 대표적인 파일 형식은?

① PNG
② GIF
③ BMP
④ JPEG
⑤ ZIP

10 소리 데이터의 압축 과정에서 주로 제거되는 요소는?

① 사람의 귀로 들을 수 없는 소리
② 원본 데이터의 모든 정보
③ 주파수가 낮은 소리
④ 음량이 작은 소리만
⑤ 데이터의 색상 정보

11 동영상 압축에서 주요하게 고려되는 요소가 <u>아닌</u> 것은?

① 해상도   ② 프레임 속도
③ 압축률   ④ 파일 형식
⑤ 텍스트 길이

12 동일한 문자가 연속적으로 반복될 경우, '문자 × 반복 횟수' 형태로 압축하는 기법을 무엇이라고 하는지 쓰시오.

13 압축 후에도 원본 데이터로 복원이 가능하며, ZIP 파일 형식에서 사용되는 압축 기법을 무엇이라고 하는지 쓰시오.

14 소리 데이터 압축에서 사용되는 대표적인 손실 압축 형식은?

15 손실 압축과 무손실 압축의 차이를 설명하고, 각각의 대표적인 예를 두 가지씩 제시하시오.

16 데이터 압축이 필요한 이유를 두 가지 이상 서술하시오.

17 허프만 압축 기법이 어떻게 데이터를 압축하는지 설명하고, 이 방식이 가지는 장점과 단점을 각각 서술하시오.

18 손실 압축을 사용할 경우 발생할 수 있는 단점을 두 가지 이상 설명하시오.

빅데이터와 데이터 수집

학습 목표
• 빅데이터의 개념과 특징을 설명할 수 있다.
• 문제 해결에 적합한 데이터를 다양한 방법으로 수집할 수 있다.

1 | 빅데이터의 이해

01 빅데이터의 개념

• 빅데이터는 기존 데이터베이스 관리 도구로는 관리하기 어려운 규모와 다양성을 가진 데이터로 대량의 정형 또는 비정형 데이터 집합에서 가치를 추출하고 분석하는 기술을 뜻하기도 함.

➕ 하나 더 플러스 · 빅데이터 활용 시 고려할 사항

• 데이터의 통합(Integration): 데이터의 품질을 보장하고, 분석의 정확도를 높이기 위해서는 서로 다른 형태의 데이터를 통합하는 과정이 필요함. 데이터 통합은 데이터를 정제하고, 중복을 제거하며, 서로 다른 형태의 데이터를 일관된 형식으로 변환하는 작업을 포함함.
• 데이터의 윤리(Ethics): 빅데이터를 활용할 때는 개인 정보 보호, 데이터 활용의 공정성 보장 등과 같은 윤리적 문제를 항상 고려해야 함.

02 빅데이터의 특징

• 첫째, 데이터의 규모(용량, Volume)가 매우 크고 둘째, 데이터의 형태가 다양하며 셋째, 매우 빠른 속도(Velocity)로 생성되는 데이터를 실시간으로 저장, 분석, 처리할 수 있음.
• 빅데이터는 이러한 '3V'의 특성을 바탕으로 의사 결정에 도움이 될 만한 신뢰할 수 있는 정보를 제공하는 등 유의미한 가치가 있음.

03 빅데이터의 활용 사례

• 교통 분야: 빅데이터를 통해 특정 시간대에 사람들이 가장 많이 모이는 곳을 분석하여 버스 배차나 지하철 배차 횟수 조정 등 교통 체증을 예측하고 관리할 수 있음.
• 의료 및 건강 분야: 환자의 과거 기록, 유전자 정보 등을 통해 질병의 패턴을 예측하고 예방 서비스를 제공하며 의료 데이터를 활용하여 새로운 치료 방법, 약물 개발 등을 연구하고, 의료 비용을 절감하고, 효율적인 의료 시스템을 구축하는데 기여할 수 있음.
• 마케팅 분야: 고객별 관심 상품, 구매 이력 등을 통해 소비 패턴을 분석하여 마케팅 전략을 세우거나 수정, 개선할 수 있음.
• 교육 분야: 학습 데이터 분석을 통해 맞춤형 교육 프로그램을 제공하고, 학생들의 학습 데이터와 피드백을 분석하여 교수법을 개선하고, 학습 효과를 높이는 방법을 모색할 수 있음.

✿ 정형 데이터
표와 같은 구조화된 데이터로, 데이터의 속성과 데이터 값이 구분·정리된 데이터

✿ 비정형 데이터
이미지, 사운드, 비디오, 텍스트 등 구조가 복잡하여 행과 열로 표현되지 않고 형태가 불규칙한 데이터

✿ 3V
빅데이터의 핵심적인 세 가지 특성을 나타내는 개념
• Volume(용량)
• Velocity(속도)   3V
• Variety(다양성)
• Veracity(정확성)   5V
• Value(가치)
정확성과 가치를 추가하여 5V로 나타내기도 함.

---

2 | 문제 해결에 필요한 데이터 수집

- 해결하고자 하는 문제에 따라 필요한 데이터가 다르므로 데이터의 주제와 데이터의 속성을 고려하여 수집해야 함.
- 문제 해결에 필요한 데이터를 수집하는 과정에서 개인정보가 포함되거나 저작권을 침해하지는 않는지 윤리적 문제를 고려해야 함.

01 직접 수집

- 직접 관찰이나 실험 결과 등을 토대로 데이터를 수집하거나 피지컬 컴퓨팅이나 스마트 기기의 센서를 통해 데이터를 수집함. 또한 설문 조사나 인터뷰, 직접 이미지 촬영/소리 녹음, 인터넷 검색 등을 이용할 수도 있음.

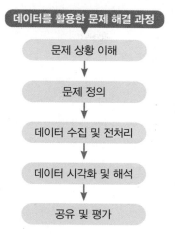

데이터를 활용한 문제 해결 과정

문제 상황 이해
↓
문제 정의
↓
데이터 수집 및 전처리
↓
데이터 시각화 및 해석
↓
공유 및 평가

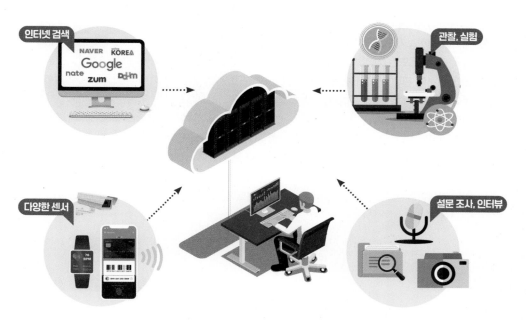

인터넷 검색 / 관찰, 실험 / 다양한 센서 / 설문 조사, 인터뷰

⚙ 문제 정의와 데이터 수집
문제 해결을 위해 우선 문제 상황을 이해하고, 구체적으로 문제를 정의하는 단계가 필요함. 문제에 맞는 데이터를 구체화하는 연습을 통해 데이터 수집의 필요성과 목적을 명확하게 할 수 있음.

⚙ 데이터 전처리
수집한 데이터를 분석하기 적합하게 만드는 과정으로, 데이터 정제와 변환, 결측치 처리 등이 포함됨. 이 과정을 통해 분석의 정확성을 높이며, 데이터가 실질적인 정보로 활용될 수 있도록 함.
결측치는 값이 누락된 것으로 평균, 중앙값으로 채우거나, 삭제할 수 있고, 중복된 데이터는 제거할 수 있음.

⚙ 데이터의 속성
데이터의 특성을 말하며, 다른 것과 구별할 수 있는 성질임. 예를 들어 학생 데이터의 속성에는 이름, 학년, 반, 번호, 성별, 전화번호, 선택 과목 등이 있음.

⚙ 데이터 편향
특정 조건이나 환경에 의해 수집된 데이터가 전체를 대표하지 못하고 왜곡된 결과를 나타내는 것

⚙ 결측치와 이상치
데이터에 값이 누락된 것을 '결측치'라고 함. 설문에 응답하지 않은 문항이 있거나, 측정되지 않은 시기나 항목이 있을 때 발생할 수 있음. 일반적인 데이터 범위에서 크게 벗어나 아주 작은 값이나 큰 값을 가지는 데이터를 '이상치'라고 함.

➕ 하나 더 플러스 — 데이터 정제 및 변환의 필요성

수집된 데이터에는 오류나 일관성 없는 값이 포함될 수 있음. 예를 들어, 설문 응답 중 '학년' 항목에 숫자 대신 문자로 입력된 데이터가 있다면 이를 숫자로 일괄 변환하여 분석에 적합하도록 조정할 필요가 있음.

결측치가 있는 경우 이를 제거하거나 평균값으로 대체하는 방법 등을 통해 데이터의 신뢰성을 확보해야 함. 예를 들어, 설문에서 학생들이 '학년'을 1, 2, 3 이외의 값(예: '고1' 등)으로 입력했을 경우, 이를 일괄 수정하여 일관성을 유지할 수 있도록 함.

또한, 특정 응답이 누락된 경우, 해당 항목을 'N/A'로 표시하여 데이터를 분석할 때 쉽게 구분할 수 있도록 함.

✿ API
데이터를 외부 프로그램이나 시스템에서 쉽게 활용할 수 있도록 제공하는 인터페이스로, API를 통해 공공 데이터를 받아와 실시간 정보를 제공할 수 있음. 예를 들어, 기상청의 날씨 API를 사용하여 앱에서 실시간 기온과 강수량 정보를 표시하는 활동이 가능함.

02 공공 데이터 및 민간 데이터 활용

① 공공 데이터

- 공공 기관이 생성 또는 취득하여 관리하는 전자적 방식으로 처리되는 데이터로, 국민의 알 권리를 보장하고 편리함을 높이는 데 활용됨.
- 모든 국민이 자유롭게 활용할 수 있도록 온라인상에서 파일 데이터, 오픈 API, 시각화 등 다양한 형태로 개방되고 있음.
- 종류: 기온, 강수량, 장마, 온실가스, 자외선 데이터 등

② 민간 데이터

- 공공 기관이 아닌 개인이나 기업 등에서 생성하고 관리하는 데이터로, 텍스트, 수치, 이미지, 동영상, 오디오 등 다양한 형태의 데이터가 있음.
- 종류: 쇼핑몰의 구매 기록/연령대/평점 등

✔ 알고 가기 공공 데이터 포털 사이트에서 데이터 살펴보기

❶ 공공 데이터 포털 사이트에 접속하기
  ● https://www.data.go.kr/

❷ 데이터 찾아보기: 공공 데이터 포털 사이트 상단의 검색 창 또는 '테마별 – 카테고리별' 주제를 클릭하여 관련 데이터를 확인한다. 인기 데이터의 '더보기'를 눌러 흥미로운 주제의 데이터가 있는지 살펴본다.

❸ 데이터 정보 확인하기: 관심 있는 데이터를 클릭해 파일 데이터에 대한 정보 및 미리보기를 확인한다. 데이터에 대한 설명 및 키워드와 데이터의 전체 행, 그리고 데이터 확장자 등을 확인할 수 있다.

❹ 데이터 살펴보기: 다운로드 후, 데이터의 속성명과 속성값 등을 확인하여 활용에 적합한 데이터인지 판단할 수 있다. 공공 데이터 포털 외의 사이트에서도 추가로 데이터를 수집하도록 한다.

✎ 점검하기

❶ 다음은 무엇에 대한 설명인가?

> 기존 데이터베이스 관리 도구로는 관리하기 어려운 규모와 다양성을 가진 데이터를 말하며, 대량의 데이터 집합에서 가치를 추출하고 분석하는 기술을 뜻하기도 한다.

❷ 다음 괄호 안에 들어갈 말은 무엇인가?

> 빅데이터는 (   ) 측면에서 구조화된 정형 데이터뿐만 아니라, 구조화되지 않은 다양한 문자, 이미지, 사운드, 비디오 등의 비정형 데이터까지 포함한다.

❸ 다음 괄호 안에 들어갈 말은 무엇인가?

> 데이터에 값이 누락된 것을 (   )(이)라고 한다. 설문에 응답하지 않은 문항이 있거나, 측정되지 않은 시기나 항목이 있을 때 발생할 수 있다.

정답 ❶ 빅데이터 ❷ 다양성 ❸ 결측치

개념 확인 문제

01 빅데이터의 개념에 대한 설명으로 적절한 것은?

① 기존 데이터베이스 관리 도구로도 쉽게 처리할 수 있는 데이터를 의미한다.
② 단순히 데이터의 양이 많으면 빅데이터라고 부른다.
③ 대량의 데이터에서 유의미한 정보를 분석하고 활용하는 과정까지 포함한다.
④ 빅데이터는 구조화된 데이터만 포함하며, 비정형 데이터는 해당되지 않는다.
⑤ 데이터의 가치보다는 속도와 용량이 가장 중요한 요소이다.

02 다음 중 빅데이터의 대표적인 특성에 해당하지 <u>않는</u> 것은?

① 속도(Velocity)
② 가치(Value)
③ 다양성(Variety)
④ 용량(Volume)
⑤ 보안(Security)

03 데이터 수집 방법 중 '공공 데이터'의 대표적인 예는?

① SNS에서 수집된 사용자 게시글
② 정부 기관이 제공하는 기상 관측 데이터
③ 기업 내부에서 축적한 고객 구매 정보
④ 특정 사용자의 개인 이메일 기록
⑤ 실험 결과 데이터

04 데이터 수집 시 윤리적으로 고려해야 할 사항으로 보기 어려운 것은?

① 개인 정보 보호
② 데이터의 정확성 유지
③ 데이터 저장 속도의 최적화
④ 데이터 출처의 신뢰성
⑤ 데이터 수집 목적의 명확성

05 데이터를 직접 수집하는 방법을 세 가지 이상 쓰시오.

개념 확인 문제 〈정답 및 해설〉

정답

01 ③   **02** ⑤   **03** ②   **04** ③
05 인터넷 검색, 관찰, 실험, 다양한 센서, 설문 조사, 인터뷰 등

해설

01 빅데이터는 데이터의 양이 많은 것 뿐만 아니라, 유의미한 정보를 분석하고 활용하는 과정까지 포함한다.

02 빅데이터의 대표적인 특성은 용량(Volume), 속도(Velocity), 다양성(Variety), 그리고 가치(Value)와 정확성(Veracity) 등이다.

03 공공 데이터는 정부나 공공기관에서 제공하는 데이터로, 기상청의 기상 데이터, 환경부의 환경 데이터 등이 이에 해당한다.

04 〈보기〉 ①, ②, ④, ⑤는 모두 데이터 수집 시 필수적으로 고려해야 할 윤리적 요소다. 반면 ③의 '데이터 저장 속도의 최적화'는 기술적 효율성과 관련된 요소일 뿐, 윤리적 고려 사항과 직접적인 관련이 없다.
– '윤리'란, 개인 정보 보호, 데이터 수집의 목적, 정확성, 적절성 등 사람과 사회에 미치는 영향을 기준으로 한 것이다.

05 관찰이나 실험 결과, 피지컬 컴퓨팅이나 스마트 기기의 센서를 통해, 설문 조사, 인터뷰, 직접 이미지 촬영, 소리 녹음, 인터넷 검색 등을 이용해 데이터를 직접 수집할 수 있다.

01 빅데이터의 개념을 가장 올바르게 설명한 것은?

① 데이터의 크기가 일정 수준 이상이면 빅데이터라고 한다.
② 기존 데이터베이스 관리 도구로 쉽게 처리할 수 있는 데이터를 의미한다.
③ 대량의 정형 데이터를 분석하여 가치를 도출하는 과정까지 포함한다.
④ 오직 구조화된 데이터만 포함하며, 비정형 데이터는 해당되지 않는다.
⑤ 빅데이터는 용량, 속도, 다양성 등의 특성을 바탕으로 의사 결정에 도움을 주는 등 유의미한 가치가 있다.

02 다음 중 빅데이터의 활용 사례로 적절하지 않은 것은?

① 스마트 시티 구축을 위한 실시간 교통 데이터 분석
② 사용자 맞춤형 광고 추천 시스템 개발
③ 개인 이메일 데이터의 무단 분석 및 활용
④ 공공 데이터를 활용한 감염병 확산 예측
⑤ 고객 소비 패턴 분석을 통한 제품 추천 시스템 구축

03 데이터 수집 과정에서 가장 중요한 윤리적 고려 사항은?

① 데이터를 가능한 한 많이 수집하는 것
② 데이터 출처의 신뢰성을 확인하는 것
③ 수집된 데이터를 임의로 변형하여 분석하는 것
④ 데이터 분석 과정에서 개인 정보를 포함하는 것
⑤ 데이터를 정확하게 기록하는 것보다 빠르게 처리하는 것

04 다음 중 공공 데이터에 해당하는 것은?

① 정부에서 공개하는 교통량 데이터
② 기업의 마케팅 데이터
③ 소셜 미디어에 게시된 개인 게시글
④ 특정 회사의 사내 보고서
⑤ 개인 블로그의 방문자 통계

05 데이터 수집 방식 중 직접 수집에 해당하지 않는 것은?

① IoT 센서를 활용한 실시간 데이터 수집
② 설문 조사 결과 수집
③ CCTV 영상 데이터를 분석하여 활용
④ 연구소 실험 데이터를 직접 수집
⑤ 공공 데이터 포털에서 제공하는 자료 활용

06 빅데이터 분석을 통해 해결할 수 있는 문제로 적절하지 않은 것은?

① 감염병 확산 예측
② 스마트팜의 농작물 생산량 최적화
③ 자율주행 자동차의 경로 최적화
④ 책을 직접 종이에 필사하는 작업 자동화
⑤ 실시간 대중교통 이용 패턴 분석

07 빅데이터 분석을 활용하여 공공 정책을 개선할 수 있는 사례로 가장 적절한 것은?

① 종이 문서의 보관 방식 개선
② SNS 게시글의 수집과 저장
③ 실시간 교통 흐름 분석을 통한 신호 체계 최적화
④ 기업 내 직원 평가 시스템 구축
⑤ 개인 일정 관리 시스템 자동화

08 빅데이터 분석의 주요 목적으로 적절하지 않은 것은?

① 기업의 의사 결정 지원　　② 공공 정책 개선
③ 단순한 데이터 수집과 저장　　④ 고객 맞춤형 서비스 제공
⑤ 미래 예측 모델 개발

09 데이터 분석 과정에서 반드시 고려해야 할 요소로 가장 적절한 것은?

① 데이터 분석에 사용되는 데이터의 양이 많은 분석 결과는 항상 신뢰할 수 있다.
② 분석 목적에 맞게 데이터를 선별하고 가공한다.
③ 수집된 데이터는 변형 없이 그대로 활용한다.
④ 데이터 분석 후 불필요한 데이터는 반드시 폐기해야 한다.
⑤ 모든 데이터를 동일한 방식으로 처리해야 한다.

10 결측치와 이상치에 대한 설명으로 옳지 않은 것은?

① 데이터에 값이 누락된 것을 결측치라고 한다.
② 설문에 응답하지 않은 문항이 있을 때 결측치가 발생할 수 있다.
③ 일반적인 데이터 범위에서 크게 벗어난 값을 이상치라고 한다.

④ 설문 응답 결과에 결측치가 존재한다면 설문 자체를 다시 해야 한다.

⑤ 데이터 품질을 향상시키기 위해 데이터를 정제 및 변환하는 과정에서 결측치와 이상치를 처리한다.

11 빅데이터의 특성인 3V를 모두 쓰시오.

12 다음 〈보기〉의 괄호 안에 들어갈 내용을 쓰시오.

> **보기**
>
> 빅데이터는 정형 데이터뿐만 아니라 (   ) 데이터도 포함한다.

13 다음 〈보기〉의 괄호 안에 들어갈 내용을 쓰시오.

> **보기**
>
> 해결하고자 하는 문제에 따라 필요한 데이터가 다르므로 데이터의 주제와 데이터의 (   )(을)를 고려하여 수집해야 한다.

14 정부 기관이 제공하는 기상 정보, 교통 정보 등의 데이터를 무엇이라고 하는지 쓰시오.

15 데이터의 품질을 향상시키기 위해 데이터를 정제 및 변환하는 과정을 무엇이라고 하는지 쓰시오.

16 데이터를 직접 수집하는 방법에는 무엇이 있는지 두 가지 이상 쓰시오.

17 빅데이터를 활용할 때 윤리적으로 고려해야 할 문제를 두 가지 이상 설명하시오.

18 빅데이터 분석을 활용하여 도시 교통 체계를 개선할 수 있는 방안을 두 가지 이상 쓰시오.

19 소셜 미디어 데이터를 활용한 마케팅 전략 수립 방안을 두 가지 이상 쓰시오.

20 빅데이터 분석을 활용하여 환경 문제를 해결할 수 있는 방안을 두 가지 이상 쓰시오.

04 데이터 시각화

1 | 데이터 시각화의 이해

01 데이터 시각화의 의의

- 데이터 시각화는 수치나 통계 데이터를 표, 그래프, 지도 등의 시각적 형태로 표현하는 것으로, 데이터를 더 쉽게 이해하고 분석할 수 있음.
- 데이터의 분포, 트렌드, 이상치 등 데이터의 성격을 쉽게 전달할 수 있고, 데이터 간의 관계와 추세 등을 확인할 수 있어 데이터 기반의 효과적인 의사 결정을 도움.

➕ 하나 더 플러스 데이터 시각화의 의의

- 정보의 직관적 이해
- 복잡한 데이터의 간결화
- 패턴과 추세 발견
- 커뮤니케이션 도구

02 데이터 시각화 방법

- **선 그래프**: 점으로 값을 나타내고 그 점을 선으로 연결해 시각화한 그래프로, 연속적인 데이터의 흐름을 쉽게 확인할 수 있음.
- **막대 그래프**: 값의 크기를 막대 모양의 길이를 통해 시각화한 그래프로, 막대 모양의 길이를 통해 어떤 값이 가장 크고 작은지 상대적인 크기를 쉽게 비교할 수 있음.
- **원 그래프**: 전체에서 각 항목의 비율을 원 영역의 크기를 통해 시각화한 그래프로, 원에서 각 항목마다 차지하고 있는 영역의 크기 비교와 비율을 쉽게 확인할 수 있음.
- **히스토그램**: 연속된 수치형 데이터를 구간별로 나누어 데이터의 전반적인 분포와 구간 내에 포함되는 빈도수를 시각화하는 그래프임. 막대 그래프는 범주형 데이터의 크기 비교에 사용되고 막대 사이에 간격이 있지만, 히스토그램은 막대 사이 간격이 없음.
- **산점도**: 속성값 사이의 관계를 시각화한 그래프임.

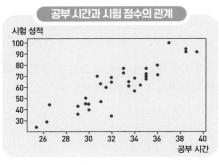

△ 산점도 예

2 | 빅데이터 분석과 이해

01 빅데이터 분석 도구

- 대량의 데이터를 수집, 저장, 처리, 분석하는 데 사용되는 소프트웨어나 시스템으로, 빅데이터 환경에서 데이터를 추출하고 변환하며, 데이터를 통해 유용한 정보를 발견하고 결정을 내리는 데 도움을 줌.

⚙ 인포그래픽
정보(Information)와 그래픽(Graphic)의 합성어로 복잡한 데이터를 시각화하여 쉽게 이해할 수 있는 형태로 표현한 그래픽 디자인

⚙ 데이터의 종류
- 수치형 데이터: 숫자로 표현할 수 있는 데이터로 온도, 점수, 나이, 키, 몸무게 등이 있음.
- 범주형 데이터: 일정한 범주로 나눌 수 있는 데이터로 성별, 혈액형, 나이대 등이 있음.

⚙ 산점도를 이용한 관계 분석
산점도는 두 변수 간의 관계를 시각적으로 표현함. 상관계수(r)는 −1에서 1 사이의 값을 가지며, r이 1 또는 −1에 가까울수록 두 속성 간의 관계가 강하고, 0에 가까울수록 관계가 약함.

다양한 데이터 분석 도구

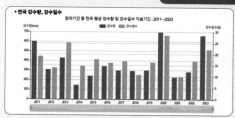

🔺 데이터 플랫폼 기상자료개방포털

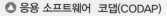

🔺 응용 소프트웨어 코댑(CODAP)

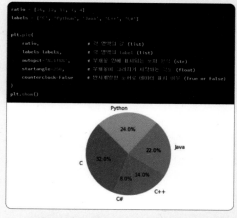

🔺 프로그래밍 언어 파이썬(Python)

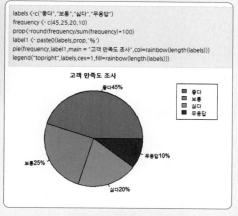

🔺 프로그래밍 언어 R

⚙ 파이썬(Python)
데이터 분석과 시각화에 널리 사용되는 프로그래밍 언어로, 판다스(Pandas), 맷플롯립(Matplotlib), 시본(Seaborn), 사이킷런(Scikit-learn)과 같은 다양한 데이터 분석 라이브러리를 통해 데이터 전처리, 시각화, 예측 모델링을 지원함.

⚙ R
R은 통계 분석과 시각화에 강점을 가진 언어로, 특히 빅데이터 분석에서 널리 사용됨. 복잡한 통계 분석과 시각화 작업을 효율적으로 수행할 수 있음.

02 기후 자료 시각화하기

- 기상청 기상자료개방포털: 다양한 기후 데이터를 제공하고 있으며, 기온, 강수량, 습도 등 연도별, 월별 자료를 확인할 수 있음. ▶ https://data.kma.go.kr/cmmn/main.do
- 데이터 시각화: 시각화하고자 하는 데이터의 특성에 따라 차트 유형을 선택하고, x축과 y축 속성 등을 설정할 수 있음.
- 데이터 해석 및 의미 분석: 과거 기온 데이터를 현재와 비교하여 기후 변화의 경향을 파악할 수 있음.

점검하기

1 다음은 무엇에 대한 설명인가?

수치나 통계 데이터를 도표, 그래프, 지도 등 시각적 형태로 표현하는 것을 말한다.

2 다음 괄호 안에 들어갈 말은 무엇인가?

히스토그램은 구간을 나누어 데이터의 전반적인 분포와 구간 내에 포함되는 (   )(을)를 시각화한 그래프다.

3 다음 괄호 안에 들어갈 말은 무엇인가?

(   )(이)란 대량의 데이터를 수집, 저장, 처리, 분석하는 데 사용되는 소프트웨어나 시스템을 말한다.

정답 **1** 데이터 시각화 **2** 빈도수 **3** 빅데이터 분석 도구

개념 확인 문제

01 데이터 시각화의 주된 목적으로 적절한 것은?

① 데이터를 단순히 수집하는 것
② 데이터를 분석 없이 시각적으로 보기 좋게 만드는 것
③ 데이터를 직관적으로 이해하기 쉽게 표현하는 것
④ 데이터를 보호하고 암호화하는 것
⑤ 데이터 크기를 줄이는 것

02 다음 중 표현하기 어려운 데이터 시각화 사례는?

① 시간 경과에 따른 변화
② 국가별 데이터 비교
③ 학급 내 MBTI 유형별 비율
④ 출산율의 변화
⑤ 사람의 감정 상태와 사고방식

03 막대 그래프로 표현하기 가장 적절한 데이터 유형은?

① 연속형 데이터
② 비율형 데이터
③ 수치형 데이터
④ 범주형 데이터
⑤ 텍스트 데이터

04 원 그래프로 표현하기 가장 적절한 데이터는?

① 시간적 변화
② 제품 판매 금액
③ 구성 비율
④ 데이터 간의 관계
⑤ 단순 비교

05 다음 〈보기〉에서 설명하는 도구의 예를 두 가지 이상 쓰시오.

보기

빅데이터 분석 도구란 대량의 데이터를 수집, 저장, 처리, 분석하는 데 사용되는 소프트웨어나 시스템을 말한다.

개념 확인 문제 〈정답 및 해설〉

정답

| 01 ③ | 02 ⑤ | 03 ④ | 04 ③ |

05 기상자료개방포털, 코댑, 파이썬, R 등

해설

01 데이터 시각화는 데이터를 그래프, 차트, 표 등의 형태로 변환하여 사람들이 쉽게 이해할 수 있도록 표현하는 것을 의미한다.

02 사람의 감정이나 사고방식과 같은 정성적이고 주관적인 데이터는 단순한 그래프나 차트만으로 표현하기 어렵다. 반면 시간 변화, 비교, 비율, 추세 등은 일반적인 시각화 도구로 쉽게 표현 가능하다.

03 막대 그래프는 서로 다른 범주(카테고리) 간의 값을 비교하는 데 효과적이다. 예를 들어, 과목별 평균 점수, 나라별 인구수, 제품별 판매량처럼 범주형 데이터를 기준으로 수치를 시각화할 때 사용된다. 반면, 수치형 데이터는 연속적인 수치를 의미하며, 이 경우에는 분포 표현이나 시간 흐름 표현 등이 더 적절하다. 따라서 막대 그래프에 가장 적절한 데이터 유형은 범주형 데이터이다.

04 원 그래프는 전체에 대한 부분의 비율을 시각화하는 데 적합하다.

05 기상자료개방포털 등 다양한 데이터 플랫폼, 코댑 등 응용 소프트웨어, 파이썬과 R 등 프로그래밍 언어 등이 빅데이터 분석 도구로 활용된다.

시험 대비 문제

01 데이터 시각화에서 단순성의 중요성을 설명하는 데이터 시각화의 목적으로 적절한 것은?

① 데이터를 숨기기 위해
② 더 많은 데이터를 포함하기 위해
③ 복잡성을 줄이기 위해
④ 흥미를 유발하기 위해
⑤ 정확성을 잃기 위해

02 데이터 시각화의 주요 장점은 무엇인가?

① 데이터의 양을 줄일 수 있다.
② 복잡한 데이터를 이해하기 쉽게 만든다.
③ 모든 데이터를 프린트할 수 있다.
④ 데이터의 수집 과정을 단순화한다.
⑤ 데이터 분석을 자동으로 수행한다.

03 다양한 데이터 시각화 방법 중에서 '데이터의 분포'를 가장 효과적으로 표현하는 그래프 유형은 무엇인가?

① 선 그래프
② 히스토그램
③ 원 그래프
④ 막대 그래프
⑤ 도넛 그래프

04 데이터 시각화 방법 중 선 그래프는 어떤 경우에 효과적으로 사용되는가?

① 비율 데이터
② 범주형 데이터
③ 시간에 따른 변화
④ 통계의 평균
⑤ 데이터의 순서

05 다음 중 선 그래프의 효과적인 사용 사례로 가장 적절한 것은?

① 인구 밀집도를 표현하는 자료
② 소득 수준의 변화를 연도별로 나타내는 자료
③ 다양한 종류의 과일 판매량 비교
④ 고객 만족도를 색으로 나타내는 경우
⑤ 특정 연도, 특정 지역의 물가 수준 평균 비교

06 데이터 시각화 방법 중 막대 그래프는 어떤 경우에 효과적으로 사용되는가?

① 데이터의 주기적인 변화를 나타내기 위해
② 범주별 데이터의 크기를 비교하기 위해
③ 전체에서 각 항목의 구성 비율을 나타내기 위해
④ 단일 데이터의 크기를 나타내기 위해
⑤ 데이터의 종합적인 통계를 나타내기 위해

07 데이터 시각화 방법 중 산점도는 어떤 경우에 효과적으로 사용되는가?

① 변수 간의 관계를 시각적으로 표현하기 위해
② 데이터를 저장하기 위해
③ 데이터의 평균값을 계산하기 위해
④ 카테고리별 합계를 보여주기 위해
⑤ 데이터를 자동으로 생성하기 위해

08 다음 중 데이터 시각화 방법으로 적절하지 않은 것은?

① 막대 그래프
② 원 그래프
③ 히스토그램
④ R
⑤ 선 그래프

09 시간에 따른 데이터 변화를 표현하는 대표적인 그래프 유형을 쓰시오.

10 여러 항목의 값을 비교할 수 있는 대표적인 그래프 유형을 쓰시오.

11 비율 정보를 쉽게 표현하는 대표적인 그래프 유형을 쓰시오.

12 데이터의 전반적인 분포와 구간 내에 포함되는 빈도수를 표현하는 대표적인 그래프 유형을 쓰시오.

13 속성 값 사이의 관계를 표현하는 대표적인 그래프 유형을 쓰시오.

14 데이터 시각화의 의의를 두 가지 이상 설명하시오.

15 막대 그래프와 선 그래프 각각의 장단점을 설명하시오.

16 데이터 시각화에 활용할 수 있는 도구 두 가지를 제시하고, 이들 도구를 통해 어떤 작업을 할 수 있는지 간단히 설명하시오.

[17~18] 다음 그래프를 보고 물음에 답하시오.

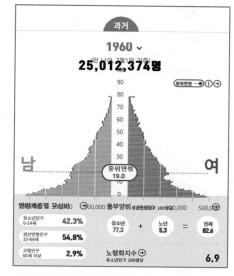

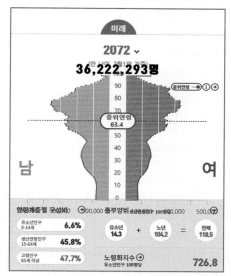

[이미지 출처] https://kosis.kr/visual/populationKorea/
PopulationDashBoardMain.do

17 1960년, 2025년, 2072년의 인구 피라미드를 비교하여 각 시대별 성별 인구 비율의 변화를 설명하시오.

18 1960년과 2072년의 중위연령을 비교하고, 데이터의 의미를 해석하시오.

대단원 마무리 문제

선택형

★
01 다음 중 암호화된 데이터를 복호화하는 데 필요한 것으로 옳은 것은?

① 암호키
② 네트워크 방화벽
③ 비밀번호
④ 사용자 인증 시스템
⑤ 운영 체제

★
02 SSL 인증서가 적용된 웹사이트는 어떻게 확인할 수 있는가?

① "http://"로 시작하는 주소
② "https://"로 시작하는 주소
③ ".gov" 도메인이 있는 사이트
④ IP 주소로 직접 접근하는 경우
⑤ 브라우저에서 보안 경고가 표시되는 경우

★★
03 암호화가 적용되지 않은 경우 발생할 수 있는 문제로 적절한 것은?

① 데이터 저장 공간이 증가한다.
② 암호키가 없어도 데이터를 복호화할 수 있다.
③ 데이터 유출 및 해킹의 위험성이 증가한다.
④ 암호화 과정이 필요하지 않다.
⑤ 데이터가 자동으로 백업된다.

★★
04 다음 중 데이터 압축 방식에 대한 설명으로 가장 적절한 것은?

① 무손실 압축은 원본 데이터를 변형하지 않으며, 손실 압축은 데이터를 일부 삭제하여 파일의 크기를 줄인다.
② 무손실 압축을 적용하면 데이터의 일부가 유실될 수 있으며, 손실 압축을 적용하면 원본 데이터를 그대로 유지할 수 있다.
③ 손실 압축은 원본 데이터의 크기를 증가시키는 역할을 한다.

④ 무손실 압축을 사용하면 데이터가 더 작은 크기로 압축되지만, 복원 과정에서 품질이 저하될 수 있다.
⑤ 무손실 압축을 적용하면 데이터 품질이 저하되지만, 손실 압축을 적용하면 원본 품질을 유지할 수 있다.

★
05 다음 중 무손실 압축 방식이 <u>아닌</u> 것은?

① PNG
② ZIP
③ MP3
④ FLAC
⑤ GIF

★★
06 MP3 파일을 압축할 때 제거되는 데이터는?

① 모든 음향 데이터
② 사람의 귀로 들을 수 없는 주파수
③ 모든 저음 주파수
④ 파일에 대한 설명 데이터
⑤ 압축 알고리즘과 관련 없는 정보

★★
07 PNG 파일의 특징으로 올바른 것은?

① 손실 압축을 사용하여 고품질의 이미지를 유지한다.
② 무손실 압축을 사용하여 원본 품질을 그대로 유지할 수 있다.
③ 압축된 후 원본 데이터를 복원할 수 없다.
④ 색상 수를 제한하여 파일 크기를 줄이는 방식으로, 주로 애니메이션 이미지에 사용된다.
⑤ 주로 동영상 압축에 사용된다.

★
08 동영상 코덱이 하는 역할로 적절한 것은?

① 파일을 암호화하여 보안성을 높인다.
② 동영상 데이터를 압축 및 복원하여 저장 및 전송을 용이하게 한다.
③ 모든 프레임을 개별적으로 저장한다.
④ 오디오 데이터를 자동 변환하는 기능을 한다.
⑤ 동영상 파일의 용량을 키우는 역할을 한다.

09 빅데이터가 활용될 수 있는 사례로 적절하지 <u>않은</u> 것은?

① 기계 학습을 활용한 의료 데이터 분석
② 기상 데이터를 기반으로 한 날씨 예측 시스템
③ 대형 마트의 고객 구매 패턴 분석
④ 종이 문서로 작성된 업무 기록 보관
⑤ 스마트폰 사용자의 이동 경로 분석

10 데이터 수집 과정에서 고려해야 할 것을 모두 고르시오.

① 데이터를 가능한 한 많이 수집하는 것
② 데이터 출처의 신뢰성을 확인하는 것
③ 수집된 데이터를 임의로 변형하여 분석하는 것
④ 데이터 수집 과정에서 개인 정보를 포함하지 않도록 하는 것
⑤ 데이터를 정확하게 기록하는 것보다 빠르게 처리하는 것

11 다음 중 빅데이터 분석 방법으로 가장 적절한 것은?

① 단순한 데이터 수집
② 통계 분석과 기계 학습 기법을 활용한 패턴 도출
③ 수집된 데이터를 그대로 보관하는 것
④ 수작업으로 데이터를 검토하는 것
⑤ 모든 데이터를 무조건 삭제하는 것

12 다음 중 빅데이터의 의의로 적절하지 <u>않은</u> 것은?

① 데이터를 분석하여 새로운 가치를 창출할 수 있다.
② 기업의 의사 결정을 지원할 수 있다.
③ 데이터의 양이 많아질수록 분석의 정확성이 항상 높아진다.
④ 빅데이터 분석 기술을 활용하면 실시간 데이터를 처리하여 빠르게 대응할 수 있다.
⑤ 고객 맞춤형 서비스를 제공할 수 있다.

13 데이터 시각화에 대한 설명으로 적절한 것은?

① 데이터를 단순히 수치로 나열하는 것이다.
② 데이터를 시각적인 형태로 변환하여 이해하기 쉽게 표현하는 것이다.

③ 데이터의 분석 결과를 문자로 설명하는 것이다.
④ 데이터를 하나의 이미지로 압축하는 것이다.
⑤ 데이터를 수집하는 과정이다.

14 데이터 시각화 방법 중 원 그래프는 어떤 경우에 효과적으로 사용되는가?

① 데이터가 연속적인 경우
② 서로 다른 항목 간 수치 크기 비교가 필요한 경우
③ 데이터의 구성 비율을 나타낼 경우
④ 데이터의 변화를 시간에 따라 분석할 경우
⑤ 데이터의 정확한 수치를 전달할 경우

15 데이터 시각화 방법 중 히스토그램은 어떤 경우에 효과적으로 사용되는가?

① 범주형 데이터의 비교
② 연속형 데이터의 분포
③ 두 데이터 세트 간의 관계
④ 데이터의 경과 시간
⑤ 데이터의 전체적 경향을 간결하게 표현

단답형

16 암호화된 메시지를 원래 상태로 되돌리는 과정을 무엇이라고 하는지 쓰시오.

★★
17 다음 〈보기〉의 괄호 안에 들어갈 내용은 무엇인지 쓰시오.

보기

암호화의 목적은 데이터를 안전하게 보호하는 것이다. 이를 위해 데이터를 보호하기 위한 중요한 개념으로는 (①), (②), (③)(이)가 있다. (①)(은)는 허가되지 않은 사용자가 정보에 접근하지 못하도록 하는 것이며, (②)(은)는 데이터가 원래 상태에서 변경되지 않았음을 보장하는 것이다. (③)(은)는 데이터를 필요할 때 사용할 수 있도록 하는 것을 의미한다.

①

②

③

★★
18 다음 〈보기〉의 괄호 안에 들어갈 내용은 무엇인지 쓰시오.

보기

전치형 암호 방식은 문자의 (   )(을)를 변경하여 암호화하는 방식으로, 치환형 암호와 구별된다.

★
19 다음 〈보기〉의 괄호 안에 들어갈 내용은 무엇인지 쓰시오.

보기

텍스트 데이터를 압축할 때 주로 사용되는 파일 형식에는 (   )(와)과 같은 무손실 압축 방식이 있다.

★★
20 다음 〈보기〉의 괄호 안에 들어갈 내용은 무엇인지 쓰시오.

보기

허프만 압축 기법에서는 자주 사용되는 문자에 (①) 코드를 할당하고, 사용 빈도가 낮은 문자에는 (②) 코드를 할당한다.

①

②

★★
21 다음 〈보기〉의 괄호 안에 들어갈 내용은 무엇인지 쓰시오.

보기

MP3는 사람이 듣지 못하는 (   )(을)를 제거하여 파일 크기를 줄이는 방식이다.

★★
22 다음 〈보기〉의 괄호 안에 들어갈 내용은 무엇인지 쓰시오.

보기

빅데이터의 3V 요소는 (①), (②), (③)(이)다.

①

②

③

★★
23 다음 〈보기〉에서 아래 설명에 들어갈 내용을 찾아 쓰시오.

보기

• 속도   • 용량   • 데이터 종류

빅데이터는 기존 데이터보다 (①)(이)가 크고, (②)(이)가 빠르며, (③)(이)가 다양한 것이 특징이다.

①

②

③

★
24 다음 〈보기〉의 괄호 안에 들어갈 내용은 무엇인지 쓰시오.

보기

(   )(은)는 정부 또는 공공기관에 의해 생성된 데이터로, 일반 국민이 활용할 수 있도록 개방된다.

★★

25 다음 〈보기〉의 괄호 안에 들어갈 내용은 무엇인지 쓰시오.

보기

시간에 따라 변화하는 데이터를 표현하는 데 가장 적절한 그래프 유형은 ( )(이)다.

★★

26 다음 〈보기〉의 괄호 안에 들어갈 내용은 무엇인지 쓰시오.

보기

여러 항목 간의 비율을 비교할 때 가장 많이 사용되는 그래프 유형은 ( )(이)다.

서술형

★★★

27 암호화가 적용된 데이터와 그렇지 않은 데이터의 차이를 설명하고, 암호화가 필요한 이유를 두 가지 이상 서술하시오.

★★

28 손실 압축과 무손실 압축이 각각 어떤 상황에서 적절하게 사용되는지 예를 들어 설명하시오.

★★★

29 데이터 압축 기술이 네트워크에서 데이터 전송에 미치는 영향을 두 가지 이상 설명하시오.

★★

30 온라인 쇼핑몰에서 고객 데이터를 분석하여 매출을 증대할 수 있는 방법을 두 가지 이상 설명하시오.

★★

31 빅데이터 분석을 활용하여 질병 예측 및 의료 서비스를 개선할 수 있는 방안을 설명하시오.

★★★

32 다음 그래프의 지역별 건설수주액 증감률 데이터를 보고 지역 균형 발전의 관점에서 그 의미를 설명하시오.

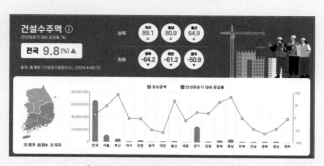

[이미지 출처] https://kosis.kr/visual/economyBoard/economyInfographic.do?lang=ko

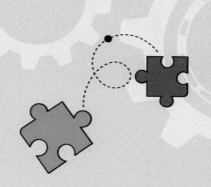

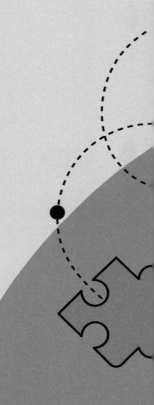

III

알고리즘과
프로그래밍

01 | 알고리즘과 문제 해결

02 | 문제 분해와 모델링

03 | 자료형과 변수

04 | 표준 입출력과 파일 입출력

05 | 제어 구조와 데이터 구조

06 | 객체지향과 클래스, 프로그래밍 프로젝트

07 | 정렬과 탐색 알고리즘

 알고리즘과 문제 해결

1 | 알고리즘의 이해

✿ 알고리즘 용어의 유래
알고리즘(Algorithm)은 9세기 페르시아의 수학자 무함마드 알콰리즈미(Muhammad ibn Musa al-Khwarizmi)의 이름에서 유래

- 알고리즘이란 문제를 해결하기 위한 구체적인 방법과 절차를 의미
- 우리는 이미 일상생활 속에서 다양한 종류의 알고리즘을 사용하고 있으며, 문제를 해결할 때는 문제 해결을 위한 알고리즘을 생각해 보는 것이 중요함.
  ⑩ 길 찾기 알고리즘, 정렬 알고리즘, 추천 알고리즘 등

양치질 알고리즘

❶ 칫솔에 치약을 짠다.
❷ 칫솔을 사용하여 어금니 안쪽 면과 바깥 면을 잇몸에서부터 치아 쪽으로 10회씩 닦는다.
❸ 앞니의 바깥 면을 잇몸에서부터 치아 쪽으로 10회 닦는다.
❹ 앞니의 안쪽 면은 칫솔을 45도 각도로 세워 10회 닦는다.
❺ 어금니의 씹는 면을 앞뒤로 왕복하며 10회 닦는다.
❻ 혀를 닦는다.
❼ ❷~❻을 3분 이상 반복한다.
❽ 물로 입 안을 헹군다.

2 | 문제와 문제 해결 절차

01 문제

- 문제란 목표로 하는 상태와 현재 상태가 일치하지 않는 상황을 의미
- 문제를 해결하는 과정은 초기 상태부터 목표 상태까지 도달하는 과정을 말하며, 문제가 해결되었다는 것은 현재 상태와 목표 상태가 일치되었다는 것을 말함.

초기 상태	문제가 발생한 시작 상태
목표 상태	문제가 해결된 최종 상태

02 문제 해결 절차

✿ 계산 문제(Computational Problem)
컴퓨터의 계산 능력을 이용하여 해결할 수 있는 문제로, 산술 연산이나 논리 연산의 조합을 통해 해결 가능한 문제를 말함. 연산 문제, 경우의 수 문제, 결정 문제, 최적화 문제 등이 있음.

- 계산 문제는 컴퓨터를 이용하여 절차적으로 해결할 수 있음.
- 컴퓨터로 문제를 해결하기 위해서는 추상화, 알고리즘 설계, 자동화의 절차가 필요함.

추상화	▶	알고리즘 설계	▶	자동화
주어진 문제를 이해하고 분석하여 꼭 필요한 핵심 요소를 추출하고, 문제를 해결하기 쉬운 형태로 표현한다.		글이나 도형, 흐름선 등으로 문제를 해결하기 위한 작업을 절차에 맞춰 나열한다.		알고리즘을 컴퓨팅 시스템이 수행할 수 있도록 프로그래밍 언어로 작성하고 공유하여 성능을 평가한다.

① 추상화

- 문제 분해와 모델링을 통해 문제의 복잡성을 제거하여 문제를 해결하기 쉬운 형태로 재 표현하는 단계
- 문제의 초기 상태와 목표 상태 설정, 문제 해결을 위해 꼭 필요한 핵심 요소 추출, 목표 상태에 도달하기 위한 수행 작업을 정의

핵심 요소	문제를 해결하기 위해 반드시 고려해야 하는 요소
수행 작업	• 문제의 초기 상태에서 목표 상태에 도달하기 위해 수행해야 하는 작업 • 핵심 요소를 고려하여 선정

② 알고리즘 설계

- 순차, 선택, 반복 구조 등을 이용하여 알고리즘을 설계하는 단계

✿ 알고리즘 설계
동일한 문제를 해결하기 위한 알고리즘은 다양하게 설계할 수 있으며, 이중 가장 효율적인 알고리즘을 선택

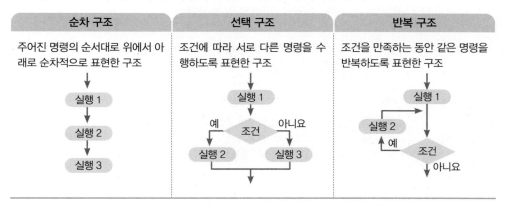

순차 구조	선택 구조	반복 구조
주어진 명령의 순서대로 위에서 아래로 순차적으로 표현한 구조	조건에 따라 서로 다른 명령을 수행하도록 표현한 구조	조건을 만족하는 동안 같은 명령을 반복하도록 표현한 구조

- 자연어, 의사 코드, 순서도, 프로그래밍 언어 등을 사용하여 알고리즘을 표현할 수 있음.

두 수를 입력받아 최대 공약수를 출력하는 알고리즘		
구분	자연어	순서도
설명	• 일상생활에서 사용하는 말과 글을 이용하여 표현하는 방법 • 표현이 자유롭고 내용 이해가 쉽지만 의미 전달이 명확하지 않을 수도 있음.	• 미리 약속된 도형과 흐름선을 사용하여 표현하는 방법 • 알고리즘의 단계를 명확하게 표현할 수 있음.
예시	❶ 두 자연수를 입력받는다. ❷ 두 수가 같으면 그 수가 최대 공약수이므로 출력하고, 그렇지 않다면 큰 수에서 작은 수를 뺀다. ❸ 큰 수에서 작은 수를 뺀 결과로 큰 수를 대체하고, 두 수 중 하나라도 0이 될 때까지 2를 반복한다. ❹ 두 수 중 하나라도 0이 되었을 때, 0이 아닌 수가 처음 입력받은 두 자연수의 최대 공약수이다. ❺ 최대 공약수를 출력한다.	

✿ 순서도 기호

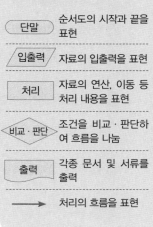

단말	순서도의 시작과 끝을 표현
입출력	자료의 입출력을 표현
처리	자료의 연산, 이동 등 처리 내용을 표현
비교·판단	조건을 비교·판단하여 흐름을 나눔
출력	각종 문서 및 서류를 출력
→	처리의 흐름을 표현

프로그래밍 언어
컴퓨터 프로그램을 만들기 위해 사용하는 언어로, 텍스트 기반 프로그래밍 언어로는 파이썬, C언어, C++ 등이 있음.

구분	의사 코드(pseudo code) 프로그래밍	프로그래밍 언어
설명	• 수학적 기호와 논리 표현을 사용하여 가상의 코드 형태로 표현하는 방법 • 실제 프로그래밍 언어가 아니므로 컴퓨터에서 실행할 수는 없음.	• 실제 프로그래밍 언어로 표현하는 방법 • 컴퓨터를 이용하여 즉시 실행할 수 있지만 프로그래밍 언어의 명령문을 알아야만 이해할 수 있음.

예시	A와 B를 입력받기
	B ≠ 0인 동안 반복
	　만약 A 〉 B 라면
	　　A ← A − B
	　아니라면,
	　　B ← B − A
	A를 출력
		A = int(input('A를 입력하세요:'))
		B = int(input('B를 입력하세요:'))
		while B != 0:
		　if A 〉 B:
		　　A = A − B
		　else:
		　　B = B − A
		print('최대 공약수:', A)

• 알고리즘의 다섯 가지 조건을 만족할 수 있도록 작성해야 함.

조건	설명
입력	• 필요한 데이터를 0개 이상 입력받을 수 있어야 함. • 입력은 반드시 있어야 하는 것은 아님.
출력	• 알고리즘이 수행되면 적어도 1개 이상의 결과가 출력되어야 함.
명확성	• 알고리즘을 수행할 때 모호함이 없이 의미가 분명해야 함. 　예 명확하지 않은 알고리즘: '충분히 반복한다', 명확한 알고리즘: '10번 반복한다' • 언제, 어디서, 누가 수행하더라도 동일한 작업을 수행할 수 있어야 함.
유한성	• 알고리즘은 반드시 종료되어야 함.
수행 가능성	• 모든 명령은 수행 가능해야 함.

③ 자동화
• 프로그래밍 과정과 성능 평가 과정을 포함하는 단계
• **프로그래밍**: 설계한 알고리즘을 컴퓨팅 기기로 구현하는 과정
• **성능 평가**: 구현한 프로그램이 원래 해결하고자 했던 문제를 올바르게 해결하는지, 더 효율적인 방법이 있는지 확인함으로써 프로그램의 실행 결과를 분석하고 평가하는 과정

점검하기

1 다음은 무엇에 대한 설명인가?

문제를 해결하기 위한 구체적인 방법과 절차

2 다음 괄호 안에 들어갈 말은 무엇인가?

컴퓨터로 문제를 해결하기 위해서는 (㉠), (㉡), (㉢)의 절차가 필요하다.

3 컴퓨터로 문제를 해결하는 절차 중 추상화 단계에 대해 설명하시오.

정답 **1** 알고리즘 **2** ㉠ 추상화 ㉡ 알고리즘 설계 ㉢ 자동화 **3** 추상화란 문제의 복잡성을 제거하여 해결하기 쉬운 형태로 재표현하는 것으로, 문제의 초기 상태와 목표 상태를 설정하고, 핵심 요소를 추출한 후 수행 작업을 정의하는 단계이다.

개념 확인 문제

01 다음 〈보기〉의 빈칸에 공통으로 들어갈 내용은 무엇인지 쓰시오.

보기

( )(이)란 목표로 하는 상태와 현재의 상태가 일치하지 않는 상황을 뜻하며, 그중 컴퓨터의 계산 능력을 이용하여 해결할 수 있는 것을 계산 ( )(이)라고 한다.

02 다음 중 알고리즘 표현 방법으로 바르지 <u>못한</u> 것은?

① 자연어
② 산점도
③ 순서도
④ 의사 코드
⑤ 프로그래밍 언어

03 다음 〈보기〉가 설명하는 것은 무엇인지 쓰시오.

보기

컴퓨터로 문제를 해결하기 위한 절차 중에서 알고리즘을 컴퓨팅 기기로 구현하고 구현한 프로그램의 실행 결과를 분석하고 평가하는 단계이다.

04 다음 〈보기〉가 설명하는 것은 무엇인가?

보기

문제를 해결하기 위해 반드시 고려해야 하는 요소로, 수행 작업에 영향을 미치는 요소이다.

① 알고리즘
② 초기 상태
③ 목표 상태
④ 핵심 요소
⑤ 문제 이해

개념 확인 문제 〈정답 및 해설〉

정답

01 문제 **02** ② **03** 자동화 **04** ④

해설

01 사전적으로는 해답을 요구하는 물음, 해결하기 어렵거나 난처한 대상 등 다양한 정의를 가지며, 목표 상태와 초기 상태가 일치하지 않는 것을 문제라고 한다. 계산 문제(Computational Problem)란, 컴퓨터의 계산 능력을 이용하여 해결 가능한 문제로, 산술 연산이나 논리 연산의 조합을 통해 해결할 수 있는 문제를 말하며 연산 문제, 경우의 수 문제, 결정 문제, 최적화 문제 등이 있다.
02 산점도는 속성값 사이의 관계를 시각화하기 위해 사용하는 그래프이다.
03 자동화 단계는 프로그래밍 과정과 성능 평가 과정을 포함한다.
04 초기 상태에서 목표 상태로 가는 데, 즉 문제를 해결하는 데 영향을 주는 요소 중 중요한 요소를 핵심 요소라고 한다.

시험 대비 문제

01 다음 중 알고리즘에 대한 설명으로 바르지 <u>못한</u> 것은?

① 문제를 해결하기 위한 구체적인 방법과 절차이다.
② 순차 구조, 반복 구조, 선택 구조를 사용하여 알고리즘을 설계할 수 있다.
③ 문제를 해결하기 위한 알고리즘은 항상 1개이다.
④ 반복 구조를 이용하면 같은 명령을 반복하도록 표현할 수 있다.
⑤ 선택 구조를 이용하면 조건에 따라 서로 다른 명령을 반복하도록 표현할 수 있다.

02 알고리즘의 표현 방법에 대한 설명으로 바르지 <u>못한</u> 것은?

① 자연어를 이용하면 일상생활에서 사용하는 말과 글을 이용하여 알고리즘을 표현할 수 있다.
② 순서도는 미리 약속된 도형과 흐름선을 사용하여 알고리즘을 표현하는 방법이다.
③ 순서도를 사용하면 알고리즘의 단계를 보다 명확하게 표현할 수 있다.
④ 의사 코드로 작성한 알고리즘은 컴퓨터를 이용하여 즉시 실행할 수 있다.
⑤ 프로그래밍 언어를 이용하여 알고리즘을 표현하려면 명령문을 이해하고 있어야 한다.

03 문제를 해결하기 위한 절차 중 추상화 단계에 대한 설명으로 바르지 <u>못한</u> 것은?

① 주어진 문제를 해결하기 쉬운 형태로 재표현하는 절차이다.
② 문제의 초기 상태와 목표 상태를 설정한다.
③ 문제 해결을 위해 꼭 필요한 핵심 요소를 추출한다.
④ 핵심 요소를 바탕으로 수행 작업을 정의한다.
⑤ 프로그래밍 언어를 사용하여 프로그램을 구현한다.

04 다음 알고리즘의 조건에 대한 설명으로 바르지 <u>못한</u> 것은?

① 입력: 필요한 데이터를 0개 이상 입력받을 수 있어야 한다.
② 출력: 알고리즘이 수행된 이후 1개 이상의 결과가 출력되어야 한다.
③ 명확성: 명확하게 작성된 알고리즘은 언제 수행하는지에 따라 실행 결과가 달라질 수 있다.
④ 유한성: 알고리즘은 반드시 종료되어야 한다.
⑤ 수행 가능성: 모든 명령은 수행 가능해야 한다.

05 문제를 해결하기 위한 절차 중 자동화 단계에 대한 설명으로 알맞은 것은?

① 미리 약속한 도형과 흐름선을 사용하여 알고리즘을 표현한다.
② 문제의 복잡성을 제거하는 단계이다.
③ 문제를 이해하고 분석하여 해결하기 쉬운 형태로 재표현한다.
④ 구현된 프로그램이 원래 해결하고자 했던 문제를 올바르게 해결하는지 성능을 평가하는 과정을 포함한다.
⑤ 문제 해결을 위한 작업을 절차에 따라 설계한다.

[06~07] 다음 〈보기〉의 알고리즘을 보고 물음에 답하시오.

> **보기**
> 1. i값을 0으로 초기화한다.
> 2. sum값을 0으로 초기화한다.
> 3. sum과 i를 더해 sum에 저장한다.
> 4. i를 1 증가시킨다.
> 5. i값이 10보다 작다면 3으로 돌아간다.
> 6. 그렇지 않다면 sum값을 출력한다.

06 위 〈보기〉의 알고리즘이 표현된 방식으로 알맞은 것은?

① 자연어   ② 의사 코드
③ 순서도   ④ 히스토그램
⑤ 프로그래밍 언어

07 위 〈보기〉의 알고리즘에 사용된 실행 흐름을 모두 고른 것은?

① 순차 구조
② 선택 구조
③ 순차 구조, 반복 구조
④ 순차 구조, 선택 구조
⑤ 순차 구조, 반복 구조, 선택 구조

08 순서도 기호에 대한 설명으로 바르지 <u>못한</u> 것은?

① ⬭ : 순서도의 시작과 끝을 표현

② ⟶ : 처리의 흐름을 표현

③ ▱ : 자료의 입출력을 표현

④ ◆ : 자료의 연산, 이동 등 처리 내용을 표현

⑤ ▱ : 각종 문서 및 서류를 출력

09 알고리즘의 조건 다섯 가지를 모두 쓰시오.

10 다음 〈보기〉가 설명하는 알고리즘의 표현 방법은?

보기

• 가상의 코드 형태로 알고리즘을 표현하는 방법
• 수학적인 기호와 논리 표현을 사용함
• 실제 컴퓨터에서 실행할 수는 없음

11 다음 〈보기〉의 알고리즘은 알고리즘의 조건을 만족하지 않는다. 어떤 조건을 만족하지 않는지 서술하시오.

보기

1. num값을 10으로 정한다.
2. num값을 출력한다.
3. num을 1 감소시킨다.
4. num이 10보다 작다면 단계 2로 돌아간다.
5. 종료한다.

12 컴퓨터를 이용하여 계산 문제를 해결하는 세 가지 절차에 대해 설명하시오.

문제 분해와 모델링

학습 목표
• 복잡한 문제를 해결 가능한 작은 단위의 문제로 분해할 수 있다.
• 문제를 분석하고 분해한 결과를 바탕으로 모델링할 수 있다.

1 | 문제 분해

01 문제 분해란?

• 한 번에 해결하기 어려운 복잡한 문제는 문제 분해를 통해 해결할 수 있음.
• 문제 분해는 복잡한 문제를 해결 가능한 작은 단위로 나누는 과정으로, 핵심 요소를 기준으로 문제를 분해할 수 있음.
• 유사한 기능이나 자료를 기준으로 분해하고 기능에 따라 순차적으로 처리하거나(방법 ①), 동일한 형태의 작은 문제로 분해하고 반복적으로 처리할 수 있음(방법 ②).
• 각각의 작은 문제를 해결한 결과를 종합하여 원래의 문제를 해결할 수 있음.
• 이때 작은 문제 사이의 순서나 포함 관계에 유의해야 하고, 전체 문제가 오류 없이 해결되었는지 확인해야 함.

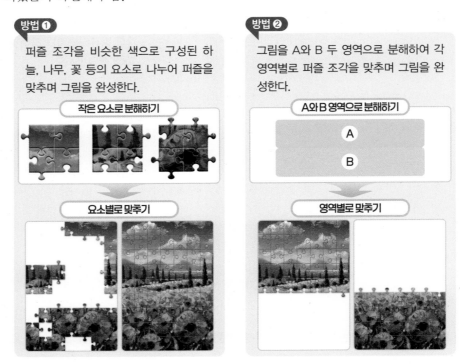

방법 ❶

퍼즐 조각을 비슷한 색으로 구성된 하늘, 나무, 꽃 등의 요소로 나누어 퍼즐을 맞추며 그림을 완성한다.

작은 요소로 분해하기

요소별로 맞추기

방법 ❷

그림을 A와 B 두 영역으로 분해하여 각 영역별로 퍼즐 조각을 맞추며 그림을 완성한다.

A와 B 영역으로 분해하기

A

B

영역별로 맞추기

02 문제 분해 예시

• 문제 상황: 한국이는 친구1, 친구2와 약속 장소를 정하고 있다. 다음은 세 학생의 출발 지점을 도식화하여 나타낸 그림이다. 한국이는 (ㄱ, A), 친구1은 (ㄴ, G), 친구2는 (ㅂ, D)에서 출발할 때, 세 학생이 이동한 거리의 총합이 최소가 되려면 약속 장소를 어느 위치로 정해야 할까?

분해 방법 ❶ | 학생별로 분해하기

- **작은 문제 1**: 모든 좌표에 대한 한국이의 이동 거리를 구하는 문제
- **작은 문제 2**: 모든 좌표에 대한 친구1의 이동 거리를 구하는 문제
- **작은 문제 3**: 모든 좌표에 대한 친구2의 이동 거리를 구하는 문제
- **작은 문제 4**: 모든 좌표에 대한 세 학생의 이동 거리의 총합을 구하는 문제

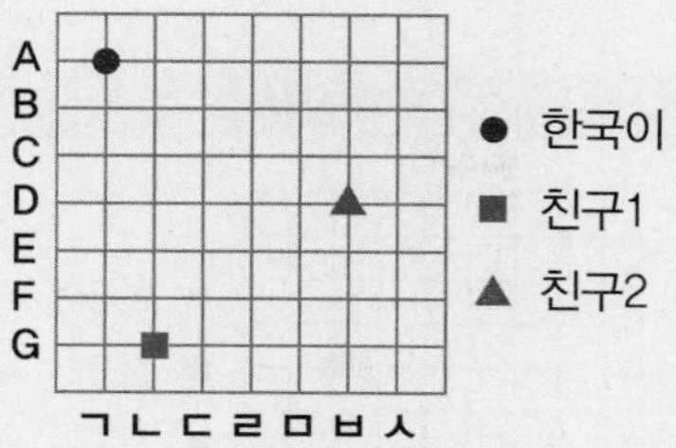

분해 방법 ❷ | 구조가 동일한 작은 문제로 분해하기

- **작은 문제 1**: 가로 방향에서 한국이, 친구1, 친구2의 이동 거리의 합이 최소가 되는 지점을 구하는 문제
- **작은 문제 2**: 세로 방향에서 한국이, 친구1, 친구2의 이동 거리의 합이 최소가 되는 지점을 구하는 문제
- **작은 문제 3**: 가로, 세로 방향에서 각각 이동 거리의 합이 최소가 되는 지점이 만나는 위치를 구하는 문제

2 | 모델링

01 모델링이란?

- 모델링은 문제 해결을 위한 모델을 만드는 과정으로, 문제의 초기 상태부터 목표 상태까지의 상태 변화 과정이 드러나도록 구조화하는 것
- 핵심 요소를 바탕으로 문제를 분해한 결과를 구조화하여 재표현하는 과정
- 글, 그림, 그래프, 표 등을 사용하여 작은 문제 사이의 관계를 이해하기 쉬운 형태로 표현하는 과정
- 모델링을 통해 원래 문제를 구성하는 작은 문제들과 그 사이의 관계를 표현할 수 있음.

정보의 구조화
모델링의 한 방법으로, 다양한 종류의 정보를 성격과 특징에 맞게 분류하고 체계적으로 표현하는 것

쾨니히스베르크의 다리 건너기 문제
임의의 지점에서 출발해 7개의 다리를 한번씩만 건너서 처음 시작한 위치로 돌아오는 방법을 찾는 문제로 '한붓그리기' 문제라고도 함.

다양한 구조화 방법 예시-쾨니히스베르크의 다리 건너기 문제

글

쾨니히스베르크에는 프레겔 강이 흐르고 있으며, 두 개의 큰 섬과 나머지 도시를 연결하기 위한 7개의 다리가 있다. 왼쪽 섬에는 위로 연결되는 두 개, 아래로 연결되는 두 개, 오른쪽 섬과 연결되는 한 개의 다리가 있고, 오른쪽 섬에는 위로 연결되는 한 개, 아래로 연결되는 한 개, 왼쪽 섬과 연결되는 한 개의 다리가 있다.

그림

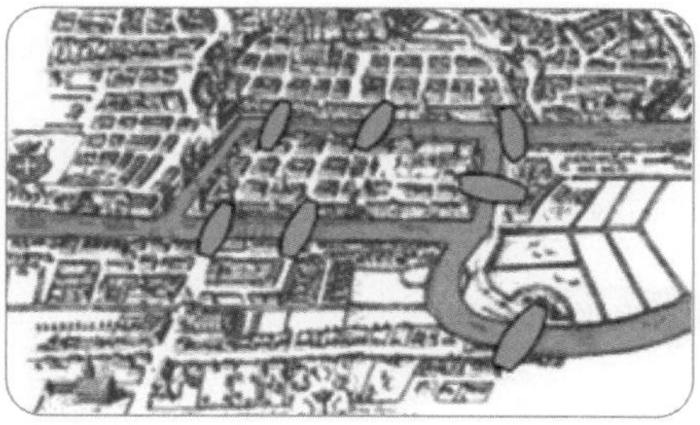

그래프

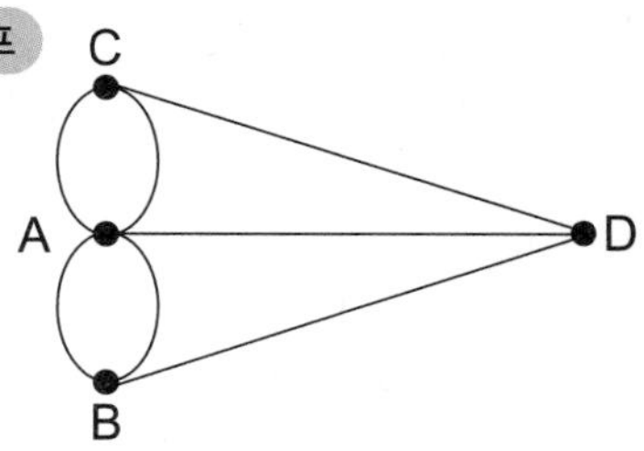

표

지점	연결된 다리의 수 A	B	C	D
A	0	2	2	1
B	2	0	0	1
C	2	0	0	1
D	1	1	1	0

02 모델링 예시

✿ 맨해튼 거리(Manhattan Distance)
- 두 점 사이의 거리를 x축과 y축으로 이동한 거리의 합으로 구하는 방법
- x 좌표 차이와 y 좌표 차이의 절댓값을 합하여 구할 수 있음.
- 🖊 두 점 (1, 2)와 (2, 5) 사이의 맨해튼 거리는 |2−1|+|5−2|=1+3=4

문제 상황	문제 분해 결과
● 한국이 ■ 친구1 ▲ 친구2	❶ 작은 문제 1: 가로 방향에서 한국이, 친구1, 친구2의 이동 거리의 합이 최소가 되는 지점을 구하는 문제 ❷ 작은 문제 2: 세로 방향에서 한국이, 친구1, 친구2의 이동 거리의 합이 최소가 되는 지점을 구하는 문제 ❸ 작은 문제 3: 가로, 세로 방향에서 각각 이동 거리의 합이 최소가 되는 지점이 만나는 위치를 구하는 문제

① **표 기반 모델링:** 가로, 세로 방향으로 나누어 각 위치까지의 학생별 이동 거리와 총합을 표로 구조화

가로 방향

	한국이●	친구1■	친구2▲	총 이동 거리	약속 장소	
ㄱ	0	1	5	6	(ㄱ, ?)	← 초기 상태
ㄴ	1	0	4	5	(ㄴ, ?)	← 다음 상태
ㄷ	2	1	3	6	(ㄴ, ?)	
ㄹ	3	2	2	7	(ㄴ, ?)	
ㅁ	4	3	1	8	(ㄴ, ?)	
ㅂ	5	4	0	9	(ㄴ, ?)	
ㅅ	6	5	1	12	(ㄴ, ?)	

세로 방향

	한국이●	친구1■	친구2▲	총 이동 거리	약속 장소	
A	0	6	3	9	(ㄴ, A)	
B	1	5	2	8	(ㄴ, B)	
C	2	4	1	7	(ㄴ, C)	
D	3	3	0	6	(ㄴ, D)	
E	4	2	1	7	(ㄴ, D)	
F	5	1	2	8	(ㄴ, D)	
G	6	0	3	9	(ㄴ, D)	← 목표 상태

② **이미지 기반 모델링:** 가로, 세로 방향으로 나누어 학생별 출발 위치와 이동 거리, 총합을 그림으로 구조화

가로 방향

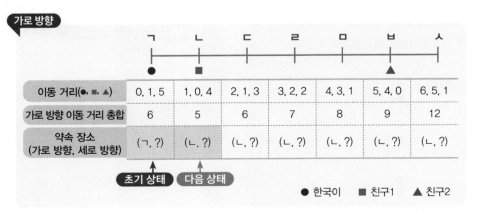

	ㄱ	ㄴ	ㄷ	ㄹ	ㅁ	ㅂ	ㅅ
이동 거리(●, ■, ▲)	0, 1, 5	1, 0, 4	2, 1, 3	3, 2, 2	4, 3, 1	5, 4, 0	6, 5, 1
가로 방향 이동 거리 총합	6	5	6	7	8	9	12
약속 장소 (가로 방향, 세로 방향)	(ㄱ, ?)	(ㄴ, ?)	(ㄴ, ?)	(ㄴ, ?)	(ㄴ, ?)	(ㄴ, ?)	(ㄴ, ?)

초기 상태   다음 상태

● 한국이   ■ 친구1   ▲ 친구2

	A	B	C	D	E	F	G
이동 거리(●, ■, ▲)	0, 6, 3	1, 5, 2	2, 4, 1	3, 3, 0	4, 2, 1	5, 1, 2	6, 0, 3
세로 방향 이동 거리 총합	9	8	7	6	7	8	9
가로 방향 ㄴ까지의 이동 거리 + 세로 방향 이동 거리	14	13	12	11	12	13	14
약속 장소 (가로 방향, 세로 방향)	(ㄴ, A)	(ㄴ, B)	(ㄴ, C)	(ㄴ, D)	(ㄴ, D)	(ㄴ, D)	(ㄴ, D)

● 한국이   ■ 친구1   ▲ 친구2

⋯ 목표 상태

점검하기

1 다음은 무엇에 대한 설명인가?

복잡한 문제를 해결하기 위해 해결 가능한 작은 단위의 문제로 나누는 과정

2 다음 괄호 안에 들어갈 말은 무엇인가?

작은 문제 사이의 관계를 구조화해 문제의 초기 상태부터 목표 상태까지의 상태 변화 과정을 표현하고, 복잡한 문제를 이해하기 쉬운 형태로 나타내는 것을 (   )(이)라고 한다.

3 모델링에 사용할 수 있는 구조화 방법을 두 가지 이상 쓰시오.

정답 **1** 문제 분해 **2** 모델링 **3** 글, 그림, 표, 그래프 등

개념 확인 문제

01 다음 〈보기〉의 빈칸에 들어갈 내용으로 알맞은 것은 무엇인지 쓰시오.

보기

복잡한 문제를 해결하기 위해 작은 단위의 문제로 분해하는 것을 (   )(이)라고 한다. 한 번에 해결하기 어려운 복잡한 문제는 유사한 기능이나 자료를 기준으로 분해하거나 동일한 형태의 문제로 분해할 수 있다.

02 다음 중 〈보기〉의 빈칸에 들어갈 내용으로 알맞은 것은?

보기

문제를 분해한 결과로 남게 되는 여러 개의 작은 문제들 사이의 관계를 글, 그림, 그래프, 표 등을 사용하여 표현하는 것을 (   )(이)라고 한다.

① 문제   ② 모델링
③ 알고리즘   ④ 정보
⑤ 자동화

[03~04] **다음에서 설명하는 내용이 맞으면 ○, 틀리면 ×로 답하시오.**

03 한 번에 해결하기 어려운 복잡한 문제는 유사한 기능이나 자료를 기준으로 분해한 뒤 기능별로 순차적으로 처리하여 해결할 수 있다. (   )

04 문제를 분해한 결과인 작은 문제들 사이의 관계를 구조화하여 복잡한 문제를 이해하기 쉬운 형태로 나타내는 것을 모델링이라고 한다. (   )

개념 확인 문제 〈정답 및 해설〉

정답

01 문제 분해   **02** ②   **03** ○   **04** ○

해설

01 한 번에 해결하기 어려운 복잡한 문제는 유사한 기능이나 자료를 기준으로 분해하거나 동일한 형태의 작은 문제로 분해하여 작은 문제를 해결한 결과를 종합함으로써 원래의 문제를 해결할 수 있다.

02 작은 문제 사이의 관계를 글, 그림, 표 등을 사용해 나타내는 것을 모델링이라고 하며, 모델링을 통해 도출된 모델은 복잡한 문제가 어떤 작은 문제로 구성되어 있으며 이들 사이에 어떤 관계가 있는지를 나타낸다.

03 복잡한 문제는 유사한 기능이나 자료를 기준으로 분해한 뒤 기능별로 순차적으로 처리하며 해결하거나, 동일한 형태의 작은 문제로 분해하여 이를 반복적으로 해결함으로써 원래의 문제를 해결할 수 있다.

04 복잡한 문제를 분해하여 이해하기 쉬운 형태로 다시 표현하여 나타내는 것을 모델링이라고 하며, 글, 그림, 그래프, 표 등의 방법으로 모델링할 수 있다. 모델링은 문제 구조를 파악하고 전체 흐름을 이해하는 데 도움이 된다.

시험 대비 문제

01 다음 중 문제 분해에 대한 설명으로 바르지 <u>못한</u> 것은?

① 복잡한 문제를 해결 가능한 작은 단위의 문제로 분해하는 것이다.
② 핵심 요소를 기준으로 문제를 분해할 수 있다.
③ 유사한 기능이나 자료를 기준으로 작은 문제로 분해할 수 있다.
④ 문제를 분해한 결과로 남은 작은 문제들은 수행 순서에 상관없이 해결할 수 있다.
⑤ 작은 문제를 모두 해결했을 때 전체 문제가 오류 없이 해결되는지 확인해야 한다.

02 다음 〈보기〉 중 문제 분해와 모델링에 대한 설명으로 맞은 내용으로만 짝지어진 것은?

보기

ㄱ. 문제 분해는 순서도, 의사 코드 등을 사용하여 구체적인 문제 해결 방법이나 절차를 작성하는 것이다.
ㄴ. 복잡한 문제는 작은 문제로 분해하여 이해하기 쉽게 표현할 수 있다.
ㄷ. 모델링은 글, 그림, 표, 그래프 등의 방법을 사용하여 수행할 수 있다.
ㄹ. 모델링을 통해 복잡한 문제를 단순하게 표현할 수 있다.

① ㄱ, ㄷ　　　　② ㄱ, ㄷ, ㄹ　　　　③ ㄴ, ㄷ
④ ㄴ, ㄷ, ㄹ　　　⑤ ㄷ, ㄹ

03 다음 〈보기〉 중 문제 분해에 대한 설명으로 맞은 내용으로만 짝지어진 것은?

보기

ㄱ. 한 번에 해결할 수 없는 문제는 작은 문제로 분해하여 해결한다.
ㄴ. 문제 해결에 용이하도록 큰 단위의 문제를 작은 단위의 문제로 나눈다.
ㄷ. 문제를 분해한 결과는 항상 동일하다.

① ㄱ　　　　② ㄱ, ㄴ　　　　③ ㄴ
④ ㄴ, ㄷ　　　⑤ ㄱ, ㄴ, ㄷ

04 다음 〈보기〉 중 모델링에 대한 설명으로 맞은 내용으로만 짝지어진 것은?

보기

ㄱ. 복잡한 문제를 모델링하면 문제를 언제나 해결할 수 있다.
ㄴ. 문제를 분해한 결과로 남게 되는 작은 문제 사이의 관계를 표현하는 과정이다.
ㄷ. 모델링을 하면 복잡한 문제가 어떤 작은 문제로 구성되어 있는지 알 수 있다.
ㄹ. 표와 그래프를 사용하여 모델링할 수 있다.

① ㄱ, ㄴ　　　　② ㄱ, ㄷ, ㄹ　　　　③ ㄴ, ㄷ
④ ㄴ, ㄷ, ㄹ　　　⑤ ㄷ, ㄹ

[05~06] 다음 문제 상황을 보고 물음에 답하시오.

문제 상황 한국이는 친구1, 친구2와 약속 장소를 정하고 있다. 다음은 세 학생의 출발 지점을 도식화하여 나타낸 그림이다. 한국이는 (ㄱ, A), 친구1은 (ㄴ, G), 친구2는 (ㅂ, D)에서 출발할 때, 세 학생이 이동한 거리의 총합이 최소가 되려면 약속 장소를 어느 위치로 정해야 할까?

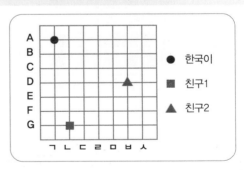

● 한국이
■ 친구1
▲ 친구2

05 다음과 같이 학생별 이동 거리를 구하는 작은 문제로 분해하여 문제 상황을 해결하려고 한다. 각각의 작은 문제를 해결한 결과를 쓰시오.

(1) 작은 문제 1: 모든 좌표에 대한 한국이의 이동 거리를 구하는 문제(해당 위치에 도착하기 위해 한국이가 이동한 거리를 작성하시오.)

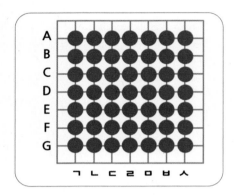

(2) 작은 문제 2: 모든 좌표에 대한 친구1의 이동 거리를 구하는 문제(해당 위치에 도착하기 위해 친구1이 이동한 거리를 작성하시오.)

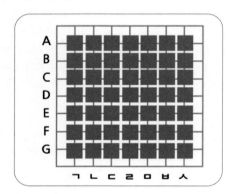

(3) 작은 문제 3: 모든 좌표에 대한 친구2의 이동 거리를 구하는 문제(해당 위치에 도착하기 위해 친구2가 이동한 거리를 작성하시오.)

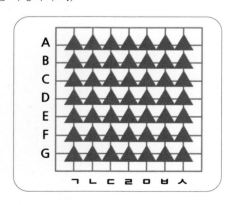

(4) 작은 문제 4: 모든 좌표에 대한 세 학생의 이동 거리의 총합을 구하는 문제

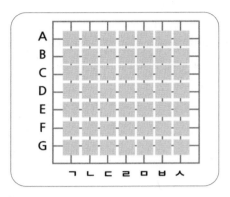

06 세 학생이 이동한 거리의 총합이 최소가 되기 위한 약속 장소의 위치를 쓰시오.

[07~08] 다음 문제 상황을 보고 물음에 답하시오.

> **문제 상황** 문제 상황 한국이 학교 앞 정류장에 정차하는 버스 A, B, C의 배차 간격은 각각 8분, 9분, 12분이다. 버스 A, B, C가 동시에 정류장에서 출발한 이후 처음으로 다시 3대의 버스가 동시에 출발하는 것은 몇 분 후일까?

배차 간격

8분   9분   12분

07 다음과 같이 버스별로 정류장에서 출발하기까지 소요되는 시간을 구하는 작은 문제로 분해하여 문제 상황을 해결하려고 한다. 각각의 작은 문제를 해결한 결과를 쓰시오.

(1) 작은 문제 1: A 버스가 정류장에서 출발하기까지 소요되는 시간을 구하는 문제

(2) 작은 문제 2: B 버스가 정류장에서 출발하기까지 소요되는 시간을 구하는 문제

(3) 작은 문제 3: C 버스가 정류장에서 출발하기까지 소요되는 시간을 구하는 문제

(4) 작은 문제 4: 작은 문제 1, 작은 문제 2, 작은 문제 3에 모두 포함된 시간 중 가장 작은 시간을 구하는 문제

08 버스 A, B, C가 동시에 정류장에서 출발한 이후 처음으로 다시 3대의 버스가 동시에 출발하는 것은 몇 분 후인지 쓰시오.

09 복잡한 문제를 분해하여 해결할 때 주의해야 할 점을 쓰시오.

10 복잡한 문제를 분해하여 해결하는 것의 장점을 쓰시오.

03 자료형과 변수

학습 목표 · 자료형의 종류와 특성을 알고, 적합한 자료형을 선택하여 프로그램을 작성할 수 있다.
· 변수의 개념을 알고 이를 활용한 프로그램을 작성할 수 있다.

1 | 자료형의 종류와 특성

· 1, 10, 100은 '수', '정보', 'Hello'는 '문자'라고 부르는 것처럼 파이썬에도 다양한 형태의 자료가 있음.
· 자료형에 따라 데이터를 처리 및 저장하는 방식이 달라지기도 함.
· 파이썬의 기본적인 자료형: 수치 자료형, 문자열 자료형, 불 자료형 등
· 파이썬은 자동으로 자료형을 판별하지만 사용하려는 값의 종류에 따라 올바른 자료형을 선택해야 프로그램 내의 데이터를 올바르게 처리할 수 있음.
· 파이썬 내장 함수인 type( ) 함수를 사용해 데이터의 자료형을 확인할 수 있음.

수치	문자열	불
123, 3.14, −10, 0	'안녕', 'Python', '123'	True, False

🔺 파이썬의 자료형

01 수치 자료형

· 숫자 형태로 이루어진 자료형 **예** 키, 몸무게, 성적, 상품의 가격 등
· 파이썬에서는 소수점 포함 여부에 따라 크게 정수형과 실수형으로 구분

구분	설명	예시
정수형	일반적인 정수로 소수점이 없는 숫자	1, 0, −1, 123
실수형	소수점이 포함된 숫자	3.14, −1.23, 5.0

· 컴퓨터 프로그래밍에서 정수형은 integer를 짧게 표현한 'int'로, 실수형은 float-ing-point를 짧게 표현한 'float'로 부름.

⚙ 프로그램 ● ● ●	🔍 실행 결과 ● ● ●
1 `print(type(123))` 2 `print(type(3.14))`	`<class 'int'>` `<class 'float'>`

02 문자열 자료형

· 문자열이란 문자들의 집합을 의미하며 일상생활에서 사용하는 이름, 과목명, 메시지의 내용 등이 문자열 자료형에 해당

문자열 예시
'Hello',   '''123''',   "홍길동",   """문자열 입니다."""

· 파이썬: 문자열은 작은따옴표('), 큰따옴표("), 또는 3개를 연속으로 사용하여 표현

type( )
파이썬에서 사용하는 데이터의 자료형을 확인할 수 있는 내장 함수로, 사용자가 정의하지 않아도 호출하여 사용할 수 있음. 소괄호 안에 데이터를 입력하면 데이터의 자료형을 반환함.

print( )
괄호 안에 작성된 내용을 모니터에 출력하는 파이썬 내장 함수로, 여러 개의 값을 출력할 때는 쉼표(,)로 구분하여 작성함.

〈class 'int'〉
데이터가 정수(integer)를 나타내는 클래스(종류)에 속한다는 뜻

• 컴퓨터 프로그래밍에서 문자열은 string을 짧게 표현한 'str'로 부름.

```
프로그램                                    ● ● ●
1  print(type('안녕하세요!'))
```

```
실행 결과                ● ● ●
<class 'str'>
```

• 파이썬에서는 따옴표로 감싼 부분을 모두 문자열로 인식하므로 수치 자료형의 연산을 수행하고자 할 때는 문자열이 아닌 형태로 작성해야 함.

```
프로그램                                    ● ● ●
1  print('2+3')
2  print(type('2+3'))
```

```
실행 결과                ● ● ●
2+3
<class 'str'>
```

```
프로그램                                    ● ● ●
1  print(2+3)
2  print(type(2+3))
```

```
실행 결과                ● ● ●
5
<class 'int'>
```

• 덧셈 기호(+)를 사용하면 문자열을 연결하는 연산을 수행할 수 있으며, 곱셈 기호(*)를 사용하면 문자열을 여러 번 반복하는 연산을 수행할 수 있음.

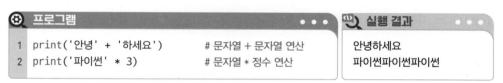

```
프로그램                                    ● ● ●
1  print('안녕' + '하세요')      # 문자열 + 문자열 연산
2  print('파이썬' * 3)           # 문자열 * 정수 연산
```

```
실행 결과                ● ● ●
안녕하세요
파이썬파이썬파이썬
```

➕ 하나 더 플러스 파이썬 주석

주석은 프로그램 수행에 영향을 주지 않는 문장으로, 주로 프로그램에 대한 설명을 작성하거나 특정 코드가 실행되지 않도록 비활성화할 때 사용함. 파이썬에서 주석을 작성하기 위해서는 문장 앞에 '#'를 붙이거나 큰따옴표 또는 작은따옴표를 3개 사용하여 여러 줄을 주석으로 처리할 수도 있음.

03 불 자료형

• 참과 거짓을 나타내는 자료형으로 프로그램의 실행 흐름을 제어할 때 유용
• True(참) 또는 False(거짓)의 값만 가질 수 있으며, 첫 번째 글자는 반드시 대문자로 입력
• True와 False는 파이썬에 미리 만들어져 있는 예약어로, 변수나 함수의 이름으로 사용할 수 없음.
• 컴퓨터 프로그래밍에서 불 자료형은 'bool'로 부름.

```
프로그램                                    ● ● ●
1  print(type(True))
2  print(type(False))
```

```
실행 결과                ● ● ●
<class 'bool'>
<class 'bool'>
```

⚙ 문자열 연산
• 덧셈 기호(+)를 사용하여 문자열 연결 연산을 수행할 때는 문자열끼리만 연산이 가능
• 곱셈 기호('*')를 사용하여 문자열 반복 연산을 수행할 때는 '문자열*정수' 또는 '정수*문자열' 형태로 사용

⚙ 문자열로 변환
str( ) 함수를 사용하여 데이터를 문자열 자료형으로 변환할 수 있음.

- 파이썬에서 사용하는 데이터는 True(참) 또는 False(거짓)으로 평가될 수 있으며, bool( ) 함수를 사용하여 그 값을 확인할 수 있음.

구분	설명	예시
수치 자료형	0이 아닌 숫자(예 100)	참(True)
	0	거짓(False)
문자열 자료형	따옴표 안에 내용이 있는 경우(예 'string')	참(True)
	따옴표 안에 내용이 없는 경우(예 '')	거짓(False)

2 | 변수와 연산자

01 변수

- 프로그램에서 값을 저장하기 위한 기억 장소로, 변수의 이름을 '변수명'이라고 함.
- 변수는 한 번에 하나의 값만 저장할 수 있고 변수에 저장된 값은 필요에 따라 변할 수 있음.
- 파이썬에서는 변수에 저장되는 값에 따라 자료형이 자동으로 결정됨.

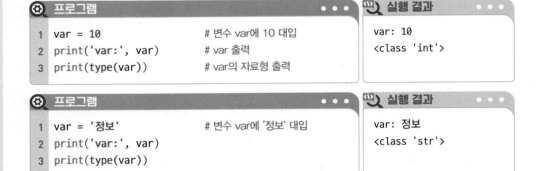

프로그램

```
1  var = 10          # 변수 var에 10 대입
2  print('var:', var)   # var 출력
3  print(type(var))     # var의 자료형 출력
```

실행 결과

```
var: 10
<class 'int'>
```

프로그램

```
1  var = '정보'        # 변수 var에 '정보' 대입
2  print('var:', var)   # var 출력
3  print(type(var))
```

실행 결과

```
var: 정보
<class 'str'>
```

✿ 대입 연산자(=)
- 변수에 값을 할당할 때는 대입 연산자(=)를 사용
- 변수를 좌변에, 할당하고자 하는 값 또는 표현식을 우변에 작성

➕ **하나 더 플러스** 변수명 작성 방법

변수명은 저장된 값을 알 수 있는 의미 있는 이름을 사용하는 것이 좋으며, 다음과 같은 규칙을 지켜야 함.

❶ 영문자와 한글, 숫자, '_'를 사용할 수 있음.
❷ 영문자는 대문자와 소문자를 구분함.
❸ 숫자부터 시작할 수 없음.
❹ 파이썬에서 미리 약속된 키워드(if, for, while, and, or 등)는 사용할 수 없음.
❺ 특수 문자(+, −, * 등)와 공백은 사용할 수 없음.
❻ 여러 단어로 구성된 경우 '_'를 사용하여 가독성을 높일 수 있음. 예 student_name

02 연산자

① 산술 연산자

• 덧셈, 뺄셈, 곱셈, 나눗셈 등의 산술 연산을 수행하기 위한 연산자

산술 연산자의 종류							
산술 연산자	+	−	*	/	//	%	**
기능	덧셈	뺄셈	곱셈	나눗셈	정수 나눗셈 (몫)	나머지	거듭제곱

② 비교 연산자

• 피연산자의 값을 비교할 때 사용하는 연산자로, 연산의 결과는 불 자료형으로 표현

비교 연산자의 종류						
비교 연산자	>	>=	<	<=	==	!=

③ 논리 연산자

• 불 자료형 값에 대해 사용하는 연산자로, 연산의 결과도 불 자료형으로 표현됨.

논리 연산자의 종류			
논리 연산자	and	or	not
기능	모두 True일 때 True	둘 중 하나만 True여도 True	True면 False, False면 True

⚙ **비교 연산자의 의미**

표현	의미
a==b	a와 b가 같다
a!=b	a와 b가 다르다
a<b	a가 b보다 작다
a>b	a가 b보다 크다
a<=b	a가 b보다 작거나 같다
a>=b	a가 b보다 크거나 같다

⚙ **논리 연산의 진리표**

A	not A
False	True
True	False

A	B	A and B	A or B
False	False	False	False
False	True	False	True
True	False	False	True
True	True	True	True

📑 점검하기

1 다음은 무엇에 대한 설명인가?

프로그램에서 값을 저장하기 위한 기억 장소

2 다음 괄호 안에 들어갈 말은 무엇인가?

(   )(이)란 숫자 형태로 이루어진 자료형으로, 일상생활에서 사용하는 키, 몸무게, 성적 등이 해당된다.

3 문자열 자료형이 무엇인지 설명하시오.

정답 **1** 변수 **2** 수치 자료형 **3** 파이썬에서 사용하는 자료형 중 따옴표로 감싸서 표현한 데이터를 의미한다. 일상생활에서 사용하는 이름, 과목명, 메시지의 내용 등이 이에 해당한다.

개념 **확인 문제**

01 다음 〈보기〉의 데이터 자료형으로 알맞은 것은?

보기

"안녕하세요", '123456', """Hello"

① 정수형　　　② 실수형　　　③ 수치 자료형
④ 불 자료형　　⑤ 문자열 자료형

02 다음 프로그램을 실행했을 때의 결과를 쓰시오.

프로그램

```
print('10 + 20 - 9')
```

[실행 결과]

03 다음 중 산술 연산자와 기능이 잘못 짝지어진 것은?

① +, 덧셈
② -, 뺄셈
③ *, 곱셈
④ /, 나눗셈
⑤ //, 나머지

04 다음 프로그램을 실행했을 때의 결과를 쓰시오.

프로그램

```
num1 = 3
num2 = 7
print(num1 > num2)
```

[실행 결과]

개념 확인 문제 〈정답 및 해설〉

정답

01 ⑤　　**02** 10 + 20 - 9　　**03** ⑤　　**04** False

해설

01 파이썬에서 작은따옴표, 큰따옴표, 또는 3개를 연속으로 사용하여 감싸서 표현한 데이터를 문자열이라고 한다.

02 파이썬에서 따옴표로 감싼 부분은 모두 문자열이기 때문에 문자열의 내용 그대로 10 + 20 - 9가 출력되며, 이때 출력된 내용의 자료형은 문자열이다. 수치 연산을 하기 위해서는 따옴표를 삭제해야 한다.

03 //는 나눗셈 결과의 몫을 구하기 위한 연산자이며, 나머지를 구할 때는 % 연산자를 사용한다.

04 변수 num1과 num2에는 각각 3과 7이 대입되어 있으므로 print( ) 함수 내에 있는 num1 > num2는 3이 7보다 크다를 의미하며, 이는 거짓이므로 False가 출력된다.

시험 대비 문제

01 다음 중 코드를 실행했을 때의 결과가 다른 것은?

① print(bool('안녕하세요.'))　　② print(bool(100))
③ print(bool(True))　　④ print(bool(0))
⑤ print(bool('False'))

02 다음 프로그램을 실행했을 때의 결과로 알맞은 것은?

```
print(type(-10))
print(type(0.0))
print(type(0))
```

① ⟨class 'int'⟩　　　　　② ⟨class 'int'⟩
　⟨class 'int'⟩　　　　　　⟨class 'float'⟩
　⟨class 'int'⟩　　　　　　⟨class 'float'⟩
③ ⟨class 'int'⟩　　　　　④ ⟨class 'float'⟩
　⟨class 'float'⟩　　　　　⟨class 'int'⟩
　⟨class 'int'⟩　　　　　　⟨class 'int'⟩
⑤ ⟨class 'float'⟩
　⟨class 'float'⟩
　⟨class 'float'⟩

03 다음 프로그램을 실행했을 때의 결과를 쓰시오

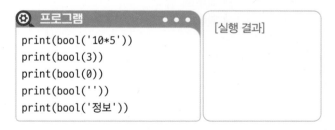

```
print(bool('10*5'))
print(bool(3))
print(bool(0))
print(bool(''))
print(bool('정보'))
```

[실행 결과]

04 다음 프로그램을 실행했을 때의 출력 결과가 True가 되기 위해 빈칸 ㉮에 들어갈 수 있는 비교 연산자를 모두 쓰시오.

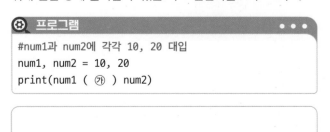

```
#num1과 num2에 각각 10, 20 대입
num1, num2 = 10, 20
print(num1 ( ㉮ ) num2)
```

05 다음 프로그램을 실행했을 때의 출력 결과가 다음과 같을 때, 빈칸 ㉮, ㉯에 들어갈 알맞은 논리 연산자를 쓰시오.

```
a, b = True, False
print(a ( ㉮ ) b)
print(a ( ㉯ ) b)
```

실행 결과
```
True
False
```

㉮

㉯

06 다음 실행 결과와 같이 출력하기 위해 빈칸 ㉮에 들어갈 코드를 작성하시오. (단, 반드시 문자열 연산을 활용하시오.)

```
a = '즐거운'
b = '정보'
print( ㉮ )
```

실행 결과
```
즐거운정보정보
```

07 다음 프로그램의 실행 결과가 아래와 같을 때 빈칸 ㉠~㉣에 들어갈 내용으로 알맞은 것은?

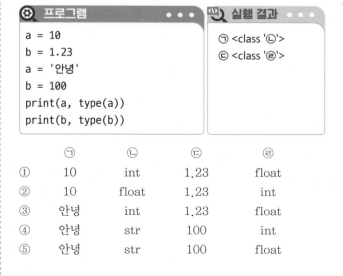

```
a = 10
b = 1.23
a = '안녕'
b = 100
print(a, type(a))
print(b, type(b))
```

실행 결과
```
㉠ <class '㉡'>
㉢ <class '㉣'>
```

	㉠	㉡	㉢	㉣
①	10	int	1.23	float
②	10	float	1.23	int
③	안녕	int	1.23	float
④	안녕	str	100	int
⑤	안녕	str	100	float

08 다음은 삼각형의 넓이를 구하는 프로그램 코드의 일부이다. 빈칸 ㉮에 들어갈 코드를 작성하여 프로그램을 완성하시오.

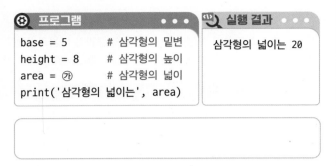

```
base = 5        # 삼각형의 밑변
height = 8      # 삼각형의 높이
area = ㉮        # 삼각형의 넓이
print('삼각형의 넓이는', area)
```

실행 결과
삼각형의 넓이는 20

09 다음은 반지름의 길이가 3인 원의 넓이를 구하는 프로그램 코드의 일부이다. 빈칸 ㉮에 들어갈 코드를 작성하여 프로그램을 완성하시오.

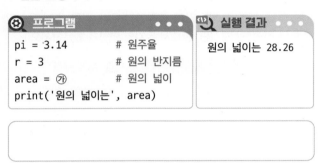

```
pi = 3.14       # 원주율
r = 3           # 원의 반지름
area = ㉮        # 원의 넓이
print('원의 넓이는', area)
```

실행 결과
원의 넓이는 28.26

10 다음 프로그램의 실행 결과가 아래와 같을 때 빈칸 ㉮, ㉯에 들어갈 알맞은 내용을 쓰시오.

```
print( ㉮ )
print( ㉯ )
```

실행 결과
365 X 18의 연산 결과는
6570

㉮

㉯

11 다음 프로그램을 실행했을 때의 결과를 쓰시오.

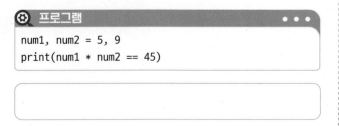

```
num1, num2 = 5, 9
print(num1 * num2 == 45)
```

12 파이썬의 자료형과 변수에 대한 설명으로 알맞은 것은?

① 변수에 대입된 값은 하나로 고정되어 바꿀 수 없다.
② 2025를 변수명으로 사용할 수 있다.
③ 불 자료형은 true, false의 값을 가진다.
④ 변수는 한 번에 하나의 값만 저장할 수 있다.
⑤ 파이썬에서 int는 실수형을 의미한다.

13 다음 프로그램에 대한 설명으로 알맞지 <u>않은</u> 것은?

```
a = 3.14
b = 10
print(a * b)
```

① a의 자료형은 실수형이다.
② b의 자료형은 정수형이다.
③ a * b는 a와 b를 곱하는 것을 의미한다.
④ 프로그램에서 사용된 변수의 이름은 a, b이다.
⑤ 프로그램이 실행되면 'a * b' 문자열이 출력된다.

14 다음은 3개 과목의 평균을 구하여 출력하는 프로그램 코드의 일부이다. 빈칸 ㉮에 들어갈 코드를 작성하여 프로그램을 완성하시오.

```
sub1 = 40       # 과목1의 점수
sub2 = 65       # 과목2의 점수
sub3 = 90       # 과목3의 점수
avg = ㉮         # 과목1~3의 평균
print(avg)
㉮
```

실행 결과
65.0

15 다음 프로그램의 실행 결과가 다음과 같을 때 빈칸 ㉮, ㉯에 들어갈 알맞은 내용을 쓰시오.

```
a = ㉮
b = ㉯
print(not a)
print(a or b)
```

실행 결과
True
True

⑦

④

[실행 결과]

---

16 변수 a가 짝수이면 True, 홀수이면 False를 출력하도록 ⑦와 ④에 알맞은 연산자를 쓰시오.

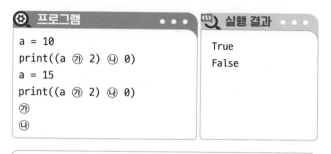

⚙ 프로그램 • • •
```
a = 10
print((a ⑦ 2) ④ 0)
a = 15
print((a ⑦ 2) ④ 0)
⑦
④
```

🔍 실행 결과 • • •
```
True
False
```

⑦

④

---

17 다음은 110초를 분과 초의 형태로 출력하는 프로그램 코드의 일부이다. 빈칸 ⑦, ④에 들어갈 코드를 작성하여 프로그램을 완성하시오.

⚙ 프로그램 • • •
```
a = 110
min = ⑦          # 분
sec = ④          # 초
print(str(a) + '초는 ' + str(min) + '분 ' + str(sec) +
'초입니다.')
```

🔍 실행 결과 • • •
```
110초는 1분 50초입니다.
```

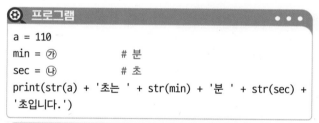

⑦

④

---

18 다음 프로그램의 실행 결과를 쓰고, 그렇게 실행되는 이유를 출력 결과의 자료형을 비교하여 서술하시오.

⚙ 프로그램 • • •
```
print(10 * 5)
print('5 * 10')
```

---

19 다음은 산술 연산자를 이용하여 생년월일 정보를 분석하는 프로그램 코드의 일부이다. 빈칸 ⑦~ⓒ에 들어갈 코드를 작성하여 프로그램을 완성하시오.

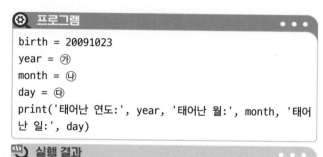

⚙ 프로그램 • • •
```
birth = 20091023
year = ⑦
month = ④
day = ⓒ
print('태어난 연도:', year, '태어난 월:', month, '태어
난 일:', day)
```

🔍 실행 결과 • • •
```
태어난 연도: 2009 태어난 월: 10 태어난 일: 23
```

⑦

④

ⓒ

---

20 다음은 num1이 3과 5의 공배수인지 판별하는 프로그램 코드의 일부이다. 빈칸 ⑦에 들어갈 내용으로 알맞은 것은?

⚙ 프로그램 • • •
```
num1 = 15
print( ⑦ )
```

🔍 실행 결과 • • •
```
True
```

① num1 // 3 == 0 and num1 // 5 == 0
② num1 // 3 == 0 or num1 // 5 == 0
③ num1 % 3 != 0 and num1 % 5 != 0
④ num1 % 3 != 0 or num1 % 5 == 0
⑤ num1 % 3 == 0 and num1 % 5 == 0

04 표준 입출력과 파일 입출력

• 표준 입출력을 활용한 프로그램을 작성할 수 있다.
• 파일 입출력을 활용한 프로그램을 작성할 수 있다.

1 | 표준 입출력

• 컴퓨터는 외부에서 입력받은 데이터를 명령에 따라 처리한 후 그 결과를 출력함.
• 다양한 형태의 데이터(문자, 소리, 이미지, 영상 등)를 입력 및 출력할 수 있지만, 특별히 장치를 지정하지 않은 경우 일반적으로 키보드로 입력하고 모니터 화면으로 출력하며 이를 표준 입출력이라고 함.

01 표준 출력

• 모니터 화면에 값을 출력할 때는 파이썬의 내장 함수인 print( ) 함수를 사용함.
• 괄호 안에 작성된 내용을 출력하며 변수명이 작성된 경우 변수에 저장된 값을 출력함.
• 값을 쉼표(,)로 구분하면 여러 개의 데이터를 공백(' ')으로 연결하여 출력함.
• 서로 다른 자료형의 데이터를 함께 출력하고자 하는 경우 자료형을 문자열로 변환한 뒤 문자열 연결 연산(+)을 활용할 수 있음.

형식

```
print(출력1, 출력2, ...)
```

프로그램

```
1  school = '한국고등학교'
2  grade = 1
3  name = '김정보'
4  # 문자열 'school'과 변수 school의 값을 출력
5  print('school', school)
6  # 변수 grade를 문자열로 변환하고 문자열 연결 연산을 사용하여 출력
7  print(str(grade) + '학년' + name)
```

실행 결과

```
school 한국고등학교
1학년김정보
```

02 표준 입력

• 키보드를 통해 값을 입력받을 때는 파이썬의 내장 함수인 input( ) 함수를 사용함.
• 괄호 안에 문자열을 사용하여 입력을 위한 안내 문구를 작성할 수 있으며, 입력받은 값은 변수에 대입하여 사용할 수 있음.

형식

```
변수 = input('입력을 위한 안내 문구')
```

프로그램

```
1  name = input('이름을 입력하세요:')    # 입력받은 값을 변수 name에 대입
2  print(name)                          # 변수 name의 값을 출력
```

함수
특정 기능을 수행하기 위한 명령어들의 집합으로, 미리 함수를 만들어 두고 필요할 때마다 호출해서 사용할 수 있음.

내장 함수
파이썬에 미리 만들어져 있는 함수로, 프로그램 작성 시 함수를 미리 만들지 않아도 호출하여 사용 가능함. 미리 정의되어 있지 않은 경우 사용자가 직접 정의하여 사용해야 하며, 사용자 정의 함수라고 함.

문자열로 변환
str( ) 함수를 사용하여 데이터를 문자열 자료형으로 변환
예 str(grade)

|참고| print를 실행하면 자동으로 줄바꿈이 됨. print로 출력되는 결과를 한 줄로 이어서 출력하기 위해서는 end = ' ' 옵션을 추가

실행 결과

이름을 입력하세요:김정보 `enter`
김정보

- input( ) 함수로 입력받은 값은 항상 문자열 자료형으로 저장되며, 다른 자료형으로 사용하고자 할 때는 데이터의 자료형을 변환해야 하며, 정수형으로 변환할 때는 int( ) 함수, 실수형으로 변환할 때는 float( ) 함수를 사용함.

프로그램

```
1  age = input('나이를 입력하세요:')    # 입력받은 값을 변수 age에 대입
2  print(age)                           # 변수 age의 값을 출력
3  print(type(age))                     # 변수 age의 자료형을 출력
```

실행 결과

나이를 입력하세요:17 `enter`
17
<class 'str'>

프로그램

```
1  a = input('정수:')
2  b = input('실수:')
3  print(a + b)        # a + b의 연산 결과를 출력
```

실행 결과

정수: 10 `enter`
실수: 3.14 `enter`
103.14

프로그램

```
1  # 입력받은 값을 정수형으로 변환하여 a에 대입
2  a = int(input('정수:'))
3  # 입력받은 값을 실수형으로 변환하여 b에 대입
4  b = float(input('실수:'))
5  print(a + b)        # a + b의 연산 결과를 출력
```

실행 결과

정수: 10 `enter`
실수: 3.14 `enter`
13.14

2 | 파일 입출력

- 방대한 자료를 입력받아 다양한 분야에서 활용하기 위해서는 공유와 분석에 용이한 형태로 저장해야 함.
- 파일 입출력을 활용하면 데이터를 표준화된 형태로 저장하고, 필요할 때마다 파일을 불러올 수 있음.
- 파일을 이용한 입력과 출력은 '파일 열기 → 파일 처리(읽기 또는 쓰기) → 파일 닫기'의 절차에 따라 수행되며, 이를 도와주는 여러 파이썬 내장 함수를 사용할 수 있음.

함수	기능	사용 방법
open( )	파일 열기	파일 객체 = open('파일 이름', '파일 열기 모드')
close( )	파일 닫기	파일 객체.close( )
write( )	파일에 내용 쓰기	파일 객체.write("파일에 쓸 내용")
read( )	파일의 내용 전체 읽기	변수 = 파일 객체.read( )
readline( )	파일의 내용 한 줄 읽기	변수 = 파일 객체.readline( )

🔺 파일 입출력 함수의 종류와 사용 방법

자료형 변환
int( )와 float( ) 함수를 사용하면 입력받은 문자열 데이터를 정수와 실수의 수치 자료형으로 변환 가능.
단, int( ) 함수는 정수 형식의 문자열만 정수형으로 변환할 수 있음. 예 int('3.14')와 같이 실행할 경우, '3.14'는 실수 형식의 문자열이므로 오류가 발생하며 int('10')과 같이 정수 형태의 문자열 데이터를 정수형으로 변환할 수 있음.

도트 연산자
특정 파일에 대해 파일 열기, 파일 처리, 파일 닫기 함수를 사용할 때 도트 연산자(.)를 사용함.

⚙ 파일 열기 모드

모드	설명
r	읽기(read)
w	쓰기(write)
a	기존 내용 유지하고 추가(append)

⚙ 이스케이프 문자
(Escape Character)

백슬래시(\) 기호와 함께 조합하여 특수한 기능을 하도록 예약된 문자

문자	내용
\n	줄바꿈
\t	탭(tab)
\b	back space
\'	'
\"	"

⚙ CSV 파일

'Comma Separated Value'의 약자로 각각의 데이터를 쉼표(,)로 구분하여 저장한 파일 형식으로. 쉼표(,)로 구분된 csv 파일은 엑셀 프로그램에서 열어 엑셀 파일처럼 사용할 수도 있음.

- 프로그램에서 파일을 여는 목적에 따라 파일 열기 모드를 정해 주어야 하며, 입력과 출력이 끝나고 나면 반드시 파일을 닫아야 함.

⚙ 프로그램

```
1  title = '책 제목'                          # 변수 title에 '책 제목' 문자열 데이터 저장
2  writer = '저자'                            # 변수 writer에 '저자' 문자열 데이터 저장
3  f = open('book.csv', 'w')                  # 쓰기 모드(w)로 파일 열기
4  f.write(title + ', ' + writer + '\n')      # write( ) 함수로 파일에 내용 쓰기
5  f.close( )
```

⚙ 프로그램

```
1  f = open('book.csv', 'r')    # 읽기 모드(r)로 파일 열기
2  data = f.read( )             # read( ) 함수로 파일의 내용 전체 읽기
3  print(data)                  # print( ) 함수로 파일 내용 출력
4  f.close( )
```

⏭ 실행 결과

책 제목, 저자

➕ 하나 더 플러스   with 키워드로 파일 열고 닫기

- with 키워드를 사용하면 close( ) 함수를 생략하여 파일 입출력을 수행할 수 있음.
- with 블록을 벗어나는 순간 파일을 자동으로 닫아 줌.

⚙ with를 사용하여 작성한 프로그램

```
1  with open('hello.txt', 'a') as f:    # with 키워드를 사용하여 파일을 추가 모드(a)로 열기
2      f.write('안녕')
3      f.write('Hello')
4  with open('hello.txt', 'r') as f:    # with 키워드를 사용하여 파일을 읽기 모드(r)로 열기
5      data = f.read( )
6  print(data)                          # print( ) 함수로 파일 내용 출력
```

📋 점검하기

1 다음은 무엇에 대한 설명인가?

컴퓨터는 다양한 형태의 데이터를 입력하고 출력할 수 있지만, 특별히 장치를 지정하지 않고 키보드를 통해 값을 사용자로부터 데이터를 입력받고 모니터 화면에 값을 출력하는 방법

2 다음 괄호 안에 들어갈 말은 무엇인가?

파이썬 내장 함수인 (   )(을)를 사용하여 모니터 화면에 값을 출력할 수 있다.

3 다음은 파이썬에서 파일을 이용한 입력과 출력 절차이다. 괄호 안에 들어갈 말은 무엇인가?

파일 열기 → 파일 처리(읽기 또는 쓰기) → (   )

정답 **1** 표준 입출력 **2** print( ) **3** 파일 닫기

개념 확인 문제

01 파이썬에서 표준 출력을 위해 사용하는 내장 함수는 무엇인가?

① type( )　　　② bool( )　　　③ print( )
④ read( )　　　⑤ input( )

02 파이썬 표준 입력 함수 input( )을 통해 키보드로 입력받은 데이터의 자료형은 무엇인가?

03 빈칸 ㉠, ㉡에 들어갈 내용을 〈보기〉에서 차례대로 골라 쓰시오.

> 프로그램에서 파일을 열 때는 (㉠) 함수를 사용하며, 파일을 닫을 때는 (㉡) 함수를 사용한다.

보기

open( )　　　close( )　　　read( )　　　write( )

㉠

㉡

04 파일을 읽기 위한 목적으로 파일을 열 때의 파일 열기 모드를 나타내는 문자는?

개념 확인 문제 〈정답 및 해설〉

정답

01 ③　　02 문자열 자료형　　03 ㉠ open( ), ㉡ close( )
04 r

해설

01 파이썬에서 모니터 화면에 값을 출력하기 위해서는 내장 함수인 print( )를 사용한다.

02 파이썬에서 input( ) 함수를 통해 입력받은 데이터는 항상 문자열 자료형으로 저장된다.

03 파이썬에는 파일 입출력을 편리하게 수행하도록 도와주는 여러 가지 내장 함수가 있으며, 파일을 열고 닫을 때에는 각각 open( ), close( ) 함수를 사용한다.

04 파일 입출력을 위해 파일을 열 때에는 파일을 여는 목적에 따라 파일 열기 모드를 정해 주어야 하며, 읽을 때는 'r' 모드, 쓸 때는 'w' 모드, 기존 내용에 추가로 쓸 때는 'a' 모드로 설정해야 한다.

시험 대비 문제

01 빈칸 ㉠, ㉡에 들어갈 내용을 〈보기〉에서 차례대로 골라 쓰시오.

> 파이썬에서 키보드를 통해 값을 입력받을 때에는 (㉠) 함수를 사용하며, 모니터 화면에 값을 출력할 때에는 (㉡) 함수를 사용한다.

보기

```
type( )    print( )    input( )    open( )    write( )
```

㉠

㉡

02 다음 프로그램에 대한 설명으로 잘못된 것은?

⚙ 프로그램   • • •
```
a = float(input('입력1 : '))
b = int(input('입력2 : '))
print(a * b)
```

① a에 저장되는 데이터의 자료형은 문자열이다.
② b에 저장되는 데이터의 자료형은 정수형이다.
③ a * b는 a와 b를 곱하는 것을 의미한다.
④ 프로그램에서 사용된 변수의 이름은 a, b이다.
⑤ 프로그램 실행 결과 a * b의 값이 모니터 화면에 출력된다.

03 다음은 학년을 입력받아 출력하는 프로그램 코드의 일부이다. 빈칸 ㉮, ㉯에 들어갈 코드를 작성하여 프로그램을 완성하시오.

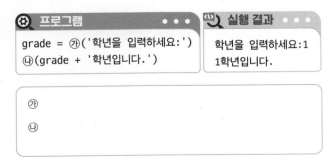

⚙ 프로그램   • • •
```
grade = ㉮('학년을 입력하세요:')
㉯(grade + '학년입니다.')
```

💬 실행 결과   • • •
```
학년을 입력하세요:1
1학년입니다.
```

㉮

㉯

04 다음은 정수와 실수를 입력받아 덧셈 연산을 수행한 결과를 출력하는 프로그램 코드의 일부이다. 빈칸 ㉮, ㉯에 들어갈 내용으로 알맞게 짝지어진 것은?

⚙ 프로그램   • • •
```
a = ㉮(input('정수를 입력하세요:'))
b = ㉯(input('실수를 입력하세요:'))
print(a + b)
```

💬 실행 결과   • • •
```
정수를 입력하세요:10
실수를 입력하세요:1.23
11.23
```

	㉮	㉯
①	input	input
②	print	print
③	int	str
④	int	float
⑤	float	int

05 다음 프로그램을 실행했을 때의 결과를 쓰시오.

⚙ 프로그램   • • •
```
name = '대한이'
print('name', name)
```

06 다음은 파일을 이용한 입력과 출력 절차의 일부이다. 빈칸 ㉠, ㉡에 들어갈 내용으로 알맞게 짝지어진 것은?

(㉠) → 파일 처리 → (㉡)

	㉠	㉡
①	파일 열기	파일 읽기
②	파일 열기	파일 쓰기
③	파일 열기	파일 닫기
④	파일 닫기	파일 읽기
⑤	파일 닫기	파일 열기

07 파일 열기 모드에 대한 설명으로 알맞게 짝지어진 것은?

① 읽기: 'a', 쓰기: 'r', 기존 내용에 추가하기: 'w'

② 읽기: 'a', 쓰기: 'w', 기존 내용에 추가하기: 'r'

③ 읽기: 'r', 쓰기: 'w', 기존 내용에 추가하기: 'a'

④ 읽기: 'r', 쓰기: 'a', 기존 내용에 추가하기: 'w'

⑤ 읽기: 'w', 쓰기: 'r', 기존 내용에 추가하기: 'a'

08 다음은 'school.csv' 파일의 전체 내용을 출력하는 프로그램 코드의 일부이다. 빈칸 ㉮, ㉯에 들어갈 코드를 작성하여 프로그램을 완성하시오.

⚙ **프로그램**　　　● ● ●
```
# 읽기 모드로 파일 열기
f = open('school.csv', '㉮')
# 함수를 사용하여 파일 내용 전체 읽기
data = f.㉯
print(data)
f.close( )
```

㉮

㉯

09 다음은 'movie.csv' 파일에 내용을 작성하는 프로그램 코드의 일부이다. 빈칸 ㉮, ㉯에 들어갈 내용으로 알맞게 짝지어진 것은?

⚙ **프로그램**　　　● ● ●
```
# 쓰기 모드로 파일 열기
f = open('movie.csv', '㉮')
# 파일에 내용 쓰기
f.㉯('영화 제목' + ', ' + '개봉 시기')
f.close( )
```

	㉮	㉯
①	r	write( )
②	r	read( )
③	w	write( )
④	w	read( )
⑤	a	write( )

10 다음은 'book.csv' 파일의 전체 내용을 출력하는 프로그램 코드의 일부이다. 빈칸 ㉮에 들어갈 내용으로 알맞은 것은?

⚙ **프로그램**　　　● ● ●
```
# 읽기 모드로 파일 열기
㉮ open('book.csv', 'r') as f:
    # 함수를 사용하여 파일 내용 전체 읽기
    data = f.read( )
print(data)
```

① input　　　② close　　　③ write

④ with　　　⑤ float

11 다음 〈보기〉에서 설명하는 파일 형식을 쓰시오.

보기

• 'Comma Separated Value'의 약자로 각각의 데이터 값을 쉼표(,)로 구분하여 저장하는 파일 형식이다.

• 행(Row)과 열(Column) 형태로 데이터를 저장하며, 엑셀 프로그램에서 열어 엑셀 파일처럼 사용할 수도 있다.

12 다음은 'school.csv' 파일의 전체 내용을 출력하는 프로그램 코드의 일부이다. 빈칸 ㉮, ㉯에 들어갈 내용으로 알맞게 짝지어진 것은?

⚙ **프로그램**　　　● ● ●
```
# 읽기 모드로 파일 열기
f = ㉮('school.csv', 'r')
# 파일 내용 전체 읽기
data = f.read( )
print(data)
㉯(        )
```

	㉮	㉯
①	str	close( )
②	open	close( )
③	open	with( )
④	with	print( )
⑤	with	open( )

13 다음은 'hello.txt' 파일에 데이터를 입력하는 프로그램 코드의 일부이다. 빈칸 ㉮에 들어갈 코드를 작성하여 프로그램을 완성하시오.

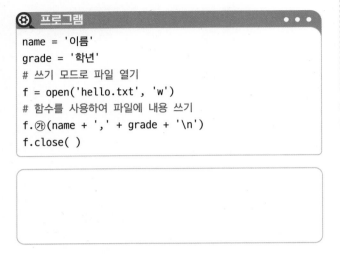

```
name = '이름'
grade = '학년'
# 쓰기 모드로 파일 열기
f = open('hello.txt', 'w')
# 함수를 사용하여 파일에 내용 쓰기
f.㉮(name + ',' + grade + '\n')
f.close( )
```

14 다음 코드를 실행했을 때의 결과가 <u>다른</u> 것은?

① print('즐거운 n정보시간')
② print('즐거운')
　 print('정보시간')
③ print('즐거운 정보시간')
④ print('''즐거운
　 정보시간''')
⑤ print("""즐거운
　 정보시간""")

15 다음 프로그램을 실행했을 때의 결과가 아래와 같을 때, 빈칸 ㉮에 들어갈 내용을 쓰시오.

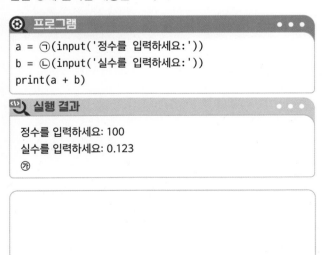

```
a = ㉠(input('정수를 입력하세요:'))
b = ㉡(input('실수를 입력하세요:'))
print(a + b)
```

실행 결과

정수를 입력하세요: 100
실수를 입력하세요: 0.123
㉮

16 다음은 사용자에게 반지름의 길이를 입력받아 원의 넓이를 구하는 프로그램 코드의 일부이다. 빈칸 ㉮, ㉯에 들어갈 코드를 작성하여 프로그램을 완성하시오.

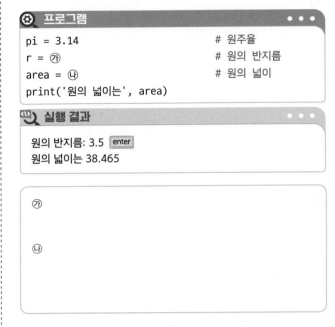

```
pi = 3.14              # 원주율
r = ㉮                 # 원의 반지름
area = ㉯              # 원의 넓이
print('원의 넓이는', area)
```

실행 결과

원의 반지름: 3.5 `enter`
원의 넓이는 38.465

㉮

㉯

17 다음은 사용자에게 입력받은 정수의 초 값을 분과 초의 형태로 출력하는 프로그램 코드의 일부이다. 빈칸 ㉮~㉰에 들어갈 코드를 작성하여 프로그램을 완성하시오.

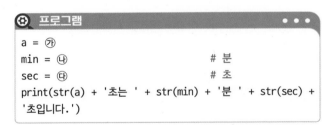

```
a = ㉮
min = ㉯                      # 분
sec = ㉰                      # 초
print(str(a) + '초는 ' + str(min) + '분 ' + str(sec) +
'초입니다.')
```

실행 결과

초 입력: 500 `enter`
500초는 8분 20초입니다.

㉮

㉯

㉰

18 다음은 사용자에게 생년월일을 입력받고 산술 연산자를 이용하여 생년월일 정보를 분석하는 프로그램 코드의 일부이다. 빈칸 ㉮~㉭에 들어갈 코드를 작성하여 프로그램을 완성하시오.

⚙ **프로그램**
```
birth = ㉮
year = ㉯
month = ㉰
day = ㉱
print('태어난 연도:', year, '태어난 월:', month, '태어난 일:', day)
```

🔍 **실행 결과**

생년월일: 20091220 `enter`
태어난 연도: 2009 태어난 월: 12 태어난 일: 20

㉮

㉯

㉰

㉱

19 아래 실행 결과와 같이 출력하기 위해 빈칸 ㉮에 들어갈 코드를 작성하시오. (단, 반드시 이스케이프 문자를 3번 이상 활용하시오.)

⚙ **프로그램**
```
print('㉮')
```

🔍 **실행 결과**

'김정보'가 말했습니다.
"내일 아침이면 모든 게 괜찮아질 거야."

20 다음은 사용자로부터 밑변과 높이를 입력받아 삼각형의 넓이를 구하는 프로그램 코드의 일부이다. 빈칸 ㉮~㉰에 들어갈 코드를 작성하여 프로그램을 완성하시오.

⚙ **프로그램**
```
base = ㉮            # 삼각형의 밑변
height = ㉯          # 삼각형의 높이
area = ㉰            # 삼각형의 넓이
print('삼각형의 넓이는', area)
```

🔍 **실행 결과 1**

밑변: 15
높이: 3.7
삼각형의 넓이는 27.75

🔍 **실행 결과 2**

밑변: 36.5
높이: 8.0
삼각형의 넓이는 146.0

㉮

㉯

㉰

21 다음은 사용자에게 이름을 입력받아 인사말을 출력하는 프로그램 코드의 일부이다. 빈칸 ㉮, ㉯에 들어갈 코드를 작성하여 프로그램을 완성하시오.

⚙ **프로그램**
```
name = ㉮
print(㉯)
```

🔍 **실행 결과**

이름을 입력하세요: 대한이 `enter`
대한이님 만나서 반갑습니다.

㉮

㉯

제어 구조와 데이터 구조

학습 목표
- 제어 구조를 복합적으로 활용한 프로그램을 작성할 수 있다.
- 다차원 데이터 구조를 활용하여 프로그램을 작성할 수 있다.

1 | 제어 구조를 활용한 프로그래밍

01 제어 구조의 이해

- 제어 구조란 주어진 명령을 순서대로 실행하는 순차 구조와 달리, 조건에 따라 다른 명령을 실행하거나 특정 명령을 반복 실행해야 하는 경우 처리 과정을 제어하기 위한 구조를 의미

① 선택 구조

주어진 조건에 따라 프로그램의 흐름을 달리 하고자 할 때 사용

  예 k값을 입력받았을 때 k가 0이면 k값을 출력하는 프로그램(왼쪽 순서도 그림): k를 입력받고, k가 0이라면 k값을 출력한 후 프로그램 종료, k가 0이 아니라면 바로 프로그램 종료

② 반복 구조

같은 명령을 반복하여 실행할 때 사용함. 프로그램 코드에서 동일 부분의 반복 횟수가 많아질수록 코드를 중복하여 사용하는 것은 비효율적이므로 반복문을 활용하여 간결하게 표현

  예 k값을 입력받아 k값을 3번 반복하여 출력하는 프로그램(오른쪽 순서도 그림): k값을 입력받고 k값 출력함. 본 과정을 3번 반복했는지 확인, 3번 반복하지 않았다면 k값을 반복하여 3번 출력한 후 프로그램 종료

|참고| 파이썬에서 들여쓰기는 실행 범위를 결정하므로 반드시 규칙에 맞게 지켜야 하는데, 들여쓰기를 하지 않는 경우 오류가 발생함. 일반적으로 if, while, for문에서 :(콜론) 다음의 문장은 반드시 탭(Tab) 키로 들여쓰기해야 함.

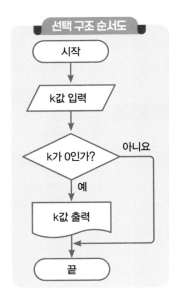

선택 구조 순서도

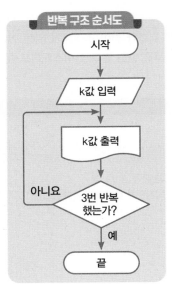

반복 구조 순서도

02 선택 구조의 활용

* 프로그램의 흐름을 제어하는 선택 구조는 if문, if~else문, if~elif~…~else문이 있음.

① if문

조건식이 참이면 문장 1을 실행

if문 형식
if 조건식: 문장 1

예1 입력받은 정수가 80 이상이면 '합격'을 출력

⚙ **프로그램** ● ● ●

```
1  n = int(input('입력: '))      # n은 점수를 의미하는 변수
2  if n >= 80:                  # n이 80 이상이면 합격 출력
3    print('합격')
```

🔍 **실행 결과** ● ● ●

```
입력: 85
합격
```

② if~else문

조건식이 참이면 문장 1을 실행하고 거짓이면 문장 2를 실행

if~else문 형식

if 조건식:
    문장 1
else:
    문장 2

예2 입력받은 정수 n이 80보다 크거나 같다면 '합격', 그렇지 않다면 '불합격'을 출력

⚙ **프로그램** ● ● ●

```
1  n = int(input('입력: '))      # n은 점수를 의미하는 변수
2  if n >= 80:                  # n이 80 이상이면 합격 출력
3    print('합격')
4  else:                        # 조건식이 거짓이면 불합격 출력
5    print('불합격')
```

🔍 **실행 결과** ● ● ●

```
입력: 75
불합격
```

🔍 **실행 결과** ● ● ●

```
입력: 85
합격
```

⚙ **예1** 순서도

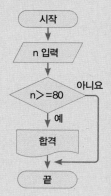

⚙ **예2** 순서도

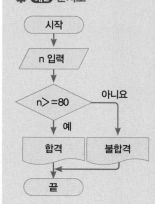

③ if~elif~·····~else문

조건식 1이 참이면 문장 1, 조건식 2가 참이면 문장 2를 실행. 모든 조건식이 거짓이면 문장 3을 실행. if와 else 사이의 elif는 필요한 만큼 추가 가능

if~elif~·····~else문 형식

```
if 조건식 1:
  문장 1
elif 조건식 2:
  문장 2
⋮
else:
  문장 3
```

예3 입력받은 정수 n이 80보다 크거나 같다면 '합격', 80 미만이고 60 이상이면 '재시험', 두 조건 모두 거짓이면 '불합격'을 출력

⚙ 프로그램 • • •

```
1  n = int(input('입력: '))        # n은 점수를 의미하는 변수
2  if n >= 80:                    # n이 80 이상이면 합격 출력
3    print('합격')
4  elif(n < 80 and n >= 60):      # n이 60 이상이면 재시험 출력, elif n >= 60으로 작성 가능
5    print('재시험')
6  else:                          # 조건식이 모두 거짓이면 불합격 출력
7    print('불합격')
```

🔍 실행 결과 • • •

입력: 55
불합격

🔍 실행 결과 • • •

입력: 75
재시험

🔍 실행 결과 • • •

입력: 85
합격

④ 중첩 선택 구조

중첩선택 구조란 선택 구조 안에 다른 선택 구조가 중첩되어 있는 것으로, 이를 활용하면 여러 가지 상황에 따라 실행할 수 있는 프로그램을 만들 수 있음. 복잡한 문제를 해결할 때에는 다양한 선택 구조를 중첩하여 문제를 해결해야 함.

예4 입력받은 정수 n이 0 이상이면서 0보다 크다면 양수, 그렇지 않다면 0을 출력함. 입력받은 정수 n이 0 이상이 아니라면 음수를 출력

⚙ 프로그램 • • •

```
1  n = int(input('입력: ')) # 입력받은 숫자를 저장하는 변수
2  if n >= 0:
3    if n > 0:
4      print('양수')
5    else:
6      print('0')
7  else:
8    print('음수')
```

⚙ 예3 순서도

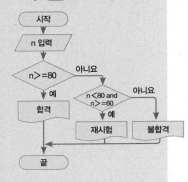

⚙ 예4 순서도

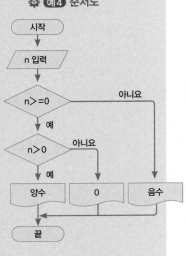

실행 결과
입력: -5
음수

실행 결과
입력: 5
양수

실행 결과
입력: 0
0

✔ 알고 가기 ▶ 비교 연산자와 논리 연산자

비교 연산자와 논리 연산자는 선택 구조, 반복 구조의 조건에 유용하게 활용된다.

비교 연산자		논리 연산자	
a>b	a가 b보다 큰가?	a and b	a와 b가 동시에 참일 때만 전체 값이 참이 된다.
a<b	a가 b보다 작은가?		
a>=b	a가 b 이상인가?	a or b	a와 b 중 하나 이상이 참이면 전체 값이 참이 된다.
a<=b	a가 b 이하인가?		
a==b	a와 b가 같은가?	not a	a가 참이면 거짓, a가 거짓이면 참이 된다.
a!=b	a와 b가 다른가?		

03 반복 구조의 활용

반복 구조는 조건에 따라 특정 명령을 반복 실행하는 구조로 for문과 while문이 있음.

1) for문

- for문은 리스트, range 등을 활용하여 반복문을 실행
- 리스트(또는 문자열)의 첫 번째 요소부터 마지막 요소까지 차례대로 변수에 대입하여 문장을 반복하여 실행

for문 형식
for 변수명 in 리스트(또는 문자열):   문장

① 리스트 속 자료를 출력하는 프로그램

예1 반복문 for에서 리스트 [1, 5, 3, 10]에 있는 숫자를 1개씩 출력

⚙ 프로그램	🔍 실행 결과
| ```
1  for i in [1, 5, 3, 10]:
2    print(i)
``` | 1<br>5<br>3<br>10 |

예2 animal 리스트를 생성하고, animal 리스트에 들어 있는 값을 1개씩 출력

⚙ 프로그램

```
1  animal = ['강아지', '고양이', '코끼리', '기린']  # animal 리스트 생성
2  for i in animal:
3    print(i)
```
```

강아지
고양이
코끼리
기린

② range를 활용한 반복 프로그램

• range 함수는 규칙이 반복적인 숫자를 사용할 때 활용하는 함수로, 반복문에서 유용하게 활용됨.

• range(시작 값, 종료 값, 증감 값)의 형태로 활용하며, 시작 값부터 종료 값 직전까지 증감 값만큼 변화함을 의미

⑩ range를 활용한 반복문 실습

```
1  for i in range(3):
2      print(i)
```

실행 결과
```
0
1
2
```

[설명] range(3)을 통해 0, 1, 2의 수를 출력

```
1  for i in range(1, 3):
2      print(i)
```

실행 결과
```
1
2
```

[설명] range(1, 3)은 1부터 2까지의 수를 출력하는 것을 의미. 따라서 1, 2를 출력

```
1  for i in range(5, 0, -2):
2      print(i)
```

실행 결과
```
5
3
1
```

[설명] range(5, 0, −2)를 통해 5부터 시작하여 1까지 2씩 작아지는 값을 출력

2) while문

while문은 조건식을 사용하여 조건식이 참이면 명령문을 실행하고 반복문을 반복하며, 조건식이 거짓이면 반복을 종료

while문 형식

```
while 조건식:
    문장
```

⑩ 1부터 3까지 출력하는 프로그램

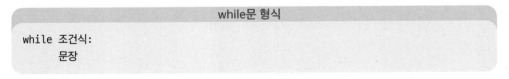

```
1  n = 1
2  while n < 4:
3      print(n)
4      n = n + 1
```

실행 결과
```
1
2
3
```

[설명] n 이 4보다 작다면 n을 출력하고 n에 1을 더하는 과정을 반복. n에 처음에 1이 저장되었으므로 4보다 작은 1, 2, 3이 출력

※ range 함수에서 시작 값, 증감 값은 입력하지 않을 수 있음.

|참고| 파이썬에서는 산술 계산을 편리하게 할 수 있는 다양한 함수를 사용할 수 있음. 1부터 100까지 수의 합을 구하는 프로그램을 다음과 같이 구현할 수 있음.

프로그램
```
s = sum(range(1,101,1))
print(s)
```

⚙ while문의 순서도

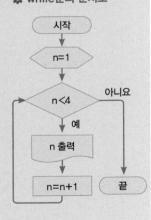

3) 중첩 반복 구조

중첩 반복 구조란 반복 구조 안에 다른 반복 구조가 중첩되어 있는 것으로, 이를 활용하면 반복적인 코드의 사용을 줄이는 데 효과적임. 특히 이차원 리스트의 값을 탐색하거나 출력하는 데 유용

예 중첩 반복문으로 숫자를 출력하는 프로그램

프로그램
```
1  # for 활용
2  for i in range(1, 4, 1):
3    for j in range(1, i+1, 1):
4      print(j, end = ' ')
5    print('')      # 1줄 출력 후 줄바꿈
```

실행 결과
```
1
1 2
1 2 3
```

[설명] 첫 번째 for문에서는 range(1, 4, 1)을 통해 1부터 3까지의 수가 반복. 두 번째 for문에서는 앞에서 설정된 i값(1~3)에 따라 j값이 (1부터 i까지) 반복되어 출력되고 줄을 바꿈. 따라서 i가 1일 때 j값 1이 출력된 후 줄이 바뀌고, i가 2일 때 j값 1과 2가 출력된 후 줄이 바뀜. 마찬가지로 i가 3일 때 j값 1 2 3을 출력하고 줄을 바꿈.

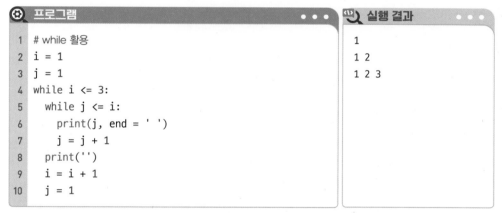

프로그램
```
1   # while 활용
2   i = 1
3   j = 1
4   while i <= 3:
5     while j <= i:
6       print(j, end = ' ')
7       j = j + 1
8     print('')
9     i = i + 1
10    j = 1
```

실행 결과
```
1
1 2
1 2 3
```

[설명] 위 프로그램과 같은 결과가 출력되는 프로그램으로, i는 1부터 3까지 반복되며 j는 1부터 i까지 반복되며 값을 출력함.

2 | 데이터 구조를 활용한 프로그래밍

01 데이터 구조의 활용

- 데이터 구조는 컴퓨터에서 효율적으로 자료를 처리하고 관리하기 위한 구조로, 리스트가 주로 활용됨.
- 리스트는 1차원 리스트와 2차원 리스트 등이 있으며, 필요에 따라 원하는 형태로 선언하여 사용할 수 있음.
  - 예 한 학생의 이름, 성별, 학년, 정보 점수, 인공지능 점수 등을 표현하려면 5개의 변수가 있어야 하지만 리스트를 활용하면 단 1개의 리스트에 저장할 수 있어 효율적임.

▶ **5개의 자료를 1차원 리스트에 저장하고 출력하기**

① **1차원 리스트 생성하기:** 리스트 이름 = [값1, 값2, 값3, …]

❀ 중첩 제어 구조
반복문 속 반복문, 조건문 속 반복문 등 여러 개의 제어 구조를 중첩하여 사용하는 것으로, 상황에 따라 여러 제어 구조를 중첩하여 사용할 수 있음.

|참고| print를 실행하면 자동으로 줄바꿈이 됨. print로 출력되는 결과를 한 줄로 이어서 출력하기 위해서는 end = ' ' 옵션을 추가함.

Tip 리스트와 반복문을 사용하면 수많은 변수가 필요할 때 효율적인 프로그래밍을 할 수 있음.

|참고| 리스트의 값은 순서가 있으며 그 순서를 인덱스로 표현함. 인덱스 번호는 0부터 시작하며, 인덱스 번호를 사용하여 특정 리스트의 값에 접근할 수 있음.

|참고| print에서 end=' '은 print에서 값을 출력한 후 한 칸 띄어 출력하는 코드로, 만일 end=' '를 작성하지 않는다면 값을 출력한 후 자동으로 줄을 변경함.

② 1차원 리스트 구조

s[0]	s[1]	s[2]	s[3]	s[4]
김OO	남	1학년	85	90

③ 1차원 리스트 출력하기

- 리스트의 값을 하나하나 출력하기보다는 반복문을 사용하여 출력하는 것이 효율적임. 모든 리스트의 값을 출력할 때에는 각 리스트의 인덱스를 처음부터 끝까지 변환하며 출력
- 김○○, 남, 1학년, 85, 90의 값을 저장한 1차원 리스트 s를 생성. 이어서 range(0, 5)에 따라 0부터 4까지의 값이 i값으로 반복되며 s[i]의 값을 순서대로 출력. 이어서 s[2]에 저장되어 있는 1학년을 출력

⚙ **프로그램** ● ● ●

```
1  s = ['김OO','남','1학년', 85, 90]
2  for i in range(0, 5):                      # 1차원 리스트의 모든 값 출력하기
3    print(s[i], end=' ')
4  print(' ')
5  print(s[2])                                # 1차원 리스트의 특정 값 출력하기
```

🔍 **실행 결과** ● ● ●

```
김OO 남 1학년 85 90
1학년
```

02 다차원 데이터 구조의 활용

- 다차원 데이터 구조는 여러 차원으로 데이터를 저장하여 효과적으로 데이터를 표현하고 관리하는 데 활용됨.
- 여러 속성을 가진 데이터를 1차원으로 표현하면 다양한 속성을 한눈에 알아보기 어렵지만, 2차원으로 표현한다면 다양한 속성을 알아보기 쉬움.
  - 예 2명 이상 학생의 자료를 저장할 때에는 2차원 리스트를 사용하는 것이 효율적

▶ **학생 5명의 자료(이름, 성별, 학년, 정보 점수, 인공지능 점수)를 2차원 리스트에 저장하고 출력하기**

① 2차원 리스트 생성하기: 리스트 이름 = [[값1, 값2, 값3], [값4, 값5, 값6], …]

② 2차원 리스트 구조

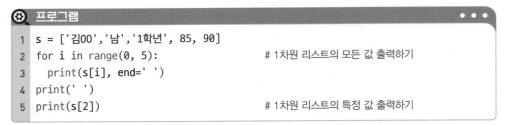

	s[ ][0]	s[ ][1]	s[ ][2]	s[ ][3]	s[ ][4]
s[0][ ]	김OO	남	1학년	85	90
s[1][ ]	이OO	여	2학년	75	95
s[2][ ]	박OO	여	1학년	90	70
s[3][ ]	정OO	여	1학년	70	80
s[4][ ]	한OO	남	2학년	95	75

③ 2차원 리스트 출력하기

- 2차원 리스트의 값을 출력할 때에는 중첩 반복 구조를 사용하면 효율적임. 리스트 이름[행][열]을 고려하여 리스트의 값을 출력할 수 있음.

|참고| 리스트의 최대 차원은 제한이 없지만 차원이 높아질수록 메모리 사용량과 연산 속도가 증가할 수 있음을 유의해야 함.

|참고| 다차원 데이터 구조는 이미지 및 비디오 저장을 위한 데이터, 기계학습 모델에 활용되는 데이터, 여러 속성을 가진 데이터 등을 저장하고 처리하는 데 활용됨.

• 2차원 리스트의 값들을 s에 저장한다. 리스트는 총 5개의 행과 열로 이루어져 있으므로 반복문을 활용하여 인덱스 0~4까지 행과 열을 변환시켜가며 값을 출력함. 이어서 s[3][4]에 저장되어 있는 값 80을 출력

|참고| print(s) 명령어로 리스트의 내용을 한 번에 출력할 수 있음.

🎮 프로그램 ● ● ●

```
1   s = [['김00', '남', '1학년', 85, 90],\
2        ['이00', '여', '2학년', 75, 100],\
3        ['박00', '여', '1학년', 90, 70],\
4        ['정00', '여', '1학년', 65, 80],\
5        ['한00', '남', '2학년', 95, 75]]
6
7   # 2차원 리스트의 모든 값 출력하기
8   for i in range(0, 5):          # 1행~5행까지 출력
9     for j in range(0, 5):        # 1열~5열까지 출력
10      print(s[i][j], end=' ')    # 각 리스트의 값 출력
11    print(' ')                   # 줄 바꿈
12
13  # 2차원 리스트의 특정 값 출력하기
14  print(s[3][4])
```

💬 실행 결과 ● ● ●

```
김00 남 1학년 85 90
이00 여 2학년 75 100
박00 여 1학년 90 70
정00 여 1학년 65 80
한00 남 2학년 95 75
80
```

📋 점검하기

1 다음은 무엇에 대한 설명인가?

프로그램의 처리 과정을 제어하기 위한 구조로 선택 구조, 반복 구조 등이 있다.

2 다음 괄호 안에 들어갈 말은 무엇인가?

(㉠)에는 if문, if~else문, if~elif~…~else문이 있고, (㉡)에는 for문, while문이 있다.

3 다음 괄호 안에 들어갈 말은 무엇인가?

데이터 구조는 여러 데이터를 관리하기 쉽도록 같은 이름으로 생성하여 관리하는 구조로, (   )(이)가 주로 활용된다.

정답 **1** 제어 구조 **2** ㉠ 선택 구조, ㉡ 반복 구조 **3** 리스트

개념 확인 문제

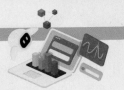

01 다음 프로그램의 실행 결과로 옳은 것은?

⚙ 프로그램 • • •
```
a = 5
b = 10
if a + b >= 17:
    print("합이 17 이상")
if a * 2 == 10:
    print("a는 5")
```

① 5　　　　　　② 15　　　　　　③ a는 5

④ 합이 17 이상　　⑤ 합이 17 이상 a는 5

02 다음 프로그램의 실행 결과로 옳은 것은?

⚙ 프로그램 • • •
```
score = 85
if score >= 90:
    print("A")
elif score >= 80:
    print("B")
elif score >= 70:
    print("C")
elif score >= 60:
    print("D")
else:
    print("E")
```

① A　　② B　　③ C　　④ D　　⑤ E

03 다음 프로그램의 실행 결과로 옳은 것은?

⚙ 프로그램 • • •
```
sum = 0
for i in range(1, 6):
    sum += i
print(sum)
```

① 1　　② 5　　③ 6　　④ 15　　⑤ 21

04 다음 프로그램에 대한 설명으로 옳지 <u>않은</u> 것은?

⚙ 프로그램 • • •
```
x = 1
while x < 5:
    print(x, end=" ")
    x += 1
```

① while문은 반복을 위해 사용된다.
② 프로그램 실행 결과는 1 2 3 4 이다.
③ x += 1은 x = x + 1과 같은 의미이다.
④ 프로그램이 종료되었을 때 x값은 4이다.
⑤ while문의 조건이 참일 때 실행되는 구문은 반드시 들여쓰기 해야 오류가 발생하지 않는다.

05 다음 프로그램의 실행 결과가 "3 6 9"가 되도록 빈칸에 알맞은 코드를 작성하시오.

⚙ 프로그램 • • •
```
for i in range(1, 10):
    if _____:
        print(i, end=" ")
```

06 다음 프로그램의 실행 결과를 작성하시오.

⚙ 프로그램 • • •
```
A = [[1, 2, 3], [4, 5, 6], [7, 8, 9]]
print(A[1][2])
```

개념 확인 문제 〈정답 및 해설〉

정답

01 ③　**02** ②　**03** ④　**04** ④　**05** i%3==0　**06** 6

해설

01 a+b의 값은 15이므로 a+b>=17은 거짓이다. a*2==10은 참이므로 a는 5가 출력된다.

02 score의 값이 85일 때 score>=90은 거짓, score>=80은 참이므로 B가 출력되고 조건문이 종료된다.

03 range(1, 6)은 1부터 5까지 1씩 증가하며 반복하도록 한다. 따라서 sum 변수에는 1부터 5까지의 합이 저장된다.

04 while문이 반복되어 실행되며 반복문의 조건이 거짓이 되었을 때의 x값은 5이다. 따라서 프로그램이 종료되었을 때 x값은 5이다.

05 3 6 9가 출력되기 위해 i값이 3의 배수 인지 확인해야 한다. i를 3으로 나눈 나머지가 0이면 3의 배수이므로 빈칸에 들어갈 코드는 i%3==0 이다.

06 정답은 6이다. A[1]은 [1, 2, 3]이며 A[1][2]는 2행 3열에 위치한 값을 의미하므로 6이 출력된다.

시험 대비 문제

01 다음 순서도를 실행한 결과로 옳은 것은?

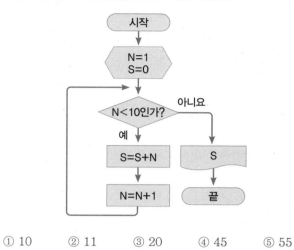

① 10　　② 11　　③ 20　　④ 45　　⑤ 55

02 다음 프로그램에서 출력 결과로 win을 출력하기 위한 입력값으로 옳지 <u>않은</u> 것은?

⚙ 프로그램

```
score = int(input( ))
if (70 <= score <= 90) or (score % 4 == 0):
    print("win")
else:
    print("lose")
```

① 20　　② 50　　③ 70　　④ 80　　⑤ 90

03 다음 프로그램 실행 시 출력 결과로 올바른 것은?

⚙ 프로그램

```
a, b, c = 3, 6, 9
if a > b:
    m = a
else:
    m = b
if c > m:
    m = c
print(m)
```

① 3　　② 6　　③ 9　　④ 10　　⑤ m

04 다음 프로그램의 출력값을 작성하시오.

⚙ 프로그램

```
sum_value = 10
for i in range(1, 6):
    sum_value += i
print(sum_value)
```

05 다음 프로그램의 출력값을 작성하시오.

⚙ 프로그램

```
a = 5
while a <= 10:
    a += 1
print(a)
```

06 다음 프로그램의 출력값을 작성하시오

⚙ 프로그램

```
n=1
while n < 10:
    n=n+2
print(n)
```

07 다음 프로그램 실행 시 출력 결과로 올바른 것은?

```
a = 6
b = 15
s = 0
for i in range(a, b + 1):
    if i % 6 == 0:
        s += i
print(s)
```

① 6   ② 15   ③ 18   ④ 21   ⑤ 615

08 다음 프로그램 실행 시 출력 결과로 올바른 것은?

```
a = 5
sum_value = 0
for i in range(10, a - 1, -1):
    if i % 2 == 0:
        sum_value += i
    else:
        sum_value -= i
print(sum_value)
```

① 1   ② 2   ③ 3   ④ 5   ⑤ 10

09 다음 프로그램 실행 시 출력 결과로 올바른 것은?

```
i = 5
while i <= 12:
    print("*", end="")
    i += 2
```

① *   ② **   ③ ***   ④ ****   ⑤ *****

10 빈칸 ㉠에 따라 코드를 실행했을 때 출력값들의 합이 다른 것은?

```
for i in ㉠ :
  print(i, end=' ')
```

① range(4)   ② range(1, 4)   ③ range(2, 5, 2)
④ range(3, 1, -1)   ⑤ range(4, 1, -2)

11 다음 프로그램 실행 시 출력 결과를 의미하는 것으로 올바른 것은?

```
sum_value = 0
for i in range(100, 0, -2)
    sum_value += i
print(sum_value)
```

① 1부터 100까지의 합
② 1부터 100까지의 짝수의 합
③ 1부터 100까지의 홀수의 합
④ 1부터 100까지의 모든 짝수
⑤ 1부터 100까지의 합에서 2를 뺀 값

12 다음 프로그램 실행 시 출력 결과로 올바른 것은?

```
a = 5
b = 3
if a > b:
    temp = a
    a = b
    b = temp
for i in range(a, b + 1):
    print(i, end=' ')
```

① 3   ② 5   ③ 3 4   ④ 3 5   ⑤ 3 4 5

13 다음 프로그램에 대한 설명으로 옳은 것만 〈보기〉에서 있는 대로 고른 것은? (단, 입력값은 n<=m이다.)

```
n, m = map(int, input( ).split( ))
i = m
while ㉠ :
    print(i, end=' ')
    i = i-1
```

보기

ㄱ. 입력받은 n, m은 실수 자료형으로 저장된다.
ㄴ. m부터 n까지의 수를 내림차순으로 출력하기 위해 ㉠에 i >=n이 입력되어야 한다.
ㄷ. ㉠에 i<=n이 입력되면 n부터 m까지 오름차순으로 출력된다.

① ㄴ   ② ㄱ, ㄴ   ③ ㄱ, ㄷ   ④ ㄴ, ㄷ   ⑤ ㄱ, ㄴ, ㄷ

14 다음 프로그램 실행 시 출력 결과로 올바른 것은?

⚙ 프로그램 ● ● ●

```
sum = 0
for i in range(5, 0, -2):
        sum = sum + 2
sum = sum**2

for j in range(3, 5):
        sum = sum * 2
k = 5
while k<=10:
        sum = sum + k
        k = k + 2
sum = sum + k

print(sum)
```

① 163   ② 165   ③ 167   ④ 176   ⑤ 186

15 다음 프로그램의 입력값이 다음과 같을 때 출력 결과로 올바른 것은?

[입력]
13 15 77 55 32 10 85 35 43 61

⚙ 프로그램 ● ● ●

```
n = 10
a = 0
b = 1000

for i in range(n):
    s = int(input( ))
    if s > a:
        a = s
    if s < b:
        b = s

print(a - b)
```

① 13   ② 55   ③ 75   ④ 77   ⑤ 85

16 다음 프로그램에 대한 설명으로 옳은 것만 〈보기〉에서 있는 대로 고른 것은?

⚙ 프로그램 ● ● ●

```
n = int(input( ))
for i in range(1, n+1):
    if n%i == 0:
        print(i, end=' ')
```

보기

ㄱ. n에 30이 입력된다면 프로그램이 종료될 때 i의 값은 30이다.
ㄴ. n에 10이 입력되었을 때 출력되는 결과는 1 2 5 이다.
ㄷ. print(i, end=' ')는 i값을 출력하고 줄바꿈(엔터)을 한다.

① ㄱ   ② ㄱ, ㄴ   ③ ㄱ, ㄷ
④ ㄴ, ㄷ   ⑤ ㄱ, ㄴ, ㄷ

[17~18] 다음 프로그램을 보고 물음에 답하시오.

⚙ 프로그램 ● ● ●

```
a, b = map(int, input( ).split( ))

if a <= b:
    min_value = a
    max_value = b
else:
    min_value = b
    max_value = a

i = max_value
while i >= min_value:      ┐
    print(i, end=' ')      ├ ㉠
    i -= 1                 ┘
```

17 제시한 프로그램에 대한 설명으로 옳은 것만 〈보기〉에서 있는 대로 고른 것은?

보기

ㄱ. 사용된 변수의 개수는 총 5개이다.
ㄴ. 입력 값 5 10과 10 5의 출력 결과는 같다.
ㄷ. ㉠을

```
i = min_value
while i <= max_value:
    print(i, end=' ')
    i += 1
```

로 변경하여도 프로그램의 출력 결과는 변하지 않는다.

① ㄴ   ② ㄱ, ㄴ   ③ ㄱ, ㄷ   ④ ㄴ, ㄷ   ⑤ ㄱ, ㄴ, ㄷ

18 제시한 프로그램의 입력값이 3 6일 때, 출력 결과로 옳은 것은?

① 3   ② 6   ③ 3 6
④ 3 4 5 6   ⑤ 6 5 4 3

19 다음 프로그램 실행 시 출력 결과로 올바른 것은?

⊙ 프로그램

```
A = [3, 6, 9, 12, 15]
print(A[2])
```

① 3   ② 6   ③ 9
④ 12   ⑤ 15

20 다음 프로그램 실행 시 출력 결과로 올바른 것은?

⊙ 프로그램

```
A = [[11, 12, 13],
     [14, 15, 16]]

print(A[1][2])
```

① 12   ② 13   ③ 14
④ 15   ⑤ 16

21 다음 프로그램 실행 시 출력 결과로 올바른 것은?

⊙ 프로그램

```
data = [1, 2, 3, 4]
sum_value = 0
for num in data:
    sum_value += num
print(sum_value)
```

① 1   ② 2   ③ 3
④ 4   ⑤ 10

[22~24] 다음은 각 학생의 정보, 수학, 과학 점수가 2차원 리스트로 저장되어 있는 프로그램이다. 프로그램을 보고 물음에 답하시오.

⊙ 프로그램

```
scores = [
    [85, 90, 78],
    [88, 76, 92],
    [95, 89, 90],
    [67, 80, 85]
]
```

22 2번째 학생의 과학 점수를 80점으로 수정하는 코드를 작성하시오.

23 다음 프로그램 실행 시 출력 결과로 올바른 것은?

⊙ 프로그램

```
mscore = 0
for i in range(4):
    if scores[i][1] > mscore:
        max_score = scores[i][1]
print(mscore)
```

① 76   ② 80   ③ 88
④ 90   ⑤ 95

24 다음은 과목별 최고 점수를 구하는 프로그램이다. 빈칸에 들어갈 알맞은 코드를 작성하시오.

⚙ **프로그램**

```
for j in range(3):
    mscore = 0
    for i in range(4):
        if scores[i][j] > mscore:
            mscore = _____
    print(max_score)
```

25 다음 프로그램 실행 후 data 리스트의 값을 작성하시오.

⚙ **프로그램**

```
data = [1, 2, 3, 4]
for i in range(1, 4):
    data[i - 1] = data[i]
```

[26~27] 다음은 정수 리스트 num에서 값이 0인 가장 처음 위치의 인덱스를 찾는 프로그램이다. 물음에 답하시오.

26 빈칸에 들어갈 알맞은 코드를 작성하시오.

⚙ **프로그램**

```
num = [3, 0, 2, 0, 5]
index = -1
for i in range(5):
    if _____:
        index = i
        break
print(index)
```

27 만일 리스트 num에 0이 저장되어 있지 않다면 어떤 결과가 출력될지 설명하시오.

28 다음 프로그램을 실행하면 IndexError가 발생한다. 그 이유를 설명하시오.

⚙ **프로그램**

```
A = [10, 20, 30]
index = 3
print(A[index])
```

객체지향과 클래스, 프로그래밍 프로젝트

학습 목표
- 객체의 개념과 구성 요소를 설명할 수 있다.
- 클래스와 인스턴스를 활용하여 프로그램을 작성할 수 있다.
- 프로그래밍 프로젝트의 단계를 설명할 수 있다.

1 | 객체지향의 이해

01 객체지향과 객체지향 프로그래밍

- 객체지향이란 프로그램이 복잡하고 길어지면 코드를 해석하는 데 어려움이 있어 이를 보완하기 위해 같은 기능이나 목적을 갖는 변수, 함수 등을 묶어서 객체로 만들고, 객체들이 상호 작용하며 실행되도록 프로그램을 구성하는 것을 의미
- 객체지향 프로그래밍: 프로그램 구현에 필요한 객체의 역할을 정의하고, 객체를 조합하여 프로그래밍하는 것
- 객체지향의 구성: 객체(Object), 클래스(Class), 인스턴스(Instance)

객체	동일한 목적, 기능을 가진 속성과 메서드를 하나로 묶은 것. 프로그램은 어떤 객체가 메서드를 수행할지로 구성됨.
클래스	각각의 객체들이 갖는 속성과 메서드를 정의하고 있는 틀. 클래스를 활용하여 객체를 생성함.
인스턴스	클래스를 바탕으로 소프트웨어에 구현된 구체적인 실체

02 객체지향 프로그래밍의 특징

- 객체를 생성하고 객체가 각자 기능을 수행하면서 다른 객체와 상호 작용하도록 프로그래밍하여 실제 사람들이 사는 세상과 비슷한 형태로 모델링함.
- 객체지향 프로그래밍의 장점: 반복적인 코드가 줄어들고 클래스를 통해 객체를 한 번에 수정할 수 있어 효율적임.

예 객체지향의 예
공장에서 자동차를 만들려고 할 때 자동차를 만들기 위한 틀을 클래스라 하며 클래스에서 생성된 자동차를 객체라 함. 자동차 객체에는 자동차의 종류, 색상, 생산일자 등의 여러 속성과 자율주행하기, 차선 유지하기 등의 메서드가 할당될 수 있으며 이를 인스턴스라 부름.

속성
객체가 가지고 있는 자료

메서드
객체가 수행하는 기능으로, 기존 프로그래밍에서의 함수가 객체지향의 클래스에서 사용될 때 메서드라고 부름.

|참고| 객체는 반드시 속성과 메서드를 동시에 포함할 필요는 없고, 속성 혹은 메서드만으로도 구성될 수 있음.

|참고| 인스턴스는 객체에 포함된다고 볼 수 있으며, 객체가 실제로 시스템의 메모리에 할당되어 사용될 때 인스턴스라고 부름.

2 | 객체지향 실습

- 클래스를 생성하면 클래스의 이름과 같은 함수를 사용해서 객체를 만들 수 있음. 이때 사용하는 클래스 이름( )은 생성자 함수라고도 부름. 클래스를 기반으로 만들어진 객체가 인스턴스임.

형식
class 클래스 이름: 　　클래스의 내용~

🔺 클래스 생성

형식
객체(인스턴스) 이름 = 클래스 이름( )

🔺 객체 생성

|참고| 일반적으로 클래스 이름은 알파벳 대문자로 시작하고, 클래스의 함수의 첫 번째 속성은 self를 사용한다.

01 클래스 생성

⚙️ **프로그램**　　　　　　　　　　　　　　　　　　　　　● ● ●

```
1  class Students:                         # Students 이름의 클래스 생성
2    def __init__(self, name, informatics, math):
3      self.name = name
4      self.informatics = informatics
5      self.math = math
6
7    def sum(self):
8      return self.informatics + self.math
9
10   def avg(self):
11     return self.sum( ) / 2
12
13   def string(self):
14     return '{}\t{}'.format(self.name, self.avg( ))
```

|참고| self는 다른 단어로 바꾸어도 코드상 오류는 없지만 관례적으로 self로 적는데, self가 가지고 있는 속성과 기능에 접근할 때에는 self.식별자 형태로 접근할 수 있음.

|참고| Students 클래스는 name, informatics, math라는 속성을 가지고 있으며, 총 3명에 대한 데이터를 가진 객체가 students[0]~students[2]까지 만들어짐. 이때 각 객체들은 Students 클래스의 인스턴스라고 부름.

[설명]
- 클래스는 def _ _init_ _(self, 추가 속성…) 메서드로 시작함. class Students:를 통해 Students라는 이름의 클래스를 생성
- 예를 들어 "def _ _init_ _(self, name, informatics, math):" 부분은 클래스의 속성이 name, informatics, math로 구성되어 있음을 의미함. 이때 _ _init_ _ 메서드를 통해 입력받은 name, informatics, math 속성의 값은 각 객체에 저장함. sum, avg, string 메서드는 합계, 평균, 출력을 위한 코드로, 각 함수에서 처리한 결과를 return을 통해 반환함.

02 학생 리스트(객체) 생성

⚙️ **프로그램**　　　　　　　　　　　● ● ●

```
1  students = [
2    Students('김OO', 88, 90),
3    Students('정OO', 73, 65),
4    Students('한OO', 63, 77)
5  ]
```

[설명] students 리스트에 앞에서 생성한 Students 클래스를 활용하여 객체를 생성함. 생성된 객체는 리스트 students[0], students[1], students[2]에 저장됨.

03 객체 값 출력

⚙️ **프로그램**　　　　　　　　　　　● ● ●

```
1  print('김OO의 정보 성적')
2  print(students[0].informatics)
```

💬 **실행 결과**　　　　　● ● ●

```
김OO의 정보 성적
88
```

[설명] print(students[0].informatics)와 같이 입력하면 첫 번째 입력받았던 김ㅇㅇ의 정보 성적을 확인할 수 있음. 만일 print(students[2].math)를 입력하면 한ㅇㅇ의 수학 성적을 확인할 수 있음.

🔧 프로그램 •••	🔍 실행 결과 •••
1 print('이름', '평균', sep='\t') 2 for i in students: 3 print(i.string( ))	이름 평균 김00 89.0 정00 69.0 한00 70.0

[설명] 반복문을 통해 이름, 평균의 값을 하나씩 확인할 수 있음.

3 | 프로그래밍 프로젝트

프로그래밍을 활용하여 우리 주변의 실생활 문제 혹은 다양한 학문 분야의 문제를 해결하는 프로그래밍 프로젝트는 '주제 선정 및 문제 정의, 추상화, 알고리즘 설계, 프로그램 작성, 성능 평가 및 공유'의 총 5단계로 이루어짐.

1단계 (주제 선정 및 문제 정의)	실생활 혹은 여러 학문 분야의 주제를 생각해 보거나 브레인스토밍을 통해 다양한 주제를 탐색하여 주제를 선정하여 이를 바탕으로 해결하고자 하는 문제를 구체적으로 정의
2단계 (추상화)	문제의 복잡성을 제거하고 해결하기 쉬운 형태로 표현하는 과정. 문제 분석, 문제 분해, 모델링 과정으로 구성. [문제 분석] 문제를 분석하여 초기 상태와 목표 상태를 설정하고 수행 작업을 정의 [문제 분해] 복잡한 문제를 해결 가능한 작은 문제로 나눔. [모델링] 복잡한 문제를 쉽게 이해하여 해결할 수 있는 형태로 다시 표현함. 글, 그림, 그래프, 표 등을 사용하여 구조화
3단계 (알고리즘 설계)	• 분해한 핵심 요소를 참고하여 작은 문제별로 문제 해결을 위한 알고리즘 설계함. • 알고리즘은 자연어, 순서도, 의사 코드 등으로 작성
4단계 (프로그램 작성)	설계한 알고리즘에 따라 프로그램을 작성
5단계 (성능 평가 및 공유)	• 주어진 입력에 대해 의도한 대로 자료를 처리해 결과를 출력하는지 확인 • 분해한 작은 문제를 모두 해결하여 처음 설정한 큰 문제를 효율적으로 해결했는지 확인 • 정의한 문제를 해결할 수 있다면 프로그램을 공유하고, 피드백을 반영하여 최종 완성

📋 점검하기

1 다음은 무엇에 대한 설명인가?

프로그램 구현에 필요한 객체의 역할을 정의하고, 객체를 조합하여 프로그래밍하는 것

2 다음 괄호 안에 공통으로 들어갈 말은 무엇인가?

(   )(은)는 각각의 객체들이 갖는 속성과 메서드를 정의하고 있는 틀로서 (   )를 활용하여 객체를 생성함.

3 다음은 프로그래밍 프로젝트 중 어떤 단계에 해당하는가?

문제의 복잡성을 제거하고 해결하기 쉬운 형태로 표현하는 단계로 문제 분석, 문제 분해, 모델링 과정으로 구성

정답 **1** 객체지향 프로그래밍 **2** 클래스 **3** 추상화

개념 확인 문제

01 다음 중 동일한 목적, 기능을 가진 속성과 메서드를 하나로 묶은 것을 의미하는 것으로 옳은 것은?

① 객체　　　　② 함수　　　　③ 변수
④ 클래스　　　⑤ 프로그램

02 다음 〈보기〉의 괄호 안에 들어갈 내용으로 가장 적절한 것은?

> **보기**
> (ㄱ)(이)가 클래스를 바탕으로 생성된 실체라면, (ㄴ)(은)는 (ㄱ)(이)가 소프트웨어에서 실체화된 것이다.

	ㄱ	ㄴ
①	객체	객체
②	객체	인스턴스
③	객체	클래스
④	인스턴스	객체
⑤	인스턴스	인스턴스

[03~04] 다음 클래스를 생성하는 프로그램을 보고 물음에 답하시오.

프로그램

```
1  ( ㉠ )Students:        # Students 이름의 클래스 생성
2    def __init__(self, name, informatics, math):
3      self.name = name
4      self.informatics = informatics
5      self.math = math
6
7    def sum(self):
8      return self.informatics + self.math
9
10   def avg(self):
11     return self.sum( ) / 2
12
13   def string(self):
14     return '{}\t{}'.format(self.name, self.avg( ))
```

03 ㉠에 들어갈 알맞은 코드를 작성하시오.

04 위 프로그램에 대한 설명으로 옳지 <u>않은</u> 것은?

① 클래스의 이름은 Students이다.
② 클래스에는 4개의 속성이 있다.
③ 클래스에는 2개의 메서드가 있다.
④ sum 메서드는 informatics와 math의 합계를 계산한다.
⑤ avg 메서드는 해당 학생의 평균 점수를 계산한다.

05 프로그래밍 프로젝트에 대한 설명으로 옳지 <u>않은</u> 것은?

① 주제를 선정할 때는 다양한 주제를 탐색한다.
② 추상화 과정은 문제의 복잡성을 제거하는 과정이다.
③ 알고리즘은 자연어, 순서도, 의사 코드로 작성할 수 있다.
④ 프로그램은 설계한 알고리즘을 바탕으로 작성한다.
⑤ 성능 평가 단계에서 문제가 발견된 경우 프로그램은 수정할 수 없다.

개념 확인 문제 〈정답 및 해설〉

정답

01 ①　**02** ②　**03** class　**04** ②　**05** ⑤

해설

01 객체에 관한 설명으로, 객체는 동일한 목적, 기능을 가진 속성과 메서드를 하나로 묶은 것을 의미한다.

02 객체는 클래스를 바탕으로 생성된 실체이며, 인스턴스는 객체가 소프트웨어에서 실체화된 것을 의미한다.

03 정답은 class이다. (소문자로 작성해야 함.) 클래스를 생성할 때에는 class 클래스명:으로 시작한다.

04 Students 클래스는 name, informatics, math 3개의 속성과, sum, avg 2개의 메서드로 구성된다. sum 메서드는 informatics와 math의 합계를 계산하며, avg 메서드는 해당 학생의 informatics와 math의 평균을 계산한다.

05 성능 평가 단계에서 성능을 평가하며, 오류가 있거나 성능이 부족한 경우 프로그램을 수정하는 과정을 다시 진행할 수 있다.

01 다음 〈보기〉의 괄호 안에 들어갈 말은 무엇인가?

> **보기**
>
> (   ) 프로그래밍이란 객체를 조합하여 프로그래밍하는 것을 의미한다. 같은 기능이나 목적을 갖는 변수, 함수 등을 묶어서 객체로 만들어 객체들이 상호 작용하며 실행되도록 한다.

02 공장에서 자동차를 만들려고 한다. ① 자동차를 만들기 위한 틀, ② 생성된 자동차, ③ 자동차 종류/색/생산일자, ④ 주행 기능/자동 주차 기능/차선 유지 기능은 각각 어떤 것에 해당하는지 〈보기〉에서 골라 쓰시오.

> **보기**
>
> 클래스, 객체, 속성, 메서드

① 자동차를 만들기 위한 틀:
② 생성된 자동차:
③ 자동차 종류/색/생산일자:
④ 주행 기능/자동 주차 기능/차선 유지 기능:

03 로봇을 만드는 클래스가 있다. 다음 〈보기〉의 로봇 클래스를 참고하여 객체를 만들어 보시오.

> **보기**
>
> **로봇 클래스**
> • 속성: 이름, 생산연도
> • 메서드: 인사하기, 청소하기, 경비하기

속성	속성	메서드	메서드

04 다음 객체지향에 대한 설명으로 옳지 않은 것은?

① 프로그램이 복잡하고 길어질수록 코드를 해석하기 어려운 점을 보완할 수 있다.
② 객체들이 상호 작용하며 실행된다.
③ 객체, 클래스, 인스턴스로 구성된다.
④ 객체는 반드시 속성과 메서드를 동시에 포함해야 한다.
⑤ 인스턴스는 객체가 실제로 시스템의 메모리에 할당되어 사용되는 것을 의미한다.

[05~08] 다음 클래스를 생성하는 프로그램을 보고 물음에 답하시오.

> **프로그램**
>
> ```
> 1  class Students:          # Students 이름의 클래스 생성
> 2    def __init__(self, name, informatics, math):
> 3      self.name = name
> 4      self.informatics = informatics
> 5      self.math = math
> 6
> 7    def sum(self):
> 8      return self.informatics + self.math
> 9
> 10   def avg(self):
> 11     return self.sum( ) / 2
> 12
> 13   def string(self):
> 14     return '{}\t{}'.format(self.name, self.avg( ))
> ```

05 위 프로그램에서 정의한 클래스의 이름을 작성하시오.

06 김○○, 80, 90과 정○○, 75, 81 객체를 students 리스트 이름으로 생성하는 프로그램 코드를 작성하시오.

07 다음 프로그램 코드와 같이 3개의 객체를 생성하였을 때, 정○○의 정보(informatics) 성적을 출력하는 프로그램 코드를 작성하시오.

⚙ 프로그램 ● ● ●

```
1  students = [
2    Students('김OO', 88, 90),
3    Students('정OO', 73, 65),
4    Students('한OO', 63, 77)
5  ]
```

08 다음 프로그램 코드와 같이 3개의 객체를 생성하였을 때, 한○○의 성적 평균을 출력하는 프로그램 코드를 작성하시오.

⚙ 프로그램 ● ● ●

```
1  students = [
2    Students('김OO', 88, 90),
3    Students('정OO', 73, 65),
4    Students('한OO', 63, 77)
5  ]
```

09 다음 프로그램 코드 실행 시 출력 결과로 올바른 것은?

⚙ 프로그램 ● ● ●

```
class Car:
    def __init__(self, brand, speed):
        self.brand = brand
        self.speed = speed

    def accelerate(self):
        self.speed += 10


car = Car("BM", 60)
car.accelerate( )
car.accelerate( )

print(car.speed)
```

① 50   ② 60   ③ 70
④ 80   ⑤ 90

10 객체지향 프로그래밍의 장점을 서술하시오.

11 프로그래밍 프로젝트의 5단계를 서술하시오.

07 정렬과 탐색 알고리즘

학습 목표 • 정렬과 탐색의 개념을 이해하고, 실생활의 문제를 해결할 수 있다.
• 다양한 정렬과 탐색 알고리즘의 특징과 효율을 비교·분석할 수 있다.

1 | 정렬 알고리즘

• 여러 개의 데이터를 일정한 기준에 따라 순서대로 나열하는 것을 정렬이라고 하며, 데이터가 정렬되어 있으면 원하는 자료를 보다 쉽고 빠르게 찾을 수 있음.
• 정렬을 위한 구체적인 방법과 절차를 정렬 알고리즘이라고 하며, 선택 정렬, 퀵 정렬, 버블 정렬, 삽입 정렬, 합병 정렬 등 다양한 알고리즘이 있음.

01 선택 정렬

• 오름차순으로 정렬하는 경우, 정렬되지 않은 데이터 중에서 가장 작은 데이터를 선택해 알맞은 위치로 옮기는 작업을 반복하며 정렬을 수행함.

선택 정렬 알고리즘
❶ 정렬되지 않은 데이터 중 첫 번째 위치에 있는 데이터를 기준으로 정한다.
❷ 가장 작은 데이터를 찾아 기준이 되는 데이터와 위치를 바꾼다.
❸ 알맞은 위치로 옮겨진 데이터를 제외한 나머지에 대해 ❶~❸을 반복한다.

예시 서로 다른 무게의 공 6개와 공의 무게를 비교할 수 있는 양팔 저울이 있을 때, 가장 가벼운 공부터 오름차순으로 선택 정렬하는 과정(단, 공의 무게는 공에 적힌 번호와 같으며 양팔 저울을 통해서만 무게를 비교할 수 있다고 가정함.)

❶ 정렬되지 않은 공들 중 첫 번째 위치에 있는 3번 공을 기준으로 정함.

❷ 양팔 저울을 사용하여 정렬되지 않은 공들 중 가장 가벼운 공을 찾음.

❸ 가장 가벼운 공과 기준 공의 위치를 교환함.

기준 공 ③과
가장 가벼운 공 ①의 위치를 교환

📌 오름차순과 내림차순

• 오름차순 정렬: 값이 작은 데이터부터 순서대로 나열하는 방법 예 거리가 가까운 식당부터 순서대로 나열된 식당 목록, 값이 작은 기호부터 순서대로 정리된 도서관의 책

• 내림차순 정렬: 값이 큰 데이터부터 순서대로 나열하는 방법 예 구매가 많은 상품부터 순서대로 나열된 상품 목록, 메달이 많은 국가부터 순서대로 나열된 올림픽 순위

④ 정렬이 완료된 1번 공을 제외하고, 정렬되지 않은 다섯 개의 공으로 위의 과정을 반복함.

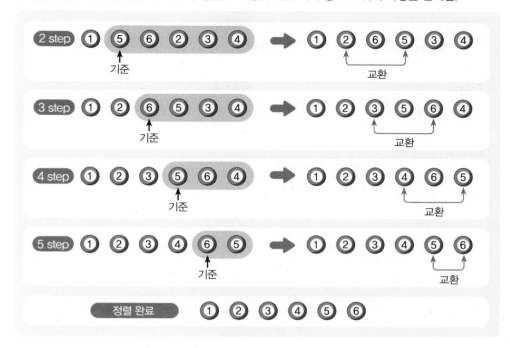

구분	비교 횟수
1 step	5
2 step	4
3 step	3
4 step	2
5 step	1
총 횟수	15

⚙ 정렬 과정 중 양팔 저울을 사용하여 자료를 비교한 횟수

02 퀵 정렬

• 오름차순으로 정렬하는 경우, 기준이 되는 값을 정하여 기준보다 작은 데이터는 기준의 왼쪽에, 기준보다 큰 데이터는 기준의 오른쪽에 두어 그룹을 나누는 과정을 반복하며 정렬을 수행함.

퀵 정렬 알고리즘

❶ 첫 번째 위치에 있는 데이터를 기준으로 정한다.
❷ 기준보다 작은 데이터는 기준의 왼쪽 그룹에, 기준보다 큰 데이터는 기준의 오른쪽 그룹에 두어 두 개의 그룹으로 나눈다.
❸ 각 그룹 내의 데이터가 한 개가 될 때까지 ❶~❸을 반복한다.

(예시) 서로 다른 무게의 공 6개와 공의 무게를 비교할 수 있는 양팔 저울이 있을 때, 가장 가벼운 공부터 오름차순으로 퀵 정렬하는 과정(단, 공의 무게는 공에 적힌 번호와 같으며 양팔 저울을 통해서만 무게를 비교할 수 있다고 가정함.)

❶ 첫 번째 위치의 공을 기준으로 정함.

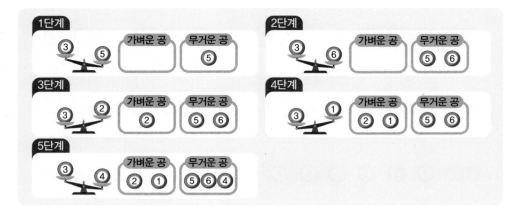

❷ 양팔 저울로 기준 공과 비교하여 두 개의 그룹으로 나눔.

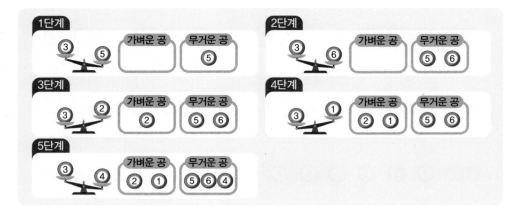

❸ 나누어진 그룹에서 각각 기준 공을 정하여 두 개의 그룹으로 나누는 과정을 반복함.

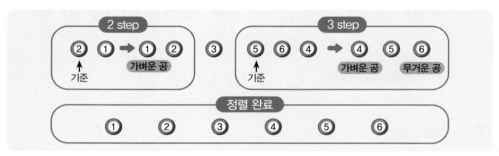

🔆 정렬 과정 중 양팔 저울을 사용하여 자료를 비교한 횟수

구분	비교 횟수
1 step	5
2 step	1
3 step	2
합계	8

02 선택 정렬과 퀵 정렬 알고리즘의 분석

① 선택 정렬

• 알고리즘이 간단하지만 정렬할 데이터가 많아지면 비교 횟수가 많아짐.

• 작은 규모의 데이터를 정렬할 때 효과적으로 사용할 수 있음.

　예 10개의 데이터를 선택 정렬하는 경우: 총 45번의 데이터 비교 수행(9+8+7+6+5+4+3+2+1)

　예 1000개의 데이터를 선택 정렬하는 경우: 총 499,500번의 데이터 비교 수행(999+998+997 +⋯+3+2+1)

② 퀵 정렬

• 가장 빠른 알고리즘 중 하나로 성능이 좋음.

• 기준 값으로 가장 작거나 큰 데이터가 선택될 경우 그룹이 불균형하게 나누어져 효율성이 떨어지기 때문에 기준 값을 어떻게 선택하는지에 따라 효율성이 달라짐.

2 | 탐색 알고리즘

• 여러 개의 데이터 중 원하는 것을 찾아내는 작업을 탐색이라고 하며, 탐색을 위한 구체적인 절차나 방법을 탐색 알고리즘이라고 함.

• 탐색 알고리즘을 사용하여 원하는 정보를 빠르고 효과적으로 찾을 수 있으며, 순차 탐색, 이진 탐색 등이 있음.

🔲 순차 탐색

데이터의 처음부터 끝까지 순차적으로 하나씩 비교하며 원하는 데이터를 찾는 방법으로, 마지막 데이터까지 검사하고도 원하는 데이터를 찾지 못하면 데이터가 없다고 판단함.

순차 탐색 알고리즘

❶ 탐색하려는 데이터와 첫 번째 데이터를 비교한다.
❷ 비교한 데이터가 탐색하려는 데이터와 같다면 탐색을 종료하고, 같지 않다면 다음 데이터와 비교한다.
❸ ❷를 반복하여 마지막 데이터까지 비교한 뒤에도 탐색하려는 데이터를 찾지 못했다면 데이터가 없다고 판단하고 탐색을 종료한다.

예시 무작위로 섞여 있는 공책 중 2번 공책을 순차 탐색하는 과정

❶ 첫 번째 공책부터 탐색하고자 하는 2번 공책인지 비교함.

❷ 다음 공책으로 넘어가서 탐색하고자 하는 2번 공책인지 비교하는 과정을 반복함.

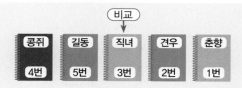

❸ 탐색하고자 하는 공책을 찾았으므로 탐색을 종료함.

- 정렬되어 있는 데이터에서 데이터의 범위를 반으로 줄여 나가며 원하는 데이터를 탐색하는 방법
- 데이터가 오름차순으로 정렬되어 있는 경우, 중간에 위치한 기준 데이터와 탐색 대상을 비교하고, 탐색 대상이 기준보다 작다면 왼쪽 범위로, 탐색 대상이 기준보다 크다면 오른쪽 범위로 탐색 범위를 좁혀가는 과정을 반복하며 탐색을 수행함.

이진 탐색 알고리즘

❶ 탐색 범위에서 중간에 위치한 데이터를 기준으로 정한다.
❷ 기준 데이터와 탐색하려는 데이터를 비교하여 같다면 탐색을 종료하고, 같지 않다면 ㉮와 ㉯ 중 하나를 수행한다.
- ㉮ 탐색하려는 데이터가 중간에 위치한 기준 데이터보다 작다면, 탐색 범위를 기준 데이터의 왼쪽 그룹으로 좁힌다.
- ㉯ 탐색하려는 데이터가 중간에 위치한 기준 데이터보다 크다면, 탐색 범위를 기준 데이터의 오른쪽 그룹으로 좁힌다.
❸ 더 이상 좁혀 나갈 범위가 없어질 때까지 ❶, ❷를 반복한다.

(예시) 무작위로 섞여 있는 공책 중 2번 공책을 순차 탐색하는 과정

❶ 이진 탐색을 수행하기 위해 공책을 순서대로 정렬해야 함.

❷ 탐색 범위의 중간에 위치한 기준(3번 공책)을 탐색 대상(2번 공책)과 비교함. 탐색 대상이 기준보다 작으므로, 탐색 범위를 기준의 왼쪽으로 좁힘.

❸ 좁혀진 탐색 범위의 중간에 위치한 기준(1번 공책)을 탐색 대상(2번 공책)과 비교함. 탐색 대상이 기준보다 크므로, 탐색 범위를 기준의 오른쪽으로 좁힘.

✿ 기준 데이터 선정 방법
탐색 범위의 데이터가 짝수일 때, 중간 데이터는 첫 번째와 마지막 데이터의 위칫값의 평균의 몫을 사용하여 결정함.
⑩ 〈예시〉에서 1번, 5번 공책 중 기준 데이터를 선정하기 위해서는 1(1번 공책의 위칫값)과 5(5번 공책의 위칫값)의 평균의 몫(3)을 구할 수 있으며, 3 위치에 있는 3번 공책이 기준 데이터가 됨.
⑩ 〈예시〉에서 1번, 2번 공책 중 기준 데이터는 (1+2)/2에 의해 1 위치에 있는 1번 공책이 됨.

❹ 좁혀진 탐색 범위의 중간에 위치한 기준(2번 공책)을 탐색 대상과 비교함. 기준과 탐색 대상이 같으므로 탐색을 종료함.

03 순차 탐색과 이진 탐색 알고리즘 분석

① 순차 탐색

• 알고리즘이 단순하고 정렬되어 있지 않은 데이터에도 적용할 수 있음.
• 탐색을 수행할 데이터의 규모에 따라 비교 횟수가 크게 달라질 수 있기 때문에 데이터의 양이 적은 경우에 효과적임.
  예 10개의 데이터를 순차 탐색하는 경우: 최악의 경우 10회의 비교를 수행
  예 1000개의 데이터를 순차 탐색하는 경우: 최악의 경우 1000회의 비교를 수행

② 이진 탐색

• 데이터의 수가 많은 경우에도 훨씬 적은 비교만으로 원하는 데이터를 찾을 수 있음.
• 탐색을 수행하기 위해서는 반드시 데이터가 정렬되어 있어야 함.
  예 1000개의 데이터를 이진 탐색하는 경우: 최악의 경우에도 10회의 비교를 수행

점검하기

1 다음은 무엇에 대한 설명인가?

데이터를 일정한 기준에 따라 순서대로 나열하기 위한 구체적인 절차나 방법이다.

2 다음 괄호 안에 들어갈 말은 무엇인가?

작은 번호부터 정리된 시험지, 저렴한 가격 순서대로 나열된 상품 목록은 (내림차순 / 오름차순)으로 정렬된 데이터의 예시이다.

3 탐색 알고리즘이란 무엇인지 설명하시오.

정답 **1** 정렬 알고리즘 **2** 오름차순 **3** 여러 개의 데이터 중에서 원하는 것을 찾아내기 위한 구체적인 절차나 방법을 탐색 알고리즘이라고 한다.

개념 확인 문제

01 다음 중 〈보기〉에서 설명하는 알고리즘은 무엇인가?

보기

기준이 되는 값을 정하여 기준보다 작은 데이터는 기준 값의 왼쪽에, 기준보다 큰 데이터는 기준 값의 오른쪽에 두어 그룹을 나누는 과정을 반복하면서 전체 데이터를 정렬하는 방법

① 순차 탐색   ② 이진 탐색   ③ 선택 정렬
④ 삽입 정렬   ⑤ 퀵 정렬

02 다음 중 〈보기〉에서 설명하는 알고리즘은 무엇인가?

보기

데이터의 처음부터 끝까지를 순차적으로 하나씩 비교하며 원하는 데이터를 찾는 방법

① 순차 탐색   ② 이진 탐색   ③ 선택 정렬
④ 삽입 정렬   ⑤ 퀵 정렬

03 다음 중 〈보기〉에서 설명하고는 알고리즘은 무엇인지 쓰시오.

보기

순서대로 정렬된 데이터의 중간에 위치한 기준 데이터와 찾고자 하는 데이터를 비교하여 탐색 범위를 반으로 줄여 나가며 원하는 데이터를 찾는 방법

04 다음에 제시된 내용에서 맞는 설명은 ○, 틀린 설명은 ×로 표시하시오.

㉠ 이진 탐색은 정렬되어 있는 데이터에만 적용할 수 있는 탐색 알고리즘이다.   (   )

㉡ 여러 개의 데이터 중에서 원하는 것을 찾아내기 위한 구체적인 절차나 방법을 정렬 알고리즘이라고 한다. (   )

개념 확인 문제 〈정답 및 해설〉

정답

01 ⑤   **02** ①   **03** 이진 탐색   **04** ㉠ ○, ㉡ ×

해설

01 기준이 되는 값을 정하여 기준보다 작은 데이터 그룹과 기준보다 큰 데이터 그룹으로 나누는 과정을 반복하는 방법은 퀵 정렬 알고리즘에 대한 설명이다.

02 첫 번째 데이터부터 시작하여 원하는 데이터를 찾을 때까지 비교하며 데이터를 탐색하는 방법은 순차 탐색 알고리즘에 대한 설명이다.

03 중간에 위치한 기준 데이터와 비교하며 찾고자 하는 데이터가 기준 데이터보다 작다면 기준 데이터의 왼쪽 범위에서만 데이터를 탐색하고, 찾는 데이터가 기준 데이터보다 크다면 오른쪽 범위에서만 탐색하는 방법은 이진 탐색 알고리즘에 대한 설명이다.

04 ㉠: 정렬되어 있는 데이터에서만 이진 탐색을 수행할 수 있다. 데이터가 정렬되어 있지 않다면, 데이터를 순서대로 정렬한 후에 이진 탐색 알고리즘을 적용해야 한다.

㉡: 원하는 데이터를 찾아내는 작업은 탐색이며, 데이터를 탐색하기 위한 구체적인 절차나 방법을 탐색 알고리즘이라고 한다. 정렬 알고리즘은 여러 개의 데이터를 일정한 기준에 따라 순서대로 나열하기 위한 구체적인 절차나 방법이다.

시험 대비 문제

01 다음 중 정렬 알고리즘에 대한 설명으로 바르지 <u>못한</u> 것은?

① 여러 개의 데이터를 일정한 기준에 따라 순서대로 나열하기 위한 알고리즘이다.

② 값이 작은 것부터 순서대로 나열하는 것은 오름차순 정렬에 해당한다.

③ 선택 정렬 알고리즘을 사용하여 100개의 데이터를 정렬할 경우, 데이터를 총 100회 비교해야 한다.

④ 선택 정렬 알고리즘은 작은 규모의 데이터를 정렬할 때 더욱 효과적이다.

⑤ 퀵 정렬 알고리즘은 전체 데이터를 두 개의 그룹으로 나누는 과정을 반복하며 정렬한다.

02 탐색 알고리즘에 대한 설명으로 바르지 <u>못한</u> 것은?

① 여러 개의 데이터 중에서 원하는 것을 찾기 위한 알고리즘이다.

② 순차 탐색 알고리즘을 사용하여 100개의 데이터에서 탐색할 경우 데이터를 총 100회 비교해야 한다.

③ 순차 탐색 알고리즘은 무작위로 섞여 있는 데이터에도 적용할 수 있다.

④ 오름차순으로 정렬된 데이터에 이진 탐색 알고리즘을 적용할 때 탐색 대상이 기준 데이터보다 작으면 탐색 범위를 기준의 오른쪽 그룹으로 좁힌다.

⑤ 이진 탐색 알고리즘을 사용하여 1000개의 데이터에서 탐색할 경우 최악의 경우에도 10번의 비교만 수행하면 된다.

03 다음 〈보기〉에서 설명하는 알고리즘은 무엇인지 쓰시오.

> **보기**
>
> ❶ 탐색하려는 데이터와 첫 번째 데이터를 비교한다.
> ❷ 비교한 데이터가 탐색하려는 데이터와 같다면 탐색을 종료하고, 같지 않다면 다음 데이터와 비교한다.
> ❸ ❷를 반복하여 마지막 데이터까지 비교한 뒤에도 탐색하려는 데이터를 찾지 못했다면 데이터가 없다고 판단하고 탐색을 종료한다.

04 다음 〈보기〉의 내용 중 내림차순으로 정렬된 것을 모두 고른 것은?

> **보기**
>
> ㉠ 메달이 많은 국가부터 적은 국가 순서대로 나열된 올림픽 순위
> ㉡ 가장 많이 구매된 순서대로 나열된 베스트셀러 목록
> ㉢ 판매량이 적은 순서대로 나열된 온라인 쇼핑몰 물품 목록
> ㉣ 1번부터 10번까지 순서대로 정리된 유인물

① ㉠, ㉡   ② ㉠, ㉢
③ ㉡, ㉢   ④ ㉡, ㉣
⑤ ㉢, ㉣

05 다음 〈보기〉에서 설명하는 알고리즘은 무엇인가?

> **보기**
>
> ❶ 정렬되지 않은 데이터 중 첫 번째 위치에 있는 데이터를 기준으로 정한다.
> ❷ 가장 작은 데이터를 찾아 기준이 되는 데이터와 위치를 바꾼다.
> ❸ 알맞은 위치로 옮겨진 데이터를 제외한 나머지에 대해 ❶~❸을 반복한다.

① 순차 탐색   ② 이진 탐색
③ 선택 정렬   ④ 삽입 정렬
⑤ 퀵 정렬

06 다음 〈보기〉의 설명 중 선택 정렬 알고리즘에 대한 설명으로 맞은 것을 모두 고른 것은?

> **보기**
>
> ㉠ 기준을 정하여 데이터를 두 개의 그룹으로 나누는 과정을 반복하며 정렬한다.
> ㉡ 오름차순으로 정렬할 때, 정렬되지 않은 데이터 중 가장 작은 데이터를 선택하여 알맞은 위치로 옮기며 정렬한다.
> ㉢ 정렬할 데이터가 많아질수록 비교 횟수가 많아진다.
> ㉣ 1000개의 데이터를 정렬할 경우 500회의 비교가 필요하다.

① ㉠, ㉢   ② ㉠, ㉣
③ ㉡, ㉢   ④ ㉡, ㉣
⑤ ㉢, ㉣

07 다음 〈보기〉의 설명 중 이진 탐색 알고리즘에 대한 설명으로 알맞은 것을 모두 고른 것은?

보기
ㄱ. 탐색할 데이터의 범위를 반으로 줄이는 과정을 반복하며 탐색한다.
ㄴ. 항상 순차 탐색보다 빠르게 탐색할 수 있다.
ㄷ. 데이터가 어떻게 나열되어 있는지와 상관 없이 적용할 수 있다.
ㄹ. 100개의 데이터에서 이진 탐색을 할 때, 최악의 경우에도 7번의 비교만으로 탐색할 수 있다.

① ㄱ, ㄷ   ② ㄱ, ㄹ   ③ ㄴ, ㄷ
④ ㄴ, ㄹ   ⑤ ㄷ, ㄹ

[08~09] 다음과 같이 공책이 무작위로 섞여 있을 때, 물음에 답하시오.

08 선택 정렬 알고리즘을 사용하여 번호를 기준으로 내림차순으로 정렬할 때 총 비교 횟수를 쓰시오.

09 퀵 정렬 알고리즘을 사용하여 번호를 기준으로 내림차순으로 정렬할 때 총 비교 횟수를 쓰시오. (단, 정렬되지 않은 그룹의 첫 번째 데이터를 기준으로 정함.)

[10~11] 다음과 같이 마트료시카 인형이 무작위로 섞여 있을때, 물음에 답하시오.

10 순차 탐색 알고리즘을 사용하여 인형 B를 탐색할 때 총비교 횟수를 쓰시오.

11 다음과 같이 인형을 정렬한 후, 이진 탐색 알고리즘을 사용하여 인형 B를 탐색할 때 총 비교 횟수를 쓰시오.

[12~13] 다음 〈보기〉의 알고리즘에 따라 6개의 공을 정렬할 때, 물음에 답하시오. (단, 공의 무게는 공에 적힌 번호와 같으며 양팔 저울을 통해서만 무게를 비교할 수 있다고 가정함.)

보기

❶ 정렬되지 않은 데이터 중 첫 번째 위치에 있는 데이터를 기준으로 정한다.
❷ 가장 작은 데이터를 찾아 기준이 되는 데이터와 위치를 바꾼다.
❸ 알맞은 위치로 옮겨진 데이터를 제외한 나머지에 대해 ❶~❸을 반복한다.

12 알고리즘의 ❷까지 한 번 수행하는 과정을 1 step이라고 할 때, 1 step~5 step이 진행된 후 공이 나열되어 있는 순서를 작성하여 표를 완성하시오.

1 step	
2 step	
3 step	
4 step	
5 step	

13 알고리즘이 수행되는 단계마다 양팔 저울을 사용하는 횟수를 작성하여 표를 완성하시오.

1 step	
2 step	
3 step	
4 step	
5 step	

14 다음 〈보기〉의 알고리즘에 따라 6개의 공을 정렬하려고 한다. 알고리즘의 ❷까지 한 번 수행하는 과정을 1 step이라고 할 때, 1 step 이후 무거운 공과 가벼운 공 그룹의 상태를 쓰시오. (단, 공의 무게는 공에 적힌 번호와 같으며 양팔 저울을 통해서만 무게를 비교할 수 있다고 가정함.)

보기

❶ 첫 번째 위치에 있는 데이터를 기준으로 정한다.
❷ 기준보다 큰 데이터는 기준의 왼쪽 그룹에, 기준보다 작은 데이터는 기준의 오른쪽 그룹에 두어 두 개의 그룹으로 나눈다.
❸ 각 그룹 내의 데이터가 한 개가 될 때까지 ❶~❸을 반복한다.

무거운 공	가벼운 공

[15~16] 다음 프로그램을 보고 물음에 답하시오.

⚙ 프로그램

```
data = [10, 2, 6, 1, 5]
i = 0
x = ㉮
while i < 5:
    if data[i] == x:
        print(i)
    i = i + 1
```

15 프로그램의 ㉮에 입력되는 값과 실행했을 때의 결과로 알맞지 <u>않은</u> 것은?

	㉮	실행 결과
①	1	3
②	2	1
③	5	5
④	6	2
⑤	10	0

16 프로그램의 ㉮에 100이 입력되었을 때의 실행 결과를 쓰시오.

17 선택 정렬 알고리즘과 퀵 정렬 알고리즘을 비교하여 설명하시오.

18 100개의 데이터 그룹에서 탐색을 수행할 때, 순차 탐색과 이진 탐색 알고리즘을 비교하여 설명하시오.

19 다음 프로그램을 실행했을 때의 결과가 아래와 같을 때, 빈칸 ㉮, ㉯에 들어갈 내용을 쓰시오.

⚙ 프로그램 • • •

```python
data = [23, 15, 56, 4, 41, 74, 25]
def sort_1(data):
  print('정렬 전 데이터', data)
  count = 0
  for i in range(len(data) - 1):
      max_idx = i
      for j in range(i + 1, len(data)):
          count = count + 1
          if data[j] > data[max_idx]:
              max_idx = j
      tmp = data[i]
      data[i] = data[max_idx]
      data[max_idx] = tmp
  print('정렬 후 데이터', data)
  print('총 비교 횟수:', count)
sort_1(data)
```

정렬 전 데이터 [23, 15, 56, 4, 41, 74, 25]
정렬 후 데이터 ㉮
총 비교 횟수: ㉯

㉮

㉯

[20~21] 다음 프로그램을 보고 물음에 답하시오.

⚙ 프로그램 • • •

```python
data = [20, 11, 5, 70, 8, 91, 123]
search = 8
count = 0

def search1(a, x):    # search1 함수 정의
  # 변수 count를 수정하기 위한 코드
  global count
  # num의 길이를 변수 n에 대입
  n = len(a)
  for i in range(0, n):
      count = count + 1
      if x == a[i]:    # 함수를 종료하여 문자열 변환
          return '비교 횟수: ' + str(count)
  return '존재하지 않습니다.'

print(search1(data, search))
```

20 위 프로그램을 실행했을 때의 결과가 다음과 같을 때, 빈칸 ㉮에 들어갈 내용을 쓰시오.

[실행 결과]
비교 횟수: ㉮

21 위 프로그램의 search1 함수는 어떤 역할을 수행하는지 설명하시오.

★★★ 난이도 **상** │ ★★ 난이도 **중** │ ★ 난이도 **하**

★
01 다음 중 컴퓨터를 이용하여 문제를 해결하는 절차로 알맞은 것은?

① 알고리즘 설계 – 추상화 – 자동화
② 알고리즘 설계 – 자동화 – 추상화
③ 추상화 – 자동화 – 알고리즘 설계
④ 추상화 – 알고리즘 설계 – 자동화
⑤ 자동화 – 추상화 – 알고리즘 설계

[02~04] 다음 〈보기〉의 알고리즘을 보고 물음에 답하시오.

보기

❶ i값을 0으로 초기화한다.
❷ sum값을 0으로 초기화한다.
❸ sum과 i를 더해 sum에 저장한다.
❹ i를 1 증가시킨다.
❺ i값이 10보다 작다면 3으로 돌아간다.
❻ 그렇지 않다면 sum값을 출력한다.

★★
02 ❹번 문장이 실행되는 횟수로 알맞은 것은?

① 1   ② 5   ③ 9
④ 10   ⑤ 11

★
03 알고리즘이 종료되었을 때 출력되는 값을 쓰시오.

★
04 다음 프로그램은 〈보기〉의 알고리즘을 파이썬 코드로 작성한 것이다. 빈칸 ㉠에 들어갈 알맞은 내용을 작성하여 프로그램을 완성하시오.

⚙ 프로그램   • • •
```
i = 0
sum = 0
while ㉠:
    sum = sum + i
    i = i + 1
print(sum)
```

★
05 알고리즘이 가져야 할 조건 다섯 가지를 쓰시오.

[06~08] 다음 〈보기〉의 알고리즘과 이를 파이썬 코드로 작성한 프로그램을 보고 물음에 답하시오.

보기

❶ num값을 1로 정한다.
❷ num값을 출력한다.
❸ num을 1 증가시킨다.
❹ num이 10보다 작다면 단계 2로 돌아간다.
❺ 종료한다.

⚙ 프로그램   • • •
```
num = 1
while num < 10:
    print(num, end=' ')
    ㉮
```

★

06 문제의 알고리즘에 사용된 실행 흐름을 모두 쓰시오.

★

07 ㉮에 들어갈 알맞은 코드를 작성하여 프로그램을 완성하시오.

★★

08 작성된 프로그램의 print( ) 함수를 참고하여 알고리즘이 종료되었을 때 출력되는 값을 쓰시오.

★

09 다음 중 문제 분해와 모델링에 대한 설명으로 알맞지 않은 것은?

① 한 번에 해결할 수 없는 문제는 작은 문제로 분해하여 해결한다.
② 복잡한 문제는 작은 문제로 분해하여 이해하기 쉽게 표현할 수 있다.
③ 모델링은 문제를 분해한 결과로 남게 되는 작은 문제 사이의 관계를 표현하는 과정이다.
④ 표와 그래프를 사용하여 모델링할 수 있다.
⑤ 작은 문제를 모두 해결하면 전체 문제는 항상 해결된다.

★

10 다음 프로그램의 실행 결과를 쓰시오.

⚙ **프로그램**   • • •
```
num1 = 2
num2 = 10
print(num1 ** num2)
```

[실행 결과]

★

11 다음 프로그램의 실행 결과가 아래와 같을 때 빈칸 ㉮~㉰에 들어갈 내용으로 알맞은 것은?

⚙ **프로그램**   • • •
```
print(type(-10.123))
print(type(True))
print(bool(0))
```

📢 **실행 결과**   • • •
```
<class '㉮'>
<class '㉯'>
㉰
```

	㉮	㉯	㉰
①	int	str	bool
②	int	bool	str
③	float	bool	True
④	float	bool	False
⑤	float	str	False

12 다음은 사용자에게 정수를 입력받아 3과 8의 공배수인지 판별하는 프로그램 코드의 일부이다. 빈칸 ㉮, ㉯에 들어갈 내용을 작성하여 프로그램을 완성하시오.

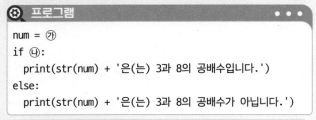

```
num = ㉮
if ㉯:
    print(str(num) + '은(는) 3과 8의 공배수입니다.')
else:
    print(str(num) + '은(는) 3과 8의 공배수가 아닙니다.')
```

🔊 **실행 결과 1**

```
정수: 12 enter
12은(는) 3과 8의 공배수가 아닙니다.
```

🔊 **실행 결과 2**

```
정수: 24 enter
48은(는) 3과 8의 공배수입니다.
```

㉮

㉯

★★★

13 다음은 변수 a, b에 있는 값을 교환하는 프로그램 코드의 일부이다. 빈칸 ㉮, ㉯에 들어갈 내용을 작성하여 프로그램을 완성하시오.

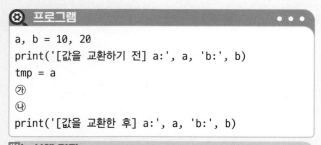

```
a, b = 10, 20
print('[값을 교환하기 전] a:', a, 'b:', b)
tmp = a
㉮
㉯
print('[값을 교환한 후] a:', a, 'b:', b)
```

🔊 **실행 결과**

```
[값을 교환하기 전] a: 10 b: 20
[값을 교환한 후] a: 20 b: 10
```

㉮

㉯

★★

14 다음은 정수를 입력받아 부호를 바꾸어 출력하는 프로그램 코드의 일부이다. 빈칸 ㉮, ㉯에 들어갈 코드를 작성하여 프로그램을 완성하시오.

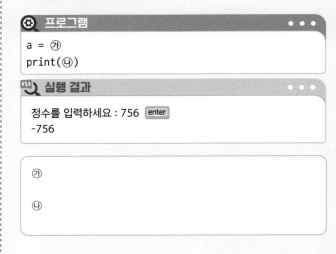

```
a = ㉮
print(㉯)
```

🔊 **실행 결과**

```
정수를 입력하세요 : 756 enter
-756
```

㉮

㉯

★★

15 다음은 'book.csv' 파일에 추가로 데이터를 입력하고 파일의 전체 내용을 출력하는 프로그램 코드의 일부이다. 빈칸 ㉮~㉣에 들어갈 내용으로 알맞게 짝지어진 것은?

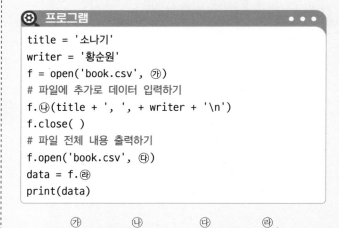

```
title = '소나기'
writer = '황순원'
f = open('book.csv', ㉮)
# 파일에 추가로 데이터 입력하기
f.㉯(title + ', ', + writer + '\n')
f.close( )
# 파일 전체 내용 출력하기
f.open('book.csv', ㉰)
data = f.㉣
print(data)
```

	㉮	㉯	㉰	㉣
①	'a'	read	'w'	write
②	'a'	write	'r'	read
③	'w'	read	'r'	read
④	'w'	write	'w'	write
⑤	'r'	read	'a'	write

★★★

16 다음은 사용자에게 정삼각형의 한 변의 길이를 정수로 입력받아 넓이를 구하는 프로그램 코드의 일부이다. 빈칸 ㉮, ㉯에 들어갈 코드를 작성하여 프로그램을 완성하시오.

⚙ **프로그램** ● ● ●
```
base = ㉮               # 한 변의 길이
area = ㉯
print('정삼각형의 넓이: ' + str(area))
```

🔊 **실행 결과** ● ● ●
```
6 enter
정삼각형의 넓이: 15.588457268119894
```

┌─────────────────────────────┐
│ ㉮   │
│   │
│ ㉯   │
│   │
└─────────────────────────────┘

★★

17 다음은 'movie.csv' 파일의 전체 내용을 출력하는 프로그램 코드의 일부이다. 빈칸 ㉮, ㉯에 들어갈 내용을 작성하여 프로그램을 완성하시오.

⚙ **프로그램** ● ● ●
```
# 읽기 모드로 파일 열기
f = ㉮ ('movie.csv', 'r')
# 파일 내용 전체 읽기
data = f.read( )
print(data)
f. ㉯
```

┌─────────────────────────────┐
│ ㉮   │
│   │
│ ㉯   │
│   │
└─────────────────────────────┘

★

18 다음 괄호 안에 들어갈 말은 무엇인가?

보기
(㉮)(은)는 주어진 조건에 따라 프로그램의 흐름을 달리하고자 할 때 사용하는 구조로 if문을 사용할 수 있다.
(㉯)(은)는 같은 명령을 반복하여 실행할 때 사용하는 구조로 for, while문을 사용할 수 있다.

┌─────────────────────────────┐
│ ㉮   │
│   │
│ ㉯   │
│   │
└─────────────────────────────┘

★

19 입력받은 정수의 값이 70이상이면 '합격'이 출력되도록 빈칸에 알맞은 코드를 작성하시오.

⚙ **프로그램** ● ● ●
```
n = int(input( ))
if ㉠ :
    print('합격')
```

┌─────────────────────────────┐
│   │
│   │
│   │
└─────────────────────────────┘

★

20 다음 프로그램에 대한 설명으로 옳지 <u>않은</u> 것은?

⚙ 프로그램   • • •

```
num = int(input( ))
if num > 0:
    print('양수')
elif num == 0:
    print('0')
else:
    print('음수')
```

① 변수 1개가 사용되고 있다.
② 입력받은 값은 정수로 저장된다.
③ 0이 입력되었을 때 '0'이 출력된다.
④ 5가 입력되었을 때 '양수'가 출력된다.
⑤ elif를 if로 변경하면 프로그램에 오류가 발생한다.

★★

21 다음 프로그램 실행 시 출력 결과로 올바른 것은?

⚙ 프로그램   • • •

```
user_id = 'admin'
user_pw = '1234'

if user_id == 'admin':
    if user_pw == '7788':
        print('로그인 성공')
    else:
        print('비밀번호 오류')
else:
        print('아이디 오류')
```

① 1234
② admin
③ 로그인 성공
④ 아이디 오류
⑤ 비밀번호 오류

★★

22 다음은 두 변수를 입력받아 사각형 종류를 출력하는 프로그램이다. 빈칸 ㉠에 들어갈 코드를 작성하시오.

⚙ 프로그램   • • •

```
width = int(input( ))
height = int(input( ))
if width > 0 and height > 0:
    if _____㉠_____:
        print("정사각형")
    else:
        print("직사각형")
else:
    print("잘못된 입력")
```


★★

23 다음 프로그램 실행 시 출력 결과로 올바른 것은?

⚙ 프로그램   • • •

```
for i in range(2, 10, 2):
    print(i, end=' ')
```

① 2   ② 2 10 2
③ 2 4 6 8   ④ 2 4 6 8 10
⑤ 2 4 6 8 10 12

★★

24 다음 프로그램 실행 시 출력 결과로 올바른 것은?

⚙ 프로그램   • • •

```
for i in range(10, 4, -3):
    print(i, end=' ')
```

① 10   ② 10 7
③ 10 7 4   ④ 10 7 4 1
⑤ 10 7 4 1 −3

★★
25 다음 프로그램 실행 시 출력 결과로 올바른 것은?

```
sum = 0
for i in range(6, 1, -2):
    sum += i
print(sum)
```

① 1 　　② 6 　　③ 10 　　④ 12 　　⑤ 14

★★
26 다음은 프로그램이 1 2 3 4 5를 출력하도록 빈칸 ㉠에 알맞은 코드를 작성시오.

```
num = 1
while _____㉠_____ :
    print(num, end=' ')
    num += 1
```

★★
27 다음 프로그램이 아래와 같은 실행 결과를 출력하도록 빈칸 ㉠에 알맞은 코드를 작성시오.

```
for i in range( 4 ):
    for j in range( ____㉠____ ):
        print('*', end=' ')
    print( )
```

출력

```
*
* *
* * *
* * * *
```

★★
28 다음 프로그램 실행 시 출력 결과로 올바른 것은?

```
numbers = [2, 5, 8, 11, 14]
for num in numbers:
    if num % 2 == 0:
        print(num, end=' ')
```

① 2 　　　　　　　　　② 2 5 8
③ 2 8 11 　　　　　　　④ 2 8 14
⑤ 2 5 8 11 14

★★
29 다음 프로그램 실행 시 출력 결과로 올바른 것은?

```
text = 'hello world'
for c in text:
    if c == 'o':
        print(c, end=' ')
```

① o 　　　　　　　　　② h e
③ o o 　　　　　　　　④ h e l l o
⑤ h e l l o w o r l d

★★
30 다음 프로그램 실행 시 출력 결과로 올바른 것은?

```
numbers = [3, 6, 9, 12, 15, 18]
count = 0
for num in numbers:
    if num > 10:
        count += 1
print(count)
```

① 1 　　② 2 　　③ 3 　　④ 4 　　⑤ 5

★★
31 다음 프로그램 실행 시 출력 결과로 올바른 것은?

```
x = 1
count = 0
while x <= 10:
    if x % 3 == 0:
        count += 1
    x += 1
print(count)
```

① 1   ② 2   ③ 3   ④ 4   ⑤ 5

★★
32 다음 프로그램 실행 시 출력 결과로 올바른 것은?

```
x = 1
while x <= 5:
    if x % 2 == 1:
        print(x ** 2, end=' ')
    x += 1
```

① 1   ② 9
③ 1 3 5   ④ 2 6 10
⑤ 1 9 25

★
33 다음 프로그램 실행 시 출력 결과로 올바른 것은?

```
numbers = [1, 2, 3, 4, 5]
print(numbers[3])
```

① 1   ② 2   ③ 3   ④ 4   ⑤ 5

★
34 다음 프로그램 실행 시 출력 결과로 올바른 것은?

```
numbers = [[1, 2, 3], [4, 5, 6], [7, 8, 9]]
print(numbers[2][1])
```

① 4   ② 5   ③ 6   ④ 7   ⑤ 8

★★
35 다음 프로그램 실행 시 출력 결과로 올바른 것은?

```
A = [[1, 2], [3, 4]]
total = 0
for row in A:
    for num in row:
        total += num
print(total)
```

① 1   ② 2   ③ 3   ④ 4   ⑤ 10

★★
36 다음 프로그램 실행 시 출력 결과로 올바른 것은?

```
A = [[3, 5, 1], [9, 2, 8], [7, 4, 6]]
max_value = matrix[0][0]
for row in A:
    for num in row:
        if num > max_value:
            max_value = num
print(max_value)
```

① 1   ② 3   ③ 5   ④ 7   ⑤ 9

★★★
37 다음은 2차원 리스트 A의 열별 합계를 계산하여 출력하는 프로그램이다. 빈칸 ㉠에 들어갈 알맞은 코드를 작성하시오.

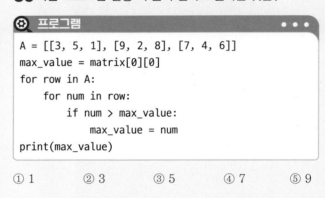

```
A = [[1, 2, 3], [4, 5, 6], [7, 8, 9]]

for j in range(3):
    col_sum = 0
    for i in range(3):
        col_sum += _____㉠_____
    print(col_sum)
```

🔍 **실행 결과**

```
12
15
18
```

★

38 다음 중 〈보기〉의 괄호 안에 들어갈 내용으로 옳은 것은?

보기

( )은(는) 객체가 수행하는 기능이다. 기존 프로그래밍에서의 함수가 객체지향의 클래스에서 사용될 때 ( )(이)라 한다.

① 속성
② 함수
③ 메서드
④ 클래스
⑤ 인스턴스

★★

39 다음 중 파이썬에서 클래스를 정의하는 방법으로 옳은 것은?

① def 클래스 이름:
② new 클래스 이름:
③ class 클래스 이름:
④ create 클래스 이름:
⑤ object 클래스 이름:

★★

40 다음 프로그램 실행 시 출력 결과로 올바른 것은?

⚙ 프로그램　　　　　　　　● ● ●

```
class Person:
    def __init__(self, name):
        self.name = name
p = Person("Alice")
print(p.name)
```

① name
② self
③ Alice
④ "Alice"
⑤ Person

★★

41 다음 프로그램 실행 시 출력 결과로 올바른 것은?

⚙ 프로그램　　　　　　　　● ● ●

```
class Test:
    def __init__(self, x):
        self.x = x
    def increase(self):
        self.x += 1
a = Test(5)
a.increase( )
print(a.x)
```

① 1　　② 3　　③ 4　　④ 5　　⑤ 6

★★★

42 다음 프로그램 실행 시 출력 결과로 올바른 것은?

⚙ 프로그램　　　　　　　　● ● ●

```
class Rectangle:
    def __init__(self, width, height):
        self.width = width
        self.height = height
    def area(self):
        return self.width * self.height
    def perimeter(self):
        return 2 * (self.width + self.height)

rect = Rectangle(5, 10)
print(rect.area( ), rect.perimeter( ))
```

① 15 50　　　② 25 30　　　③ 50 20
④ 50 30　　　⑤ 50 50

★★

43 다음은 프로그램을 통해 문제를 해결하는 프로그래밍 프로젝트 5단계다. 괄호에 들어갈 단계를 작성하시오.

주제 선정 및 문제 정의 → 추상화 → ( )
→ 프로그램 작성 → 성능 평가 및 공유

★★

44 다음 〈보기〉에서 설명하는 알고리즘은 무엇인가?

보기

❶ 첫 번째 위치에 있는 데이터를 기준으로 정한다.
❷ 기준보다 작은 데이터는 기준의 왼쪽 그룹에, 기준보다 큰 데이터는 기준의 오른쪽 그룹에 두어 두 개의 그룹으로 나눈다.
❸ 각 그룹 내의 데이터가 한 개가 될 때까지 ❶~❸을 반복한다.

① 순차 탐색　　　　② 이진 탐색
③ 선택 정렬　　　　④ 삽입 정렬
⑤ 퀵 정렬

[45~46] 보기의 알고리즘에 따라 6개의 공을 정렬한다고 할 때, 물음에 답하시오. (단, 공의 무게는 공에 적힌 번호와 같으며 양팔 저울을 통해서만 무게를 비교할 수 있다고 가정함.)

보기

❶ 정렬되지 않은 데이터 중 첫 번째 위치에 있는 데이터를 기준으로 정한다.
❷ 가장 작은 데이터를 찾아 기준이 되는 데이터와 위치를 바꾼다.
❸ 알맞은 위치로 옮겨진 데이터를 제외한 나머지에 대해 ❶~❸을 반복한다.

★★

45 알고리즘의 ❷까지 한 번 수행하는 과정을 1 step이라고 할 때, 1 step~5 step이 진행된 후 공이 나열되어 있는 순서를 표에 작성하시오.

1 step	
2 step	
3 step	
4 step	
5 step	

★★

46 알고리즘이 수행되는 단계마다 양팔 저울을 사용하는 횟수를 표에 작성하시오.

1 step	
2 step	
3 step	
4 step	
5 step	

[47~49] 다음 프로그램의 search2는 이진 탐색 알고리즘을 구현한 함수이다. 물음에 답하시오.

⚙ 프로그램

```
data = [20, 11, 5, 70, 8, 91, 123]
search = 70
count = 0

def search2(a, x):
  a = sorted(a) # ㉯ 오름차순으로 정렬
  # 변수 count를 수정하기 위한 코드
  global count
  # 첫 번째 데이터의 인덱스 값을 start에 대입
  start = 0
  # 마지막 데이터의 인덱스 값을 end에 대입
  end = len(a) - 1
  while start <= end :
    mid = (start + end) // 2
    count = count + 1
    if x == a[mid]:
        return '비교 횟수: ' + str(count)
    elif ㉰ :
        start = mid + 1
    else :
        end = mid - 1
  return '존재하지 않습니다.'

print(search2(data, search))
```

★★★

47 프로그램 코드의 빈칸 ㉐에 들어갈 내용으로 알맞은 것은?

① a[start] < a[mid]

② a[start] > a[mid]

③ x < a[mid]

④ x > a[mid]

⑤ a[end] < a[mid]

★★★

48 프로그램을 실행했을 때의 결과가 다음과 같을 때, 빈칸 ㉐에 들어갈 내용을 쓰시오.

㉓ 실행 결과
● ● ●

비교 횟수: ㉓

서술형

★★

49 프로그램의 ㉑ 코드는 a를 오름차순으로 정렬하는 역할을 수행한다. ㉑ 코드가 필요한 이유를 서술하시오.

★

50 프로그래밍을 통해 문제를 해결하는 프로젝트에서 성능 평가 및 공유 단계가 중요한 이유를 서술하시오.

IV

인공지능

01 인공지능과 지능 에이전트

02 기계학습의 이해

03 기계학습을 이용한 문제 해결

01 인공지능과 지능 에이전트

학습 목표
- 지능 에이전트의 개념과 특성을 설명할 수 있다.
- 인공지능 발전에 따른 인간과 인공지능의 역할을 탐색할 수 있다.

1 | 지능 에이전트

01 지능 에이전트의 개념

- 에이전트(Agent): 일상생활에서 특정한 역할이나 임무를 대신 처리하는 대리인을 의미함. 컴퓨터 과학 분야에서는 인간 대신 반복적이거나 특정한 역할을 자동으로 처리해 주는 자동화 시스템을 의미함.
- 지능 에이전트(Intelligent Agent): 에이전트에 인공지능의 지능적 사고 능력을 결합한 것

➕ 하나 더 플러스 튜링 테스트

컴퓨터가 사람처럼 생각할 수 있을까? 앨런 튜링은 이러한 질문에서 시작해 튜링 테스트를 제안하였고 사람과 같은 지능을 가진 프로그램, 즉 인공지능이 나타날 것으로 예상함.

* A나 B 중 하나를 컴퓨터로 교체했는데도 C가 컴퓨터임을 몰랐다면 컴퓨터는 A 또는 B와 같은 지능이 있다고 봄.

02 지능 에이전트의 특성

- 센서를 통해 외부 환경을 감지하고 어떻게 행동할지 판단한 이후 구동기를 통해 행동함. 즉, 센서로 얻은 정보를 인공지능을 이용해 인식하고 판단하며 이를 토대로 행동함.
- 사용자, 혹은 외부 환경으로부터 정보를 얻고 스스로 판단하여 특정 작업을 수행할 수 있으므로 자율성을 가짐.
- 인간과 시스템, 또는 다른 지능 에이전트와 상호 작용이 가능
- 상호 작용 과정에서 학습을 계속하며 점차 새로운 규칙을 만들고 반영할 수 있음.
- 인식, 판단, 행동의 관점에서 일반적인 에이전트보다 훨씬 복잡한 일을 수행할 수 있음.

인식	외부 입력을 인식하면 이를 바탕으로 내부 상태나 정보를 업데이트한다.
판단	다른 차량과의 거리를 좁힐지, 늘릴지, 유지할지 결정한다.
행동	브레이크와 가속 페달을 조절한다.

인식	차선의 위치를 색상으로 구분해 중심을 계산한다.
판단	한쪽 차선으로 치우치지 않았는지 확인 후 핸들의 각도를 정한다.
행동	핸들을 돌리거나 고정한다.

인식	주위의 밝기를 인지한다.
판단	라이트의 밝기를 어느 정도로 조정할지 판단한다.
행동	설정한 밝기대로 라이트를 밝힌다.

⚙ 앨런 튜링(Alan Turing, 1912~1954)
영국의 수학자이자 논리학자

⚙ 에이전트와 지능 에이전트의 예
인공지능이 등장하기 전에 사용하던 진공 청소기를 에이전트라고 한다면, 인공지능이 등장한 후 직접 바닥의 먼지와 공간 형태를 감지해 청소 작업을 하는 로봇 청소기는 지능 에이전트라고 할 수 있음.

⚙ 구동기(Actuator)
LED, 버저, 모터, 스피커 등과 같이, 판단한 결과를 특정 동작이나 물리적 반응으로 만들어내 외부 환경에 전달하는 역할을 수행

2 | 인공지능의 발전과 인간의 역할

01 인공지능의 발전

- 인공지능(AI, Artificial Intelligence)이란, 탐색, 추론, 학습 등 인간의 지적 능력 일부 또는 전체를 구현하는 컴퓨터 과학 기술
- 지능 에이전트는 다양한 형태로 일상생활 곳곳에 활용되고 있으며, 실생활에서 인공지능이라고 부르는 기능들은 지능 에이전트의 모습으로 볼 수 있는 경우가 많음.

02 인공지능의 역할

- 인간의 삶을 편리하게 해줌, 인간의 한계를 보완하고 도와줌.
- 반복적이고 시간이 많이 드는 작업을 자동화함으로써 효율성을 극대화해 줌.
- 방대한 양의 데이터를 빠르고 정확하게 처리하고 분석해 줌.

03 인공지능 시대에서 인간의 역할

① 인간과 인공지능의 데이터 처리 능력 비교

인간	인공지능
• 시간이 지나면 받아들인 정보(데이터)를 잊어버리기도 하며, 기억이 왜곡되기도 함.	• 많은 데이터를 왜곡 없이 기억할 수 있음.
• 입력된 데이터를 추상화하여 사용하며, 직관적으로 파악하기도 함.	• 입력된 데이터를 이용해 기존 알고리즘을 바탕으로 학습하거나 탐색 및 추론함.
• 데이터의 범위가 방대하거나 복잡한 문제는 처리하기 어렵거나 시간이 오래 걸림.	• 인간이 쉽게 해결하지 못하는 복잡하고 어려운 문제를 빠르게 처리할 수 있음.

② 인간의 역할

- 인공지능 기술과 서비스를 능동적으로 활용해 업무를 처리
- 인공지능이 해결해야 할 문제를 정확히 선정하고 정의
- 인공지능이 처리하지 못하는 직관적 문제, 감정을 다루는 문제 등을 해결
- 도덕적, 윤리적 가치로 인공지능 기술과 서비스를 점검

> ⚙ **단일 에이전트와 다중 에이전트**
> 지능 에이전트는 단일(single) 에이전트뿐만 아니라 다중(multi) 에이전트의 형태로 에이전트 간에도 소통을 할 수 있음. 예를 들어, 인공지능 스피커 2대가 서로의 질문에 대답을 하며 상호 작용하고, 스마트 홈을 구성하는 여러 스마트 가전제품의 지능 에이전트가 서로 상호 작용하기도 함.

> ⚙ **챗봇**
> 음성이나 문자를 통해 인간과 대화하며 특정한 작업을 수행하도록 제작된 지능 에이전트

점검하기

1 다음은 무엇에 대한 설명인가?

> 탐색, 추론, 학습 등 인간의 지적 능력 일부 또는 전체를 구현하는 컴퓨터 과학 기술이다.

2 다음 괄호 안에 들어갈 말은 무엇인가?

> 일상생활에서 특정한 역할이나 임무를 대신 처리하는 대리인을 (　　　)(이)라고 하는데, 컴퓨터 과학 분야에서 인간 대신 반복적이거나 특정한 역할을 자동으로 처리해 주는 자동화 시스템 또한 (　　　)(이)라고 부른다.

3 에이전트와 지능 에이전트의 차이점을 '청소기'와 '로봇 청소기'의 예를 들어 설명하시오.

> (정답) **1** 인공지능 **2** 에이전트 **3** 인공지능이 등장하기 전에 사용하던 진공 청소기를 에이전트라고 한다면, 인공지능이 등장한 후 직접 바닥의 먼지와 공간 형태를 감지해 청소 작업을 하는 로봇 청소기는 지능 에이전트라고 할 수 있다.

01 다음 〈보기〉의 빈칸에 들어갈 내용을 쓰시오.

> **보기**
>
> 컴퓨터 과학 분야에서 인간 대신 반복적이거나 특정한 역할을 자동으로 처리해 주는 자동화 시스템을 (   )(이)라고 부른다.

02 지능 에이전트의 특성에 대한 설명으로 옳지 <u>않은</u> 것은?

① 센서를 통해 얻은 값이나 직접 입력받은 데이터를 통해 외부 환경을 감지한다.
② 인공지능을 이용해 정보를 인식하고 판단해 이를 토대로 행동한다.
③ 스스로 판단하여 특정 작업을 수행할 수 있으므로 자율성이 있다.
④ 인간과 시스템과는 상호 작용이 가능하나 다른 지능 에이전트와는 상호 작용이 불가능하다.
⑤ 지능 에이전트는 인식, 판단, 행동의 관점에서 일반적인 에이전트보다 훨씬 복잡한 일을 수행할 수 있다.

03 에이전트, 지능 에이전트 중 다음 예시에 적절한 단어를 한 가지씩 골라 쓰시오.

(1) 인간이 작동시키는 진공 청소기 (   )
(2) 직접 바닥의 먼지량과 공간 형태를 감지해 청소 작업을 하는 로봇 청소기 (   )

04 다음 〈보기〉의 설명에 해당하는 지능 에이전트의 활용 형태를 무엇이라고 하는지 쓰시오.

> **보기**
>
> 음성이나 문자를 통해 인간과 대화하여 특정한 작업을 수행하도록 제작된 지능 에이전트이다. 인간과 친구처럼 대화할 수 있는 기능을 가지고 있어서 이러한 명칭을 갖게 되었다.

개념 확인 문제 〈정답 및 해설〉

> **정답**
>
> **01** 에이전트 **02** ④ **03** (1) 에이전트 (2) 지능 에이전트
> **04** 챗봇 (또는 토크봇, 채터박스, 봇)

> **해설**
>
> **01** 일상생활에서 특정한 역할이나 임무를 대신 처리하는 대리인을 에이전트(Agent)라고 하는데, 컴퓨터 과학 분야에서 인간 대신 반복적이거나 특정한 역할을 자동으로 처리해 주는 자동화 시스템 또한 에이전트라고 부른다.
> **02** 지능 에이전트는 인간과 시스템, 또는 다른 지능 에이전트와 상호 작용이 가능하다. 다른 지능 에이전트들과 상호 작용하는 지능 에이전트를 다중 지능 에이전트라고 부른다.
> **03** 에이전트에 인공지능의 지능적 사고 능력을 결합한 것이 지능 에이전트(Intelligent Agent)다. 지능 에이전트는 센서로 얻은 정보를 인공지능을 이용해 인식하고 판단하며, 이를 토대로 행동한다.
> **04** 챗봇(chatbot) 혹은 채터봇(chatterbot)은 음성이나 문자를 통한 인간과의 대화를 통해서 특정한 작업을 수행하도록 제작되었다. 토크봇(talkbot), 채터박스(chatterbox) 혹은 그냥 봇(bot)이라고도 한다.

시험 대비 문제

01 다음 그림은 자율 주행 자동차 안에서 다양한 지능 에이전트들이 협업하여 기능을 수행하는 모습을 나타낸 것이다. A, B, C에 들어갈 말을 순서대로 고른 것은?

A	차선의 위치를 색상으로 구분해 중심을 계산한다.
B	한쪽 차선으로 치우치지 않았는지 확인 후 핸들의 각도를 정한다.
C	핸들을 돌리거나 고정한다.

A	외부 입력을 인식하면 이를 바탕으로 내부 상태나 정보를 업데이트한다.
B	다른 차량과의 거리를 좁힐지, 늘릴지, 유지할지 결정한다.
C	브레이크와 가속 페달을 조절한다.

A	주위의 밝기를 인지한다.
B	라이트의 밝기를 어느 정도로 조정할지 판단한다.
C	설정한 밝기대로 라이트를 밝힌다.

	A	B	C
①	인식	판단	행동
②	인식	행동	판단
③	판단	인식	행동
④	판단	행동	인식
⑤	행동	판단	인식

02 인공지능의 역할로 볼 수 없는 것은?

① 인공지능은 인간이 해결하기 어려운 복잡한 문제를 빠르게 추론해 해결할 수 있다.
② 인공지능은 자동적인 업무의 생산성을 향상시켜준다.
③ 인공지능은 반복적이고 단순한 일을 대신해 인간의 한계를 보완해준다.
④ 인공지능은 사람들에게 항상 참신한 아이디어를 제공해준다.
⑤ 인간의 삶을 편리하게 해준다.

03 다음 〈보기〉의 설명이 옳을 경우 ○, 그렇지 않을 경우 ×로 답하시오.

> **보기**
>
> 인공지능은 인간이 해결해야 할 문제를 잘 선정하고 정의할 수 있어야 한다.

04 인공지능은 인간과 달리 도덕적, 윤리적 가치 판단을 하기 어렵다. 이러한 특성을 바탕으로 인간은 어떤 역할을 해야 하는지 서술하시오.

05 다음 〈보기〉의 설명이 옳을 경우 ○, 그렇지 않을 경우 ×로 답하시오.

> **보기**
>
> 인간과 인공지능은 잘할 수 있는 것이 서로 다르기 때문에 끊임없이 발전하는 인공지능과 인간이 공존하기 위해서는 각자의 역할에 대해 끊임없이 고민해 보아야 한다.

06 인간과 인공지능이 서로의 장점을 살려 협업한 사례를 두 가지 이상 설명하시오.

07 다음 〈보기〉의 빈칸에 공통으로 들어갈 단어는 무엇인가?

> **보기**
> • 일상생활에서 특정한 역할이나 임무를 대신 처리하는 대리인
> 을 (   )(이)라고 한다.
> • 컴퓨터 과학 분야에서 인간 대신 반복적이거나 특정한 역할을
> 자동으로 처리해 주는 자동화 시스템을 (   )(이)라고 부
> 른다.

08 다음 중 지능 에이전트라고 할 수 없는 것은?

① 인공지능 비서
② 질병 예측 의료 진단 시스템
③ 대화형 영어 학습기
④ 인간이 운전하는 트랙터
⑤ 자율주행 자동차

09 에이전트와 지능 에이전트는 이미 일상 속 다양한 분야에서 활용되고 있다. 에이전트로서와 지능 에이전트로서의 모습을 구분해 에이전트에 해당하는 경우는 '에', 지능 에이전트에 해당하는 경우는 '지'로 구분하시오.

(1) 사람이 손에 들고 움직이는 대로 청소하는 진공청소기
　　　　　　　　　　　　　　　(　　　　　　)

(2) 바닥의 먼지와 공간 형태를 감지해 작업을 스스로 하는 청
소기
　　　　　　　　　　　　　　　(　　　　　　)

(3) 사람이 사전에 정해 놓은 형태의 대화만 가능한 챗봇
　　　　　　　　　　　　　　　(　　　　　　)

(4) 입력된 데이터를 스스로 인식하고 응답을 판단해 말하는
챗봇
　　　　　　　　　　　　　　　(　　　　　　)

10 대표적인 지능 에이전트의 사례로는 자율주행 자동차가 있다. 자율주행 자동차가 차선을 유지하는 과정을 인식, 판단, 행동의 관점에서 구분하여 설명하시오.

- 인식

- 판단

- 행동

11 지능 에이전트에는 단일 에이전트와 다중 에이전트가 있다. 단일 에이전트와 다중 에이전트를 설명하고 각각의 사례를 쓰시오.

〈단일 에이전트〉
- 의미

- 사례

〈다중 에이전트〉
- 의미

- 사례

12 다음 〈보기〉의 빈칸에 공통으로 들어갈 단어는?

보기

지능 에이전트는 (   )(을)를 통해 행동하는데, (   )(은)는 LED, 버저, 모터, 스피커 등과 같이, 판단한 결과를 동작이나 물리적 반응으로 만들어 외부 환경에 전달하는 역할을 한다.

13 인공지능의 역할 및 특징으로 적절하지 <u>않은</u> 것은?

① 인간이 하는 일의 일부를 대신 처리함으로써 삶을 편리하게 해준다.
② 수동화를 통해 생산성을 향상시킨다.
③ 인간이 직접 하기 어려운 일을 함으로써 인간의 한계를 보완해준다.
④ 많은 양의 데이터를 빠르게 처리할 수 있다.
⑤ 다양한 분야에서 문제 요인을 예측하고 제어한다.

14 인공지능 시대에서 인간이 맡아야 할 역할에는 어떤 것이 있을지 세 가지 이상 서술하시오.

(1)

(2)

(3)

15 교육 분야에서 볼 수 있는 인공지능과 인간의 협업의 모습으로 옳지 <u>않은</u> 것은?

① 학생들을 개별적으로 파악해 맞춤형 교육 경험을 제공한다.
② 교사가 학생의 학습 상태를 추적하는 데 도움을 준다.
③ 디지털 교과서를 통한 학습 분석 및 온라인 학습 플랫폼에 사용한다.
④ 학생들에게 획일적인 자료를 제공해 수업 내용을 통일시킨다.
⑤ 챗봇 등을 활용해 학습에 관한 안내를 학생에게 제공한다.

16 인공지능 시대에 자신이 관심 있는 분야에서 인공지능을 적절하게 활용할 수 있는 방안을 충분한 근거와 함께 제시하시오.

• 관심 분야

• 인공지능 활용 방안

기계학습의 이해

학습 목표
- 기계학습의 개념을 설명할 수 있다.
- 지도학습과 비지도학습의 개념을 설명하고 차이를 비교·분석할 수 있다.

1 | 기계학습의 개념

01 문제 해결 방식의 이해

① 전통적인 프로그래밍을 이용한 문제 해결 방식: 주어진 문제 상황에서 문제 해결을 위한 알고리즘 혹은 규칙을 프로그래머가 직접 만들고 이 알고리즘에 데이터를 입력하면 컴퓨팅 시스템은 알고리즘에 따라 처리한 결과를 출력함.

② 인공지능을 이용한 문제 해결 방식
- 사람이 문제 해결을 위한 규칙을 만드는 것이 아닌 인공지능 모델이 스스로 규칙을 발견하여 문제를 해결함.
- 수집된 훈련 데이터가 생성된 인공지능 모델에 입력되면 인공지능 모델은 학습을 통하여 규칙을 발견함.
- 새롭게 학습한 인공지능 모델에 새로운 데이터를 입력하였을 때 인공지능 모델이 예측한 결과를 확인할 수 있음.

02 기계학습(Machine Learning)이란?

- 데이터로 학습한 것을 바탕으로 문제 해결을 위한 최적의 알고리즘을 찾아 특정 작업을 수행하는 인공지능의 한 분야
- 즉, 컴퓨팅 시스템이 데이터로부터 규칙을 학습하여 모델을 만들고, 이를 통해 새로운 데이터에 대한 예측이나 판단을 내리는 것

2 | 기계학습의 유형

- 기계학습은 데이터를 이용하여 학습할 때 정답이 함께 주어지는지의 여부에 따라 지도학습과 비지도학습으로 구분

```
                          기계학습
            ┌─────────────────┴─────────────────┐
         지도학습                              비지도학습
    정답이 있는 데이터를 이용해 학습하는 것        정답이 없는 데이터를 입력하면
                                              컴퓨팅 시스템이 자신만의 방식
                                              으로 유사한 속성값을 갖는 데이
                                              터들끼리 모아 그룹을 만드는 것
       ┌─────────┴─────────┐
     회귀                 분류                      군집
```

지도학습 — 정답이 있는 데이터를 이용해 학습하는 것

- **회귀**
  - 속성들 사이의 상관관계를 표현하는 함수식을 학습 알고리즘을 통해 구하고 그에 따라 특정 값을 예측하는 것
  - 훈련 데이터로 학습한 모델을 이용해 새로운 입력 값에 대한 정답을 예측

- **분류**
  - 고정된 레이블을 나누기 위한 분류 기준을 학습해 새로운 입력이 들어오면 여러 그룹 중 하나로 분류하는 것
  - 훈련 데이터를 이용해 기계학습한 후 새로운 데이터가 어떤 그룹에 속하는지를 판단

비지도학습 — 정답이 없는 데이터를 입력하면 컴퓨팅 시스템이 자신만의 방식으로 유사한 속성값을 갖는 데이터들끼리 모아 그룹을 만드는 것

- **군집**
  - 데이터를 나누기 위한 명확한 기준이 없는 상태에서 주어진 데이터의 특성을 고려해 유사한 데이터 그룹으로 나누는 것

✿ 기계학습에서 학습이란?
해결할 문제와 관련된 충분한 양의 데이터를 모아 학습 알고리즘에 입력한 후 컴퓨팅 시스템이 이를 이용해 인공지능 모델을 만들어내는 과정

✿ 알고리즘
어떤 일을 처리하는 절차나 규칙, 방법을 논리적으로 표현한 것

✿ 강화학습
에이전트가 환경과 상호 작용하면서 보상을 최대화하는 방법을 학습하는 기계학습 유형으로, 에이전트는 환경과 상호 작용을 통해 보상을 받고, 이를 기반으로 정책을 개선해 나가는 것이 목표임. 예를 들어, 알파고(AlphaGo)와 같은 인공지능 바둑 프로그램은 강화학습을 이용하여 최적의 수를 학습함. 또한, 로봇 제어, 게임 AI, 금융 트레이딩 등 다양한 분야에서 활용됨.

✿ 훈련 데이터
학습 모델을 만드는 데 사용하는 데이터(인공지능을 훈련시킬 때 사용하는 데이터)

✿ 테스트 데이터
만들어진 모델의 성능을 테스트할 때 사용하는 데이터

✿ 레이블(Label)
데이터를 구별하는 속성을 레이블이라고 하고, 데이터를 구별하기 위해 정답을 부여하는 과정을 레이블링(labeling)이라고 함.

01 지도학습

• 각 데이터에 대한 정답을 함께 알려주고 학습하는 것으로, 입력 데이터에 정답에 대한 데이터가 함께 주어지기 때문에, 학습 결과에 오류가 있는지 없는지 확실히 파악할 수 있음.

|참고| 지도학습은 정답(Label)이 포함된 데이터를 이용하여 학습하는 방식이며, 대표적인 예로는 이미지 분류(Image Classification)가 있음.

"지난 3년간 아이스크림 매출 데이터를 학습해 보니, 올해 7월에 아이스크림 판매량이 가장 많을 것 같아."

"지난 OO지역의 3년간 최고 기온 데이터를 학습해 보니, 내년의 최고 기온은 46도일 것 같아."

🔺 회귀(예측)의 활용 사례

정상 메일 / 스팸 메일 → 학습 → 생성된 모델 ← 새로운 메일 → 분류 → 정상 메일 / 스팸 메일

🔺 분류의 활용 사례

02 비지도학습

• 정답을 알려주지 않고 데이터만을 제시해 학습하도록 하는 것으로, 비지도학습의 경우 속성별 중요도를 어느 정도로 두느냐에 따라 군집 결과가 다르게 나타날 수 있음.

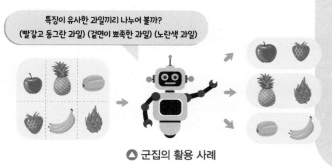

특징이 유사한 과일끼리 나누어 볼까?
(빨갛고 동그란 과일) (겉면이 뾰족한 과일) (노란색 과일)

🔺 군집의 활용 사례

|참고| 비지도학습은 정답이 없는 데이터를 사용하여 유사한 특성을 가진 데이터끼리 그룹화하는 방식이며, 대표적인 예로는 고객 데이터를 기반으로 마케팅 군집을 형성하는 군집 분석(Clustering)이 있음.

점검하기

1 다음은 무엇에 대한 설명인가?

데이터로 학습한 것을 바탕으로 문제 해결을 위한 최적의 알고리즘을 찾아 특정 작업을 수행하는 인공지능의 한 분야다. 즉, 컴퓨팅 시스템이 데이터로부터 규칙을 학습하여 모델을 만들고, 이를 통해 새로운 데이터에 대한 예측이나 판단을 내리는 것을 말한다.

2 다음 괄호 안에 들어갈 말은 무엇인가?

(㉠)(이)란 정답이 있는 데이터를 이용해 학습하는 것이다. 학습 모델을 만드는 데 사용하는 데이터를 (㉡)(이)라고 한다. 만들어진 모델의 성능을 테스트할 때 사용하는 데이터를 (㉢)(이)라고 한다.

3 군집이란 무엇인지 설명하시오.

정답 **1** 기계학습 **2** ㉠ 지도학습, ㉡ 훈련 데이터, ㉢ 테스트 데이터 **3** 데이터를 나누기 위한 명확한 기준이 없는 상태에서 주어진 데이터의 특성을 고려해 유사한 데이터 그룹으로 나누는 것으로, 비지도학습에 해당한다.

개념 확인 문제

01 다음 〈보기〉의 빈칸에 들어갈 단어로 옳은 것은?

보기

데이터로 학습한 것을 바탕으로 문제 해결을 위한 최적의 알고리즘을 찾아 특정 작업을 수행하는 인공지능의 한 분야로, 컴퓨팅 시스템이 데이터로부터 규칙을 학습하여 모델을 만들고, 이를 통해 새로운 데이터에 대한 예측이나 판단을 내리는 것을 (   )(이)라고 한다.

02 다음 〈보기〉의 빈칸에 공통으로 들어갈 단어를 쓰시오.

보기

(   )(이)란 데이터를 구별하는 속성으로, 입력된 값에 대한 정답을 의미한다. 예를 들어, 스팸 메일을 분류하는 기계학습 모델에 데이터의 속성들을 입력했을 때, '스팸 메일'이라는 정답이 붙었다면 이 '스팸 메일'이 (   )(이)가 된다.

03 다음 예시와 관련한 적절한 지도학습 유형을 쓰시오.

(1) 기온과 해가 떠 있는 시간에 따라 지각할 확률 구하기
                                    (   )

(2) 기온과 해가 떠 있는 시간에 따라 계절을 구분하기
                                    (   )

04 다음 〈보기〉의 빈칸 ㉠, ㉡에 들어갈 말을 쓰시오.

보기

기계학습은 데이터를 이용하여 학습할 때 정답이 주어지는지 여부에 따라 (㉠   )(와)과 (㉡   ) 등으로 구분할 수 있다. 각 데이터에 대한 정답을 함께 알려 주고 학습하는 것을 (㉠   ), 정답을 알려 주지 않고 데이터만을 제시해 학습하도록 하는 것을 (㉡   )(이)라고 한다.

㉠

㉡

개념 확인 문제 〈정답 및 해설〉

정답

01 기계학습   **02** 레이블(label)
03 (1) 회귀 (2) 분류   **04** ㉠ 지도학습, ㉡ 비지도학습

해설

01 기계학습(Machine Learning)이란, 데이터로 학습한 것을 바탕으로 문제 해결을 위한 최적의 알고리즘을 찾아 특정 작업을 수행하는 인공지능의 한 분야다. 즉, 컴퓨팅 시스템이 데이터로부터 규칙을 학습하여 모델을 만들고, 이를 통해 새로운 데이터에 대한 예측이나 판단을 내리는 것을 기계학습이라고 한다.

02 레이블(label)에 대한 설명이다. 데이터를 구별하는 속성, 입력된 값에 대한 정답을 의미하며, 데이터를 구별하기 위해 정답을 부여하는 과정을 레이블링(labeling)이라고 한다.

03 최근 며칠간의 기온과 해가 뜨고 지는 데이터를 바탕으로 다음 날 지각할 확률을 예상해 보는 문제는 회귀 알고리즘을 이용해 해결할 수 있다. 데이터 속성의 관계를 파악하고 새로운 데이터가 어느 그룹에 속하는지 알아내 구분하는 것은 분류이다.

04 기계학습은 데이터를 이용하여 학습할 때 정답이 주어지는지 여부에 따라 지도학습과 비지도학습 등으로 구분할 수 있다. 각 데이터에 대한 정답을 함께 알려 주고 학습하는 것을 지도학습, 정답을 알려 주지 않고 데이터만을 제시해 학습하도록 하는 것을 비지도학습이라고 한다.

시험 대비 문제

01 기계학습을 이용한 프로그래밍과 전통적인 프로그래밍 방식 중 아래 설명에 해당하는 프로그래밍 방식을 각각 쓰시오.

(1) "어? 새로운 이미지가 입력되었네? 판단을 위한 특징이나 규칙을 인간이 알려줘야 판단할 수 있어."

(   )

(2) "고양이 이미지들을 봤더니 고양이는 대체로 귀가 작고 뾰족하고 주둥이는 짧은 특징이 있네? 이제 새로운 이미지가 들어오면 고양이인지 강아지인지 판단할 수 있어! "

(   )

02 다음 〈보기〉의 빈칸에 공통으로 들어갈 단어를 쓰시오.

> **보기**
> • (   )(은)는 정답이 있는 데이터를 이용해 학습하는 것이다.
> • (   )(을)를 이용하면 데이터를 학습시켜 결과를 판단하는 모델을 만들 수 있다.
> • (   )에는 회귀와 분류 두 유형이 있다.

03 다음 상황이 설명하는 지도학습 유형은 무엇인가?

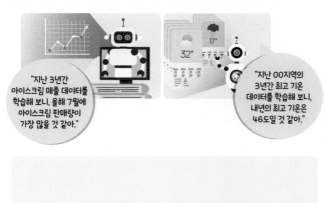

04 다음 상황이 설명하는 지도학습 유형은 무엇인가?

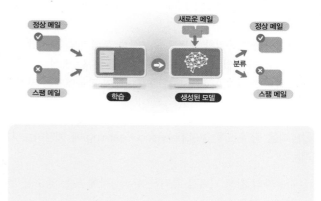

05 다음 상황에 가장 적절한 기계학습 유형은 무엇인가?

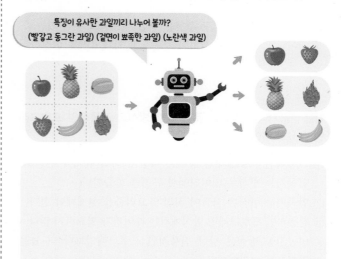

06 기계학습에 대한 설명으로 옳은 것은?

① 사람이 직접 알고리즘을 작성하여 문제를 해결하는 방법이다.
② 데이터를 이용하여 최적의 알고리즘을 찾아 특정 작업을 수행하는 인공지능의 한 분야이다.
③ 컴퓨터 하드웨어를 개선하여 문제 해결 능력을 높이는 과정이다.
④ 컴퓨터가 인터넷에서 정보를 검색하는 방식이다.
⑤ 정해진 규칙 없이 무작위로 문제를 해결하는 방법이다.

07 다음 중 지도학습(Supervised Learning)의 특징으로 적절한 것은?

① 정답이 없는 데이터를 입력하여 컴퓨터가 스스로 그룹을 만드는 방식
② 데이터 입력 시 정답(Label)이 함께 제공되며, 이를 학습하는 방식
③ 강화학습과 동일한 개념으로 보상을 통해 학습하는 방식
④ 특정한 기준 없이 데이터를 무작위로 나누는 방식
⑤ 사람의 개입 없이 자동으로 프로그램이 만들어지는 방식

08 다음 중 지도학습(Supervised Learning)에 해당하는 사례는?

① 사용자의 검색 기록을 분석하여 관심사에 맞는 광고를 추천하는 기능
② 학생들의 성적을 기반으로 비슷한 학습 패턴을 가진 그룹을 찾는 기능
③ 입력된 텍스트가 긍정적인지 부정적인지를 판단하는 감성 분석 기능
④ 소셜 미디어에서 친구 추천을 위한 네트워크 분석 기능
⑤ 데이터의 구조를 분석하여 자동으로 카테고리를 설정하는 기능

09 인공지능을 활용한 문제 해결 방식과 전통적인 프로그래밍 방식의 차이점으로 옳은 것은?

① 전통적인 프로그래밍 방식은 사람이 직접 규칙을 만들고, 인공지능 방식은 데이터에서 규칙을 학습한다.
② 인공지능 방식은 사람이 직접 알고리즘을 설계해야 한다.
③ 전통적인 프로그래밍 방식에서는 데이터가 필요하지 않다.
④ 인공지능 방식은 항상 전통적인 프로그래밍보다 더 높은 정확도를 보장한다.
⑤ 두 방식은 완전히 동일하며 차이가 없다.

10 기계학습에서 훈련 데이터(Training Data, Train Data)의 역할로 가장 적절한 것은?

① 인공지능 모델을 만드는 데 사용되는 데이터
② 인공지능 모델을 평가하는 데 사용되는 데이터
③ 사람이 직접 작성한 프로그램 코드
④ 테스트 데이터를 검증하는 과정에서 활용되는 보조 데이터
⑤ 기계학습과 관계없이 일반적으로 사용되는 데이터

11 기계학습에서 지도학습과 비지도학습의 차이를 설명하고, 각각의 대표적인 예를 하나씩 들어보시오.

12 강화학습(Reinforcement Learning)이란 무엇이며, 어떤 분야에서 주로 활용되는지 설명하시오.

13 인공지능을 활용한 문제 해결 방식이 전통적인 프로그래밍 방식과 비교했을 때 가지는 장점과 단점을 각각 설명하시오.

• 장점

• 단점

14 훈련 데이터(Train Data)와 테스트 데이터(Test Data)에 대한 설명으로 적절한 것은?

① 훈련 데이터는 모델을 평가하는 데 사용된다.
② 테스트 데이터는 학습 과정에서 모델이 학습하는 데이터이다.
③ 훈련 데이터와 테스트 데이터는 동일한 데이터셋을 사용해야 한다.
④ 훈련 데이터로 학습한 모델의 성능을 테스트 데이터로 평가한다.
⑤ 기계학습에서는 테스트 데이터 없이도 모델의 성능을 확인할 수 있다.

15 비지도학습(Unsupervised Learning)의 대표적인 유형 중 하나로, 유사한 속성을 가진 데이터들을 그룹으로 묶는 것은?

① 회귀(Regression)
② 분류(Classification)
③ 군집(Clustering)
④ 강화학습(Reinforcement Learning)
⑤ 퍼셉트론(Perceptron)

16 비지도학습(Unsupervised Learning)에서 데이터를 분석하는 주요 목적으로 가정 적절한 것은?

① 학습 데이터를 기반으로 미리 정의된 정답을 예측하는 것
② 주어진 데이터를 이용해 패턴을 찾아 그룹을 형성하는 것
③ 보상을 최대화하는 방법을 학습하는 것
④ 입력 데이터와 정답을 비교하여 오차를 줄이는 것
⑤ 입력 데이터를 정해진 규칙에 따라 변환하는 것

17 다음 중 인공지능을 이용한 문제 해결 방식에 대한 설명으로 옳은 것은?

① 사람이 직접 알고리즘을 작성하여 문제를 해결한다.
② 인공지능 모델이 학습 없이도 데이터를 분석하고 결론을 도출할 수 있다.
③ 훈련 데이터를 입력하면 인공지능 모델이 스스로 규칙을 발견하여 문제를 해결한다.
④ 인공지능 모델은 모든 문제에서 전통적인 프로그래밍 방식보다 항상 더 높은 성능을 보인다.
⑤ 기계학습을 활용한 모델은 학습 후에도 추가적인 데이터 입력이 필요하지 않다.

18 다음 중 비지도학습(Unsupervised Learning)의 특징으로 가장 적절한 것은?

① 정답(Label)이 있는 데이터를 사용하여 학습한다.
② 입력된 데이터에서 명확한 정답 없이 패턴을 찾아 그룹을 형성한다.
③ 학습 과정에서 보상(Reward)을 받아가며 최적의 행동을 학습한다.
④ 입력 데이터와 정답 데이터가 쌍(일대일 대응)으로 구성되어 있어야 한다.
⑤ 지도학습과 강화학습을 결합한 방식이다.

19 기계학습에서 '분류(Classification)'와 '회귀(Regression)'의 개념을 설명하고, 각각의 대표적인 예를 들어보시오.

20 지도학습과 비지도학습은 사용하는 데이터에 차이가 있다. 두 유형에서 사용하는 데이터의 특징을 차이점을 위주로 설명하시오.

03 기계학습을 이용한 문제 해결

학습 목표 • 기계학습을 활용하여 해결할 수 있는 문제와 그렇지 않은 문제를 구분할 수 있다.
• 기계학습을 이용해 사회 문제를 해결할 수 있다.

1 | 기계학습을 이용해 문제를 해결하기 위한 확인 사항

• 기계학습으로 문제를 해결하려면 문제 상태를 정확히 파악하고 정의할 수 있어야 함.
• 또한, 정의한 문제가 기계학습을 통해 해결할 수 있는 문제인지 확인해야 함.

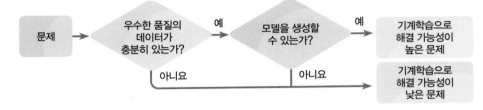

🔺 기계학습으로 해결할 수 있는 문제인지 판단하기

2 | 기계학습 모델을 이용한 문제 해결 과정

1단계	2단계	3단계	4단계	5단계
문제 정의	데이터 탐색 및 전처리	기계학습 유형과 알고리즘 선정	기계학습을 통한 모델 생성	성능 평가

① 1단계: 문제 정의
• 해결하고자 하는 문제가 무엇인지 문제 상황을 분석하고 현재 상태와 목표 상태 정의하기

② 2단계: 데이터 탐색 및 전처리
• 목적에 맞는 데이터를 탐색하고 수집하기, 학습에 적합한 형태로 전처리하기
• 데이터 수집 시 활용하는 사이트

캐글 (http://www.kaggle.com)	전 세계 데이터 과학자들이 데이터 분석 대회를 개최하고 분석 내용을 공유하는 커뮤니티로, 데이터 분석을 위한 데이터셋과 무료 강의 등을 제공
서울 열린 데이터 광장 (https://data.seoul.go.kr/)	서울과 관련된 다양한 분야의 공공 데이터가 제공되는 데이터 포털 사이트
공공 데이터 포털 (https://www.data.go.kr/)	문화, 해양, 역사, 산업, 과학 기술, 정부 오픈 API, 학술 데이터 등의 검색을 제공

➕ 하나 더 플러스 | 표준화와 정규화

정규화(normalization)와 표준화(standardization)는 대표적인 데이터 전처리 방법 중 하나다. 두 방법 모두 데이터의 스케일(범위)을 조정하는 방법이라는 공통점이 있으나, 방식의 차이가 있다.
• 정규화: 정규화는 데이터를 특정 범위로 변환해 범위를 일치시키는 작업이다. 가장 일반적인 방법은 최소−최대 정규화이다. 데이터의 최솟값과 최댓값을 이용해 데이터를 일정 범위 내의 값으로 변환시킨다. 일반적으로는 최솟값을 0, 최댓값을 1로 변환하는 경우가 많다. 데이터에 이상치가 없으며, 분포가 크게 치우쳐 있지 않을 때 유용하다.

Tip 분류 모델을 이용한 '스팸 메일 판별하기'

1단계: 스팸 메일을 일일이 확인하고 삭제하는 것이 불편함.

2단계: 다량의 스팸 메일과 일반 메일의 주소, 내용, 핵심 단어, 문장 등의 속성을 포함한 데이터를 수집하고 전처리함.

3단계: 스팸 메일인지 아닌지 구분해야 하므로 분류 모델을 선정함.

4단계: 학습을 통해 분류 모델이 생성되면 메일이 입력되었을 때 자동으로 기준에 맞추어 스팸 메일인지 아닌지 구분함.

5단계: 스팸 메일을 잘 구분하는지 평가 및 보완함.

⚙ **데이터 전처리**
데이터가 존재하지 않거나 누락된 값을 처리하고, 데이터에서 불필요한 요소를 제거하거나 형식을 변환하여 학습에 적합한 형태로 재구조화하는 기계학습의 핵심 과정 중 하나임. 결측치 처리, 이상치 제거, 데이터 정규화 등 다양한 작업을 포함함.

⚙ **데이터셋(data-set)**
컴퓨터에서 사용할 수 있게 저장한 데이터들의 집합체

• **표준화**: 평균을 0으로, 표준 편차를 1로 변환해 데이터를 조정하는 작업이다. 가장 일반적인 표준화 방법은 Z-점수 표준화이며, 데이터의 각 값에서 평균값을 빼고, 표준 편차로 나누어 변환하는 방법이다. 데이터에 이상치가 있거나, 분포가 한쪽으로 치우쳐 있을 때 유용하다.

③ **3단계 : 기계학습 유형과 알고리즘 선정**

• 목표에 맞는 기계학습의 유형과 적용할 알고리즘 선정하기
• 주요 기계학습 알고리즘

유형	알고리즘	설명
분류	K-최근접 이웃 알고리즘 (K-NN))	새로운 데이터를 분류하기 위해 가장 가까이에 있는 k개의 학습 데이터가 가장 많이 속한 그룹을 따라 분류
	SVM (서포트 벡터 머신, Support Vector Machine)	학습 데이터가 벡터 공간에 위치한다고 가정하고 그 안에서 학습 데이터를 2개의 그룹으로 분류하는 기준선을 찾음
	랜덤 포레스트 (Random Forest)	데이터가 속한 그룹을 귀납적으로 찾아 나가는 모델이며, 의사 결정 트리 알고리즘을 심층적으로 활용
	로지스틱 회귀	데이터가 어떤 범주에 속할지 확률을 0~1 사이의 어떠한 값으로 예측하고, 해당 확률을 이용해 더 높은 클래스에 속하는 것으로 분류하는 알고리즘
회귀	선형 회귀	선형 회귀는 변수 간의 관계를 직선 형태의 수식으로 표현하여, 하나의 입력값으로 결과를 예측하는 기계학습 기법. 선형 회귀는 연속적인 수치 값을 예측하는 것으로 독립 변수(원인)와 종속 변수(결과)의 관계를 직선으로 표현
군집	K-평균 군집(K-Means Clustering)	서로 유사한 데이터끼리 같은 군집으로 묶는 것으로, 그룹 개수를 정한 후(K), 각 데이터로부터 그 데이터가 속한 군집 중심까지의 평균 거리를 최소화시키며 군집을 형성하는 방식

④ **4단계 : 기계학습을 통한 모델 생성**

• 기계학습 모델을 생성하기

➕ 하나 더 플러스 ┃ **기계학습 모델 생성에 활용되는 라이브러리**

• **판다스(pandas)**: 데이터 조작 및 분석을 위한 파이썬 라이브러리로, 표 형식의 데이터를 쉽게 다루도록 해줌.
• **사이킷런(Scikit-Learn)**: 파이썬 프로그래밍 언어 기반의 기계학습을 할 때 사용함. 기계학습 알고리즘을 제공하며 분류, 회귀 등 다양한 모델을 만들 때 사용함.
• **텐서플로(TensorFlow)**: 기계학습 모델 학습을 위한 오픈 소스 라이브러리로, 데이터 흐름 그래프와 대규모 기계 학습 모델을 구축하고 훈련시키는 데 사용
• **파이토치(PyTorch)**: 오픈 소스 기계학습 라이브러리로, 동적인 계산 그래프와 간편한 API를 제공하여 자연어 처리, 컴퓨터 비전 등 다양한 분야에서 활용
• **넘파이(NumPy)**: 벡터 및 행렬 연산을 할 때 사용하는 라이브러리로, 수치 계산을 하기 위해 효율적으로 구현한 함수 기능들을 제공하며, 기본적으로 배열 단위로 데이터를 관리하고 이에 대한 연산을 함.
• **맷플롯립(Matplotlib)**: 데이터를 그래프와 이미지 등의 다양한 형태로 시각화하는 것을 도와주는 라이브러리임. 선 그래프, 꺾은선 그래프, 산점도, 막대 그래프, 히스토그램 등의 여러 형태로 시각화할 수 있음.

⑤ 5단계: 성능 평가
• 사용한 기계학습 모델이 적합했는지, 원하는 결과가 나오는지 성능 평가, 보완하기

➕ **하나 더 플러스** **과소적합과 과대적합**

❶ **과소적합(Underfitting):** 모델이 데이터의 패턴을 제대로 학습하지 못해 훈련 데이터에서도 낮은 성능을 보이는 현상
• **특징:** 훈련 정확도도 낮고, 테스트 정확도도 낮음. 모델이 데이터를 제대로 이해하지 못함.
❷ **과대적합(Overfitting):** 모델이 많은 학습으로 훈련 데이터에 맞춰져 있어 새로운 데이터(테스트 데이터)에 대한 예측력이 떨어지는 현상
• **특징:** 훈련 정확도는 매우 높으나 테스트 정확도는 낮음. 모델이 데이터의 노이즈까지 외워버림.
❸ **과적합 방지 방법**
• **데이터를 더 많이 확보하여 학습:** 훈련 데이터의 양을 증가시키면 모델이 특정 데이터에 지나치게 최적화되는 것을 방지할 수 있음.
• **정규화 기법 활용(L1, L2 정규화):** 모델의 복잡도를 줄이기 위해 가중치 값에 패널티를 부여하는 방식
• **드롭아웃(Dropout) 기법 사용:** 학습 중 일부 뉴런을 무작위로 제외하여 과적합을 방지
• **교차 검증(Cross Validation) 활용:** 데이터를 여러 개의 부분으로 나누어 반복 학습을 진행하면 과적합을 방지

• 모델 성능 평가 주요 지표
– 결정 계수(R^2 Score): 회귀 모델의 성능을 평가하는 주요 지표로, 0~1 사이의 값으로 나타내며, 1에 가까울수록 모델의 예측력이 좋음을 의미
– 정확도(Accuracy): 분류 모델 성능 평가에 활용되는 대표적인 통곗값으로, 전체 예측 결과 중에 정확한 예측의 비율. 분류 모델의 정확도가 높을수록 테스트 데이터에 대한 결과를 정확하게 예측할 수 있는 모델을 의미
– 실루엣 계수: 군집 모델의 성능 평가에서 활용하는 지표로, 실루엣 계수는 −1에서 1 사이의 값을 가지며 1에 가까울수록 근처 군집과 멀리 떨어져 있음을, 0에 가까울수록 근처 군집과 가까움을 의미함. −(마이너스)이면 아예 다른 군집에 데이터가 할당됐음을 의미

⚙ **분류 모델 평가 지표**
정확도 이외에, 정밀도, 재현율, F1 점수(F1 Score)가 있음.
• 정밀도(Precision): 모델이 positive(양성)라고 예측한 것들 중에서 실제로 정답이 positive(양성)인 비율
• 재현율(Recall): 실제로 정답이 positive(양성)인 것들 중에서 모델이 positive(양성)라고 예측한 비율
• F1 점수(F1 Score): 정밀도와 재현율의 조화 평균

📝 **점검하기**

❶ **다음 괄호 안에 들어갈 말은 무엇인가?**

데이터에서 불필요한 요소를 제거하거나 형식을 변환하는 과정으로, 모델 학습을 원활하게 하기 위해 수행되는 단계를 (   )(이)라고 한다. 이것은 기계학습의 핵심 과정 중 하나로, 결측치 처리, 이상치 제거, 데이터 정규화 등 다양한 작업을 포함한다.

❷ **다음 괄호 안에 들어갈 말은 무엇인가?**

기계학습 모델의 성능을 평가하는 대표적인 지표 중 하나로, 회귀 모델의 성능을 측정하는 데 사용되며 0에서 1 사이의 값을 가지는 것은 (   )(이)다. 1에 가까울수록 모델이 데이터를 잘 설명한다는 의미이다.

❸ **다음 괄호 안에 들어갈 말은 무엇인가?**

데이터를 학습할 때, 다른 속성의 값과 크기 차이가 커서 학습에 영향을 주는 문제를 해결하기 위해 데이터를 일정한 범위로 변환하는 기법을 (   )(이)라고 한다. 이것은 데이터의 값을 일정한 범위(예: 0~1)로 변환하여 모델이 특정 속성의 크기에 의해 영향을 받지 않도록 하는 과정이다.

정답 ❶ 데이터 전처리(Data Preprocessing) ❷ 결정 계수(R^2 Score) ❸ 정규화(Normalization)

개념 확인 문제

01 다음 〈보기〉의 빈칸에 들어갈 단어로 옳은 것은?

> **보기**
>
> 지도학습 모델 중 하나로, 데이터가 어떤 범주에 속할지 확률을 0~1 사이의 어떠한 값으로 예측하고, 해당 확률을 이용해 더 높은 클래스에 속하는 것으로 분류하는 알고리즘을 _____(이)라고 한다.

02 다음 〈보기〉의 빈칸에 들어갈 단어로 옳은 것은?

> **보기**
>
> 지도학습에서 사용되는 두 가지 주요 학습 방법은 _____ (와)과 _____(이)다.

03 지도학습과 비지도학습에 대한 설명으로 올바른 것은?

① 지도학습은 사람이 직접 데이터를 입력하지 않는 방식이다.
② 비지도학습은 정답 데이터(레이블)가 포함된 데이터를 활용한다.
③ 지도학습은 정답 데이터가 포함된 데이터를 이용하여 학습한다.
④ 비지도학습은 정해진 규칙을 바탕으로 데이터를 분류하는 과정이다.
⑤ 지도학습과 비지도학습의 차이는 없다.

04 다음 중 기계학습을 이용해 문제를 해결할 때 필요한 과정을 올바르게 나열한 것은?

① 문제 정의 → 데이터 탐색 및 전처리 → 기계학습 알고리즘 선정 → 모델 생성 → 성능 평가
② 모델 생성 → 기계학습 알고리즘 선정 → 데이터 탐색 및 전처리 → 문제 정의 → 성능 평가
③ 데이터 탐색 및 전처리 → 문제 정의 → 모델 생성 → 성능 평가 → 기계학습 알고리즘 선정

④ 성능 평가 → 모델 생성 → 문제 정의 → 기계학습 알고리즘 선정 → 데이터 탐색 및 전처리
⑤ 기계학습 알고리즘 선정 → 문제 정의 → 데이터 탐색 및 전처리 → 성능 평가 → 모델 생성

05 다음 〈보기〉의 괄호 안에 들어갈 내용을 쓰시오.

> **보기**
>
> 기계학습에서 군집(Clustering) 기법을 사용할 때, 주어진 데이터를 여러 개의 그룹으로 나누고 각 그룹의 중심점을 기준으로 반복적으로 조정하는 알고리즘을 _____(이)라고 한다.

개념 확인 문제 〈정답 및 해설〉

정답

01 로지스틱 회귀(Logistic Regression)
02 분류(Classification), 회귀(Regression)　　**03** ③
04 ①　　　**05** K-평균 군집(K-Means Clustering)

해설

01 로지스틱 회귀는 분류(Classification) 문제에 사용되는 지도학습 알고리즘이다. 주어진 데이터를 바탕으로 주로 시그모이드 함수(Sigmoid Function)를 활용하여 특정 범주에 속할 확률을 예측한다.
02 지도학습은 정답(레이블)이 있는 데이터를 학습하는 방식이며, 대표적인 기법으로 분류(Classification)와 회귀(Regression)가 있다. 분류는 카테고리별로 데이터를 나누고, 회귀는 연속적인 값을 예측하는 데 사용된다.
03 지도학습은 정답 데이터(레이블)가 주어진 상태에서 학습을 진행하며, 비지도학습은 정답 데이터 없이 패턴을 찾아 데이터를 분류한다.
04 기계학습을 활용한 문제 해결 과정은 '문제 정의 → 데이터 탐색 및 전처리 → 기계학습 알고리즘 선정 → 모델 생성 → 성능 평가' 순으로 진행된다.
05 K-평균 군집(K-Means Clustering)은 비지도학습의 대표적인 알고리즘 중 하나로, 주어진 데이터에서 K개의 중심점을 설정한 후, 데이터를 가장 가까운 중심점과 묶어 군집을 형성하는 방식이다. 반복적인 조정을 통해 최적의 군집을 형성한다.

01 다음 〈보기〉의 빈칸에 들어갈 단어로 옳은 것은?

보기

기계학습 모델을 학습시키기 전에 데이터의 이상치를 확인하고 제거하거나 수정하는 과정으로, 모델의 정확도를 높이기 위해 수행되는 필수 작업을 (   )(이)라고 한다.

02 다음 〈보기〉의 빈칸에 들어갈 단어로 옳은 것은?

보기

기계학습에서 학습 데이터와 테스트 데이터의 성능 차이가 큰 경우, 훈련 데이터에 과적합된 모델을 일반화하기 위해 사용하는 방법 중 하나로, 모델의 복잡도를 줄이기 위해 가중치 값에 패널티를 부여하는 기법을 _____(이)라고 한다.

03 다음 중 기계학습의 정의로 가장 적절한 것은?

① 데이터를 활용하여 새로운 데이터를 무작위로 생성하는 기술
② 데이터를 학습하여 문제 해결을 위한 최적의 알고리즘을 찾는 인공지능의 한 분야
③ 사람의 명령에 따라 정해진 규칙을 실행하는 프로그램
④ 사전 입력된 정보만을 기반으로 결과를 출력하는 데이터 분석 기법
⑤ 무작위적인 입력을 통해 데이터를 분류하는 방법의 한 분야이다.

04 다음 중 비지도학습에 해당하는 기법은?

① 회귀 분석
② 의사결정 트리
③ 로지스틱 회귀
④ 군집 분석
⑤ 랜덤 포레스트

05 다음 중 군집(Clustering)의 활용 사례로 적절하지 않은 것은?

① 고객의 소비 패턴을 분석하여 맞춤형 광고 제공
② 학생의 성적을 바탕으로 상 · 중 · 하위 그룹으로 구분
③ SNS 조회 기록을 기반으로 비슷한 성향의 게시물 추천
④ 버스 노선 결정 시 인구 밀집도를 분석하여 최적의 노선 결정
⑤ 특정 환자의 병명을 예측하여 진단하는 모델 구축

06 영화 평점 데이터를 기반으로 관객의 선호도를 분석하는 경우, 가장 적절한 기계학습 기법은?

① 회귀 분석
② 군집 분석
③ 강화 학습
④ 로지스틱 회귀
⑤ 의사결정 트리

07 K-평균 군집(K-Means Clustering) 알고리즘의 기본 원리로 가장 적절한 것은?

① 데이터를 미리 정해진 클래스로 분류하는 방법
② 데이터의 중심점을 기준으로 군집을 형성하는 방법
③ 이전의 행동 데이터를 기반으로 최적의 행동을 학습하는 방법
④ 데이터의 순서를 고려하여 연속적인 패턴을 분석하는 방법
⑤ 데이터 간의 관계를 그래프 형태로 변환하여 학습하는 방법

08 다음 중 군집화 결과의 품질을 평가하는 데 사용되는 지표로 가장 적절한 것은?

① 손실 함수 값(Loss Function)
② 결정 계수(R² Score)
③ 실루엣 계수(Silhouette Score)
④ 평균 절대 오차(Mean Absolute Error)
⑤ 평균 제곱 오차

09 자동차의 연료 소비량을 기반으로 CO_2 배출량을 예측하는 기계학습 모델의 유형은?

① 회귀(Regression)
② 분류(Classification)
③ 군집(Clustering)
④ 강화 학습(Reinforcement Learning)
⑤ 이상 탐지(Anomaly Detection)

10 다음 중 로지스틱 회귀(Logistic Regression)를 적용하기에 가장 적절한 문제는?

① 영화의 흥행 수익을 예측하는 문제
② 고객의 구매 금액을 예측하는 문제
③ 학생의 성적을 숫자로 예측하는 문제
④ 이메일이 스팸인지 아닌지를 판별하는 문제
⑤ 신축 아파트의 가격을 예측하는 문제

11 기계학습을 이용해 문제를 해결할 때 가장 먼저 해야 할 작업은?

① 데이터를 전처리하여 분석하기
② 문제 상황을 분석하고 정의하기
③ 모델을 생성하고 학습시키기
④ 학습된 모델의 성능을 평가하기
⑤ 데이터의 특징을 시각화하여 확인하기

12 다음 중 분류(Classification) 문제에 해당하는 사례는?

① 고객의 소비 패턴을 분석하여 세 가지 유형으로 나누는 문제
② 주어진 집의 면적과 위치를 기반으로 매매 가격을 예측하는 문제
③ 기업의 연간 매출 변화를 분석하여 미래 매출을 예측하는 문제
④ 이메일이 스팸인지 아닌지를 판별하는 문제
⑤ 소셜 미디어 게시글의 감성을 분석하여 긍정적 또는 부정적으로 평가하는 문제

13 회귀(Regression) 모델이 가장 적합한 문제는?

① 영화의 장르를 구별하는 문제
② 학생의 출석률을 기준으로 학업 성취도를 세 그룹으로 나누는 문제
③ 자동차 연료 사용량을 기반으로 CO_2 배출량을 예측하는 문제
④ 공장에서 생산된 제품이 정상인지 불량인지 판단하는 문제
⑤ 사용자의 검색 기록을 바탕으로 비슷한 성향의 콘텐츠를 추천하는 문제

14 기계학습의 문제 해결 과정 중 '데이터 전처리' 과정에서 수행하는 작업이 아닌 것은?

① 결측치 처리
② 데이터 정규화
③ 기계학습 모델 생성
④ 이상치 탐지 및 제거
⑤ 데이터 변환

15 군집(Clustering) 기법이 적절하게 사용된 예시는?

① 사진 속 인물을 인공지능이 자동으로 분류하는 얼굴 인식 시스템
② 학생들의 성적을 바탕으로 학습 수준이 비슷한 그룹으로 나누는 시스템
③ 새로운 제품의 수요를 예측하여 생산량을 조절하는 시스템
④ 주식 시장의 변동성을 분석하여 미래의 주가를 예측하는 시스템
⑤ 특정 질병의 증상 데이터를 바탕으로 환자를 진단하는 시스템

16 기계학습에서 '과대적합(Overfitting)'이 발생하는 원인으로 적절한 것은?

① 훈련 데이터가 너무 적어서 모델이 학습하지 못하는 경우
② 모델이 훈련 데이터에 너무 맞춰져 일반화 성능이 떨어지는 경우
③ 새로운 데이터가 훈련 데이터와 완전히 같은 경우
④ 테스트 데이터가 훈련 데이터보다 훨씬 많은 경우
⑤ 훈련 데이터의 정답이 잘못 입력된 경우

17 다음 중 인공지능이 글로벌 공공선(Global Public Good)을 위해 활용될 수 있는 사례로 가장 적절한 것은?

① 사용자의 인터넷 검색 기록을 배제해 모두에게 통일된 광고를 제공하는 시스템
② 인공지능을 이용한 주식 거래 자동화 프로그램
③ 인공지능을 활용한 가짜 뉴스 생성 알고리즘
④ 인공지능 기반의 기후 변화 예측 및 환경 보호 시스템
⑤ 사용자 데이터를 수집하여 기업의 마케팅 전략을 최적화하는 시스템

18 다음 중 기계학습을 활용한 문제 해결이 <u>어려운</u> 경우는?

① 충분한 데이터를 확보하기 어려운 경우
② 정답 데이터(레이블)가 명확한 경우
③ 모델을 생성할 수 있는 경우
④ 데이터에 규칙성이 있는 경우
⑤ 데이터의 양이 많고 정제된 경우

19 기계학습을 이용하여 문제를 해결하는 과정은 일반적으로 다섯 단계로 이루어진다. 이 과정을 순서대로 쓰시오.

20 과대적합(Overfitting)과 과소적합(Underfitting)의 차이를 설명하고, 과적합을 방지하는 방법을 두 가지 이상 제시하시오.

21 인공지능이 기후 변화 문제 해결에 어떻게 활용될 수 있는지 설명하시오.

22 군집(Clustering)과 분류(Classification)의 차이를 설명하시오.

23 데이터 전처리의 중요성을 설명하고, 주요 작업을 세 가지 이상 제시하시오.

24 자율주행 자동차가 기계학습을 활용하는 방식을 설명하시오.

25 다음 중 기계학습 모델 생성을 위한 파이썬 라이브러리가 아닌 것은?

① 사이킷런(Scikit-learn) ② 텐서플로(TensorFlow)
③ 판다스(Pandas) ④ 맷플롯립(Matplotlib)
⑤ 파이토치(PyTorch)

26 다음 중 사이킷런(Scikit-learn)을 이용해 선형 회귀(Linear Regression) 모델을 생성하는 코드로 올바른 것은? (단, 데이터와 정답 데이터를 각각 X, y로 정함.)

① model = LinearRegression( ).fit(X, y)
② model = linear_regression(X, y)
③ model = LinearRegression.fit(X, y)
④ model = LinearRegression( ).train(X, y)
⑤ model = model.LinearRegression( ).fit(X, y)

27 다음 코드 실행 후, X_train, X_test, y_train, y_test 변수에 저장되는 데이터의 비율로 올바른 것은? (단, 데이터와 정답 데이터를 각각 X, y로 정함.)

```
from sklearn.model_selection import train_test_split

X_train, X_test, y_train, y_test = train_test_split(X, y, test_size=0.3, random_state=10)
```

① 훈련 데이터 30%, 테스트 데이터 70%
② 훈련 데이터 50%, 테스트 데이터 50%
③ 훈련 데이터 70%, 테스트 데이터 30%
④ 훈련 데이터 60%, 테스트 데이터 40%
⑤ 훈련 데이터 80%, 테스트 데이터 20%

28 다음 〈보기〉의 빈칸에 들어갈 단어로 옳은 것은? (단, 데이터와 정답 데이터를 각각 X, y로 정함.)

보기

다음 코드는 데이터 전처리 과정에서 사용되는 방법 중 하나로, 0에서 1 사이의 값으로 변환하는 기법을 적용하고 있다. 이 기법을 _____(이)라고 한다.

```
from sklearn.preprocessing import MinMaxScaler

scaler = MinMaxScaler( )
X_scaled = scaler.fit_transform(X)
```

29 다음 〈보기〉의 빈칸에 들어갈 단어로 옳은 것은?

보기

기계학습에서 모델의 성능을 평가하는 대표적인 방법으로, 회귀 모델의 예측력이 얼마나 좋은지를 나타내는 지표를 _____(이)라고 한다.

30 다음 코드에서 predict( ) 함수는 어떤 역할을 하는지 설명하시오.

```
y_pred = model.predict(X_test)
```

대단원 마무리 문제

선택형

★

01 다음 중 비지도학습에 가장 적합한 상황으로 옳은 것은?

① 기존의 분류 결과를 학습해 새로운 메일이 스팸인지 아닌지 확인하고 분류하는 상황

② 기존의 붓꽃 종류별 이미지를 학습해 새로운 붓꽃 이미지가 어느 종인지 분류하는 상황

③ 여러 속성을 토대로 주택의 가격을 예측하는 상황

④ 고객의 성향대로 그룹을 묶어 고객들의 유형을 몇 가지로 세분화하는 상황

⑤ 현재까지의 기온 정보를 토대로 내일의 기온 정보를 예측하는 상황

★

02 다음 중 파이썬을 이용한 기계학습 과정에서 주로 사용되는 라이브러리가 아닌 것은?

① NumPy   ② Pandas

③ TensorFlow   ④ random

⑤ matplotlib

★

03 K-평균 알고리즘을 사용할 수 있는 기계학습 유형으로 옳은 것은?

① 딥러닝   ② 회귀

③ 분류   ④ 군집

⑤ 예측

★

04 기계학습 모델의 성능을 평가하는 지표가 아닌 것은?

① 정확도   ② 정밀도

③ 재현율   ④ 워드 프로세싱 속도

⑤ R^2 점수

★

05 다음 중 지능 에이전트의 기본적인 역할로 옳은 것은?

① 데이터베이스에서 데이터를 저장하는 역할

② 외부 환경을 인식하고 판단하여 적절한 행동을 수행하는 역할

③ 단순한 계산만을 반복적으로 수행하는 역할

④ 하드웨어의 성능을 향상시키는 역할

⑤ 프로그래밍 코드를 디버깅해주는 역할

★

06 다음 중 지능 에이전트의 주요 특성이 아닌 것은?

① 자율성

② 학습 능력

③ 물리적 로봇의 형태

④ 환경과의 상호 작용

⑤ 외부의 값 인식

★

07 지도학습과 비지도학습의 차이점으로 옳은 것은?

① 지도학습은 정답(label)이 있는 데이터를 학습하고, 비지도학습은 정답 없이 데이터를 군집화하는 방식이다.

② 지도학습은 모델이 데이터를 수집하는 과정이고, 비지도학습은 모델을 학습하는 과정이다.

③ 지도학습은 신경망을 사용하고, 비지도학습은 신경망을 사용하지 않는다.

④ 지도학습은 데이터를 분석하는 데 사용되지 않는다.

⑤ 지도학습의 하위 항목으로 비지도학습과 기계학습이 존재한다.

★

08 회귀 모델의 활용 예시가 아닌 것은?

① 주택 가격 예측하기

② 키에 따른 몸무게 예측하기

③ 고객을 세 그룹으로 분류하기

④ 주식 시장의 가격 예측하기

⑤ 이전의 음악 순위를 파악한 후 음악 순위 예측하기

★
09 기계학습 모델을 학습시킬 때, 주어진 데이터를 학습 데이터와 테스트 데이터로 나누는 이유로 가장 적절한 것은?

① 훈련 데이터를 여러 번 사용하기 위해
② 모델이 기존 데이터만 기억하게 하기 위해
③ 새로운 데이터에 대한 예측력을 평가하기 위해
④ 모델의 훈련 속도를 높이기 위해
⑤ 모델의 가중치를 더 쉽게 조정하기 위해

★★
10 다음 중 파이썬에서 훈련 데이터와 테스트 데이터를 나누는 올바른 코드로 적절한 것은?

① X_train, X_test, y_train, y_test = split.train_test(X, y, test_size=0.3)
② train_test_split(X, y, train_size=0.7, shuffle=True)
③ X_train, X_test, y_train, y_test = train_test_split(X, y, test_size=0.3, random_state=42)
④ X_train, X_test, y_train, y_test = train_test_split(X, test_size=0.7, random_state=42)
⑤ X_train, X_test, y_train, y_test = train_test_split(X, y, test_size=0.5, shuffle=False)

★★
11 기계학습에서 데이터 전처리(Data Preprocessing)의 주요 목적이 <u>아닌</u> 것은?

① 데이터를 정제하여 모델 학습을 더 효과적으로 만들기 위해
② 데이터의 크기 차이를 줄여 모델의 성능을 높이기 위해
③ 데이터의 특성을 손상시키지 않고 변환하여 모델의 예측력을 향상시키기 위해
④ 모델이 모든 데이터를 빠르게 학습하도록 데이터를 최대한 줄이기 위해
⑤ 결측치와 이상치를 처리하여 데이터의 질을 높이기 위해

★★
12 다음 프로그램 코드 실행 후 y_pred의 값이 가지는 의미로 적절한 것은?

프로그램
```
from sklearn.linear_model import LinearRegression

model = LinearRegression( )
model.fit(X_train, y_train)
y_pred = model.predict(X_test)
```

① 테스트 데이터(X_test)에 대한 예측 값
② 훈련 데이터(X_train)의 실제 값
③ 훈련 데이터(X_train)의 예측 값
④ 회귀 모델의 결정 계수(R^2 Score)
⑤ 회귀 모델의 손실 함수 값

★
13 다음 중 사이킷런(Scikit-learn)에서 제공하는 기계학습 모델이 아닌 것은?

① Linear Regression( )
② DecisionTreeClassifier( )
③ KMeans( )
④ NeuralNetwork( )
⑤ RandomForestClassifier( )

★★
14 다음 프로그램 코드에서 test_size=0.2의 의미로 적절한 것은?

프로그램
```
from sklearn.model_selection import train_test_split

X_train, X_test, y_train, y_test = train_test_split(X, y, test_size=0.2, random_state=42)
```

① 전체 데이터의 20%를 훈련 데이터로 사용한다.
② 전체 데이터의 20%를 테스트 데이터로 사용한다.
③ 20개의 데이터를 무작위로 선택하여 훈련 데이터로 사용한다.
④ 20개의 데이터를 무작위로 선택하여 테스트 데이터로 사용한다.
⑤ 전체 데이터를 20등분하여 나눈다.

15 기계학습을 활용하여 '이메일이 스팸인지 아닌지'를 판별하는 문제는 어떤 유형의 학습 방법에 해당하는가?

① 군집 분석(Clustering)
② 회귀(Regression)
③ 분류(Classification)
④ 강화 학습(Reinforcement Learning)
⑤ 비지도학습(Unsupervised Learning)

단답형

16 기계학습을 이용한 문제 해결 과정의 절차를 순서대로 나열하시오.

(1) 기계학습 유형과 알고리즘 선정
(2) 데이터 탐색 및 전처리
(3) 문제 정의
(4) 기계학습을 통한 모델 생성
(5) 성능 평가

17 기계학습 모델에서 훈련 데이터를 학습할 때 발생할 수 있는 대표적인 문제 두 가지(과대적합, 과소적합)에 대해 설명하고, 과적합을 방지하는 방법 두 가지를 제시하시오.

18 다음 빈칸에 들어갈 말로 알맞은 것은?

기계학습 모델을 평가할 때, 훈련 데이터에서는 높은 정확도를 보이지만 새로운 데이터에서는 성능이 떨어지는 문제를 _____(이)라고 한다.

서술형

19 인공지능 시대에서 인간이 맡아야 할 역할을 두 가지 이상 서술하시오.

20 미래 사회에서 기계학습 기술이 어떻게 발전하고 활용될지에 대해 자신의 생각을 서술하시오.

★★
21 기계학습 기술이 사회에 미치는 긍정적 영향과 부정적 영향에 대해 서술하시오.

★★
22 인공지능과 기계학습의 관계에 대해 설명하고, 기계학습이 인공지능 발전에 기여한 바를 서술하시오.

★★
23 기계학습 모델 개발 시 발생할 수 있는 윤리적 문제점들을 지적하고, 이를 해결하기 위한 방안을 제시하시오.

[24~25] 다음 프로그램 코드를 보고 물음에 답하시오.

⚙ **프로그램**
```
from sklearn.linear_model import LinearRegression

model = LinearRegression( )
model.fit(X_train, y_train)
y_pred = model.predict(X_test)
```

★★
24 위에서 사이킷런(Scikit-learn) 라이브러리의 train_test_split( )을 사용하는 이유를 설명하시오.

★★
25 위에서 random_state=42를 설정하는 이유를 설명하시오.

V

디지털
문화

01 | 디지털 기술과 진로 설계

02 | 정보 공유와 보호

03 | 정보 보안과 디지털 윤리

01 디지털 기술과 진로 설계

학습 목표
• 디지털 기술이 사회에 미치는 영향력을 분석할 수 있다.
• 디지털 기술의 발전 방향을 예측하여 진로를 설계할 수 있다.

1 | 디지털 기술

01 디지털 기술의 개념

• 디지털 기술이란 디지털 정보를 처리하고 저장 및 전송하는 장치를 연구, 개발하는 기술
• 대표적인 디지털 기술에는 인공지능, 빅데이터, 클라우드 컴퓨팅, 사물 인터넷 등이 있음.

인간의 지능을 컴퓨터로 구현한 것으로, 인간의 지능이 가지는 인식, 탐색, 추론, 학습 등의 능력을 이용하여 문제를 해결하는 기술

기존 데이터베이스를 뛰어넘는 대량의 데이터로부터 가치를 창출하고 수집, 발굴, 분석을 지원하는 기술

사용자의 관리 없이 서버나 데이터 저장 장치, 응용 프로그램, 컴퓨팅 파워와 같은 컴퓨팅 시스템 자원을 필요 시 바로 제공하는 인터넷 기반의 컴퓨팅 서비스

각종 사물에 센서와 통신 기능을 내장하여 다른 기기나 시스템과 데이터를 주고받을 수 있는 기술

02 디지털 기술과 사회 변화

• 디지털 기술의 발전은 의료 분야, 교육 분야, 산업 분야, 금융 분야 등 사회 여러 분야의 모습을 새롭게 변화시킴.
• 사물 인터넷의 발전: 인간과 인간, 인간과 사물, 사물과 사물 간의 연결을 더욱 확대시킴.
• 인공지능과 빅데이터의 발전: 스마트팩토리, 스마트팜, 산업, 행정, 교육 등 다양한 분야의 발전에 기여
• 디지털 사회는 초연결, 초지능, 초융합의 특징을 보임.

⚙ 디지털 기술의 종류
• 인공지능
• 사물 인터넷
• 빅데이터
• 클라우드 컴퓨팅
• 가상 현실
• 증강 현실
• 블록체인
• 양자 컴퓨터 등

⚙ 가상 현실(Virtual Reality, VR)
컴퓨터 그래픽과 특수 소프트웨어를 사용하여 실제 같은 환경을 만들어 내는 기술

⚙ 증강 현실(Augmented Reality, AR)
실제 세계에 가상의 객체와 정보를 합성하여 보여주는 기술

⚙ 양자 컴퓨터
0과 1을 동시에 포함할 수 있는 상태인 큐비트(qubit)와 양자역학적 현상을 활용하는 컴퓨터로 기존 컴퓨터의 한계를 뛰어넘는 컴퓨터

⚙ 초연결
네트워크로 사람-사람, 사람-사물, 사물-사물이 연결되어 통신할 수 있는 상태

⚙ 초지능
학습된 수준을 넘어 환경과 상호 작용하는 인공지능

⚙ 초융합
여러 가지 기술이나 산업, 지식, 학문 등이 결합해 새로운 산업이나 지식이 출현하는 것

디지털 기술이 사회에 미치는 영향

교육 분야
인공지능으로 개인 맞춤형 학습이 가능해진다.

의료 분야
사물 인터넷으로 의료 장비나 환자의 모니터링이 가능하고, 빅데이터를 이용하여 의료 데이터를 분석할 수 있다. 인공지능으로 질병을 감지하거나 진단할 수 있다.

산업 분야
빅데이터와 인공지능을 활용함으로써 공장의 생산 라인이 최적화된다.

금융 분야
인공지능이 은행원의 업무를 대체하거나, 블록체인 기술로 가상 화폐를 안전하게 거래한다.

2 | 직업의 변화와 진로 설계

01 사회 변화와 직업

- 4차 산업혁명 시대에서 디지털 기술이 발전하며 데이터 과학자, 데이터 엔지니어, 소프트웨어 개발자, 인공지능 개발자 등에 대한 관심이 커짐.

산업혁명 시대
공장 근로자

정보화 시대
정보 통신 분야 직업

4차 산업혁명
인공지능 관련 직업

🔺 사회 변화에 따른 관심 직업의 변화

02 디지털 기술과 진로

- 기계의 등장: 인간이 기계를 직접 조작
- 컴퓨터의 등장: 인간이 컴퓨터를 활용하여 기계 조작
- 디지털 기술에 의해 대체될 가능성이 큰 직업: 고객 상담원, 단순 반복적인 직업, 기술직
- 진로 선택 시 고려 사항: 나의 적성, 나의 흥미, 유망 직종, 자격 조건, 직업의 미래 존재 여부 등

✿ 블록체인
가상 화폐로 거래할 때 발생할 수 있는 해킹을 막는 기술로, 공공 거래 장부라고도 함.

Tip 3차 산업혁명
20세기 중후반 컴퓨터, 인터넷 등의 정보 통신 기술 발전을 기반으로 한 산업혁명

✿ 4차 산업혁명
인공지능, 빅데이터, 사물 인터넷, 클라우드 컴퓨팅 등의 핵심 기술을 통해 디지털 기반 신기술(AI, IoT, 빅데이터 등)로 융합되는 산업혁명

📋 점검하기

1 다음은 무엇에 대한 설명인가?

디지털 정보를 처리하고 저장 및 전송하는 장치를 연구, 개발하는 기술이다.

2 다음 괄호 안에 들어갈 말은 무엇인가?

(   )의 발전은 인간과 인간, 인간과 사물, 사물과 사물 간의 연결을 더욱 확대시킨다.

3 디지털 기술의 발전에 따른 미래 사회의 세 가지 특징은 무엇인가?

정답 **1** 디지털 기술 **2** 사물 인터넷(IoT) **3** 초융합, 초지능, 초연결

개념 확인 문제

01 다음 중 디지털 기술로 볼 수 <u>없는</u> 것은??

① 인공지능
② 사물 인터넷
③ 클라우드 컴퓨팅
④ 빅데이터
⑤ 카세트 테이프

02 인간의 지능을 컴퓨터로 구현하고자 하는 디지털 기술은?

① 인공지능
② 사물 인터넷
③ 클라우드 컴퓨팅
④ 빅데이터
⑤ 양자 컴퓨터

03 디지털 기술에 의한 사회 변화와 관련이 <u>없는</u> 것은?

① 오래 걸리던 작업이 인공지능으로 인해 시간이 단축되었다.
② 화재나 교통사고 등의 영화 장면을 컴퓨터 그래픽으로 해결할 수 있다.
③ 인공지능으로 개인 맞춤형 학습이 가능해진다.
④ 헬리콥터로 논에 농약을 뿌린다.
⑤ 인공지능이 은행원의 업무를 대체한다.

04 인공지능과 빅데이터에 관한 관심이 커지면서 함께 관심이 증가한 직업으로 볼 수 <u>없는</u> 것은?

① 데이터 과학자
② 데이터 엔지니어
③ 인공지능 개발자
④ 바리스타
⑤ 소프트웨어 개발자

05 진로를 선택할 때 고려할 사항으로 볼 수 <u>없는</u> 것은?

① 나의 적성
② 출신 지역
③ 미래 존재 여부
④ 좋아하는 일
⑤ 유망 직종

개념 확인 문제 〈정답 및 해설〉

정답

01 ⑤   **02** ①   **03** ④   **04** ④   **05** ②

해설

01 카세트 테이프는 아날로그 방식이다.
02 인공지능은 인간의 지능을 컴퓨터로 구현한 것으로, 인간의 지능이 가지는 인식, 탐색, 추론, 학습 등의 능력을 이용하여 문제를 해결하는 기술이다.
03 헬리콥터로 농약을 뿌릴 수 있게 된 것은 기계 장치의 개발에 의해 변경된 것으로 디지털 기술로 볼 수 없다.
04 바리스타는 커피 기계를 활용하여 고객이 원하는 커피를 만들어 서비스하는 일을 하는 사람으로 인공지능이나 빅데이터와는 관련이 없다.
05 진로를 선택할 때는 자신이 원하는 유망 직업 조건을 명확히 인식하고, 해당 직업 기준에 적합한 직업을 탐색하여 선택해야 한다. 자신이 좋아하거나 잘 할 수 있는 일도 고려하여야 하며, 미래에도 여전히 존재하는 직업인지에 대해서도 생각해 보아야 한다. 하지만 출신 지역을 고려할 필요는 없다.

시험 대비 문제

01 디지털 기술에 대한 설명으로 옳은 것은?

① 디지털 정보를 처리, 저장, 전송하는 장치를 연구 개발하는 기술이다.
② 인공지능, 빅데이터는 디지털 기술이 아니라 4차 산업혁명 관련 기술이다.
③ 인공지능은 대량의 데이터로부터 가치를 창출하는 것이다.
④ 클라우드 컴퓨팅을 활용하기 위해서는 컴퓨터에 대용량의 하드디스크를 설치하여야 한다.
⑤ 사물 인터넷은 센서만 있으면 통신 기능은 없어도 된다.

02 디지털 기술을 활용한 사례로 볼 수 없는 것은?

① 아침에 스마트폰에서 울리는 알람 소리를 듣고 일어난다.
② 실시간 버스 위치 확인 서비스를 이용하여 시간에 맞춰 집에서 나간다.
③ 수업 시간에 맞춰 교실로 들어가 수업 준비를 한다.
④ 내비게이션이 다양한 경로 중 최적의 경로를 탐색하여 길 안내를 한다.
⑤ 세탁기가 센서를 이용하여 세탁물의 오염도를 파악하고 세탁 시간을 조정한다.

03 다음 〈보기〉에서 설명하고 있는 디지털 기술은?

> **보기**
> 집 외부에 설치된 센서로 미세먼지를 측정하여 미세먼지 농도가 높아지면 자동으로 창문이 닫히는 시스템이 개발되었다.

① 사물 인터넷　　② 빅데이터　　③ 클라우드 컴퓨팅
④ 블록체인　　⑤ 증강 현실

04 다음 〈보기〉에서 사용된 디지털 기술은?

> **보기**
> 사용자 시청 기록을 분석한 후, 개인의 관심사에 맞는 콘텐츠를 추천하여 시청자는 새로운 프로그램을 쉽게 발견하고 콘텐츠에 대한 소비가 증가한다.

① 블록체인　　② 가상 현실　　③ 빅데이터
④ 증강 현실　　⑤ 사물 인터넷

05 다음 중 디지털 기술의 설명이 옳지 <u>않은</u> 것은?

① 인공지능은 인간의 지능을 컴퓨터로 구현한 것이다.
② 빅데이터는 기존 데이터베이스를 뛰어넘는 대량의 데이터로부터 가치를 창출하고 수집, 발굴, 분석을 지원하는 기술이다.
③ 클라우드 컴퓨팅은 사용자의 관리 없이 서버나 데이터 저장 장치, 응용 프로그램 같은 컴퓨팅 시스템 자원을 필요 시 바로 제공하는 인터넷 기반의 컴퓨팅 서비스이다.
④ 증강 현실은 가상 화폐를 거래할 때 발생할 수 있는 해킹을 막는 기술로, '공공 거래 장부'라고도 한다.
⑤ 사물 인터넷은 각종 사물에 센서와 통신 기능을 내장하여 다른 기기나 시스템과 데이터를 주고받는 기술이다.

06 빅데이터, 인공지능 등의 디지털 기술을 활용하여 생산 라인을 최적화한 공장을 무엇이라 하는가?

07 디지털 기술이 적용되어 사회의 다양한 분야에 미치는 영향으로 볼 수 <u>없는</u> 것은?

① 인공지능 기술로 인해 개인 맞춤형 서비스가 가능해진다.
② 사물 인터넷으로 의료 장비나 환자의 모니터링이 가능해진다.
③ 인공지능과 빅데이터의 활용으로 공장의 생산 라인이 최적화된다.
④ 은행원을 대체하여 인공지능이 계좌 발급이나 계좌 이체를 도와준다.
⑤ 버스 정류장에서 버스를 기다린다.

08 다음 〈보기〉에서 설명하는 것은 무엇인가?

> **보기**
> 가상 화폐로 거래할 때 발생할 수 있는 해킹을 막는 기술로, '공공 거래 장부'라고도 한다.

① 컴퓨터 바이러스　　② 블록체인
③ 백신　　④ 파밍
⑤ 스미싱

09 디지털 기술에 의한 사회 변화의 모습으로 적절하지 <u>않은</u> 것은?

① 교육 분야에서 빅데이터와 인공지능의 활용으로 개인 맞춤형 학습이 가능해진다.
② 개인 맞춤형 학습이 가능하도록 하나의 수업에 다수의 교사가 투입되어 학생을 지도한다.
③ 인공지능을 활용하여 환자의 질병을 감지하거나 진단할 수 있다.
④ 블록체인으로 가상 화폐를 안전하게 거래한다.
⑤ 재배하는 농작물에 최적화된 온도, 습도, 일조량 등을 제공할 수 있다.

10 다음 중 4차 산업혁명과 관련된 기술로 볼 수 <u>없는</u> 것은?

① 인공지능
② 클라우드 컴퓨팅
③ 빅데이터
④ 공장 자동화 시스템
⑤ 사물 인터넷

[11~13] 보기를 읽고 물음에 답하시오.

보기

스마트시티 국가시범도시 세종 5-1 생활권은 사물 인터넷과 인공지능 기술을 활용하여 ㉠도시 방범 문제를 해결할 계획이다. 범죄 예방 환경 설계(CPTED, Crime Prevention Through Environmental Design)에 따라 도시 곳곳에 방범용 CCTV와 스마트 가로등이 설치될 예정이다. 방범용 CCTV는 ⓐ음성 인식 기능이 추가되어 이상한 움직임과 소음이 발생하면 즉시 112 혹은 119로 신고가 접수된다. 스마트 가로등에는 센서가 부착되어 ⓑ주변의 움직임과 빛, 소음을 감지하여 밝기를 스스로 조절할 수 있으며 이를 통해 방범 효과, 에너지 절감 효과, 그리고 빛공해로 인한 문제 해소도 가능할 것으로 보인다.
세종 스마트시티는 도시의 고질적 문제인 교통체증과 주차난 등의 문제를 해결하기 위해 도시 기획 단계에서부터 도시 내부에서 개인 소유의 자동차를 이용할 수 없도록 계획하였다. 도시 내에서의 이동 수단은 ⓒ자율주행 차량과 공유 차량, ⓓ자전거로 이용할 수 있으며, 이를 실현하기 위해 자율주행, 사물 인터넷, 인공지능, 빅데이터, 드론 기술이 적용할 계획이다.
도시데이터분석센터에서는 발전된 빅데이터 처리 기술을 활용해 ⓔ실시간으로 교통 상황을 분석한다. ㉡컴퓨터와 연결된 신호등은 도시데이터분석센터에서 도출한 분석 결과를 교환하여 신호 체계를 적절하게 조정한다. 사람의 개입 없이도 빠르게 교통체증을 해소하고 교통 흐름을 최적화한다. 더불어 주차장에 부착된 센서와 자동차도 상호 소통하며 주변의 주차공간을 빠르게 탐색, 주차난을 해소한다.

〈출처〉 https://archiveh.co.kr/board/board.php?bo_table=vision&idx=22

11 ㉠의 계획에 사용된 디지털 기술을 모두 고른 것은?

보기

가. 사물 인터넷	나. 인공지능	다. 증강 현실

① 가   ② 나   ③ 다   ④ 가, 나   ⑤ 가, 다

12 ㉡에 해당하는 기술은?

13 인공지능이 적용된 것으로 보기 <u>어려운</u> 것은?

① ⓐ   ② ⓑ   ③ ⓒ   ④ ⓓ   ⑤ ⓔ

14 다음 〈보기〉는 초연결, 초지능, 초융합에 관한 내용이다. 빈칸에 알맞은 말을 작성하시오.

보기

(㉠)(은)는 네트워크로 사람과 사람, 사람과 사물, 사물과 사물이 연결되어 통신할 수 있는 상태를 의미하며, (㉡)(은)는 여러 가지 기술이나 산업, 지식, 학문 등이 결합해 새로운 산업이나 지식이 출현하는 것을 의미한다. 학습된 수준을 넘어 환경과 상호 작용하는 인공지능을 의미하는 것은 (㉢)(이)다.

㉠ (   )
㉡ (   )
㉢ (   )

15 사회 변화에 따른 직업 변화에 대한 설명으로 옳지 <u>않은</u> 것은?

① 사회 변화에 따라 관심 있는 직업의 선호가 달라졌다.
② 1차 산업혁명이 일어나고 많은 사람이 공장으로 몰렸다.
③ 4차 산업혁명 시대가 언급된 이후 공장 자동화로 생산량이 증가하였다.
④ 디지털 기술의 발전으로 사람의 역할이 변화한 직업도 생겨났다.
⑤ 공장, 정보 통신 분야, 인공지능 분야의 순서로 직업에 관한 관심이 변하였다.

16 다음 〈보기〉에서 ⊙의 특징에 대한 설명으로 옳은 것은?

> **보기**
>
> (⊙)(은)는 3차 산업혁명을 기반으로 한 디지털과 바이오산업, 물리학 등의 경계를 융합하는 기술 혁명이라고 설명하고 있다. 1차 산업혁명이 기계화 과정에서 물과 증기의 힘을 사용했다면, 2차 산업혁명은 전기 에너지를 이용해 대량 생산 체제를 만들어냈다. 뒤이은 3차 산업혁명에선 전기 기술과 정보 기술을 이용해 자동화된 생산 체계를 만들어냈다.
>
> 〈출처〉 https://www.khan.co.kr/article/201601200957091

① 사람이 기계를 직접 조작하기 위해 기계 작동 방법을 익히기 시작하였다.
② 데이터 과학자, 인공지능 개발자 등에 관한 관심이 높아졌다.
③ 공장에서 근로자의 수요가 늘어났다.
④ 인공지능이 대체할 수 없는 텔레마케터 등의 직업에 대한 수요가 늘어난다.
⑤ 사회의 변화가 직업의 변화에 영향을 미치지는 못하였다.

17 디지털 기술에 의해 변화될 직업의 모습을 바르게 설명한 것을 모두 고른 것은?

> **보기**
>
> 가. 로봇 바리스타가 늘어나면 인간 바리스타는 커피를 내리는 역할에서 로봇 바리스타를 관리하는 역할로 변경된다.
> 나. AI 은행원이 모든 은행원의 역할을 대신하여 은행원이 사라진다.
> 다. 스마트 팜으로 인해 농업에 종사하는 사람이 사라지고 농작물의 생산량은 줄어든다.

① 가   ② 나   ③ 다   ④ 가, 나   ⑤ 가, 다

18 다음 〈보기〉에서 디지털 기술에 의해 변화하는 직업의 선택에 적절히 대처하고 있는 사람을 모두 고른 것은?

> **보기**
>
> 삼양: 디지털 기술 발전으로 사람 일이 기계에 의해 대체되는 것이 많아 일을 할 수 없을 것 같아.
> 머신: 교사가 되고 싶은데 학교에서는 어떤 디지털 기술이 활용되는지 알아봐야겠어.
> 정보: 텔레마케터 분야는 인공지능에 의해 사라질 직업 1순위로 예상되는 만큼 난 인공지능을 관리할 수 있는 역량을 키워야겠어.

① 삼양   ② 머신   ③ 정보
④ 삼양, 머신   ⑤ 머신, 정보

19 디지털 기술이 진로에 미치는 영향을 서술하시오.

20 다음 〈보기〉의 내용과 관련하여 직업을 선택할 때 고려할 사항은?

> **보기**
>
> 사회가 빠르게 변화하고 디지털 기술에 의해 많은 직업이 대체되고 있다. 로봇 지휘자, 로봇 바리스타, 인공지능 은행원, 인공지능 비서 등 인공지능이 사람의 역할을 대체하거나, 사람이 더 쉽게 일을 처리할 수 있도록 도움을 주고 있다.

① 나의 적성   ② 직업의 미래 존재 여부
③ 현재 유망직업   ④ 나의 취미
⑤ 근무 지역

정보 공유와 보호

학습 목표 • 공유해야 할 정보와 보호해야 할 정보를 구분하고 목적과 범위에 맞게 공유할 수 있다.
• 올바른 정보 보호 방법을 실천할 수 있다.

1 | 정보의 올바른 활용

01 정보의 공유

• 정보 공유란 다양한 정보를 네트워크 환경 속에서 얻고, 다른 사람과 나누는 것
• 공유해야 하는 정보: 재난 정보, 교통 정보, 날씨 정보, 버스 도착 정보, 병원 진료(운영) 시간 등
• 정보 공유를 통해 다른 사람들과 협력, 소통하여 어려운 문제를 해결할 수도 있어 정보의 가치가 올라감.

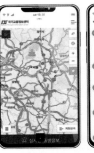  

🔺 교통 정보　　🔺 재난 정보　　🔺 병원 진료 시간

02 정보 보호

• 정보 보호란 정보의 수집 · 가공 · 저장 · 검색 · 송신 · 수신 과정에서 정보가 훼손되거나 변조되고 유출되는 것을 방지하기 위한 관리적 · 기술적 수단이나 행위를 의미
• 보호해야 하는 정보: 개인 정보, 위치 정보, 의료 정보, 영상 정보 등
• 정보 보호를 위한 법률: 개인 정보 보호법, 통신 비밀 보호법, 위치 정보의 보호 및 이용 등에 관한 법률 등이 있음.

개인 정보
주민등록번호, 전화번호, 운전면허 번호, 집 주소 등

의료 정보
진료 기록, 처방전, 수술 이력 등

위치 정보
사람이나 자동차의 이동 경로, 거주지 및 건물의 위치 정보, 주차 위치 정보 등

영상 정보
방범 CCTV, 블랙박스, 과속 감시 카메라 등

🔺 보호해야 할 정보

02 개인 정보 보호

• 개인 정보란 살아 있는 개인에 관한 정보로 성명, 주민등록번호, 영상 등을 통해 개인을 식별할 수 있는 정보뿐 아니라 다른 정보와 결합하여 개인을 식별할 수 있는 정보를 의미

✿ 정보 공유의 가치
• 안드로이드: 오픈 소스 소프트웨어, 전 세계 이동통신 OS(Operating System, 운영체제) 시장 점유율 1위
• 재난 정보: 재난 정보의 공유를 통해 인명 피해 최소화, 재난 방지 및 피해 복구
• 주말 및 공휴일 운영 병원, 약국 정보: 공휴일 응급실을 방문할 정도는 아닌 질병, 사고에 대한 진료 가능

✿ 개인 정보
① 성명, 주민등록번호 및 영상 등을 통하여 개인을 알아볼 수 있는 정보
② 해당 정보만으로는 특정 개인을 알아볼 수 없더라도 다른 정보와 쉽게 결합하여 알아볼 수 있는 정보
③ ① 또는 ②를 가명 처리함으로써 원래의 상태로 복원하기 위한 추가 정보의 사용, 결합 없이는 특정 개인을 알아볼 수 없는 정보(가명 정보)

구분	내용
인적 사항	성명, 주민등록번호, 주소, 가족 관계 및 가족 구성원 정보 등
정신적 정보	도서 대여 기록, 잡지 구독 정보, 사상, 종교, 가치관, 정당 활동 내역 등
신체적 정보	얼굴, 홍채, 음성, 지문, 진료 기록, 혈액형, IQ 등
사회적 정보	학력, 병역 여부, 직장, 전과 기록 등
재산적 정보	사업 소득, 봉급액, 대출 정보, 자동차, 보험 가입 현황 등
기타 정보	전화 통화 내역, 위치 정보, 여가 활동 등

• 개인 정보는 은행, 병원, 통신사, 교육 기관, 관공서 등에서 본인 여부 인증 등을 위해 사용됨. 개인 정보가 오남용되면 범죄에 악용되거나 재산상의 피해가 발생할 가능성이 커짐.

2 | 정보 보호 실천

01 개인의 정보 보호 실천

- 개인 정보 처리 방침 및 이용 약관 꼼꼼히 살피기
- 타인이 유추하기 어려운 비밀번호 사용하기
- 비밀번호 주기적으로 변경하기
- 본인 확인 시 주민등록번호 대체 수단 사용하기
- 명의 도용 확인 서비스 이용하여 가입 정보 확인하기
- 개인 정보는 친구에게도 알려 주지 않기
- P2P 공유 폴더에 개인 정보 저장하지 않기
- 금융 거래는 PC방에서 이용하지 않기
- 출처가 불분명한 자료는 다운로드하지 않기
- 개인 정보 침해 신고 또는 분쟁 조정 활용하기

02 기관의 정보 보호 실천

- 자체 정보 보호 정책 수립, 자체 정보 교육 실시 등
- 무분별한 개인 정보 수집을 자제
- 개인 정보 수집 시 필수 정보와 선택 정보를 구분하여 수집
- 고유 식별 정보와 민감 정보는 원칙적으로 처리 금지
- 개인 정보 위탁 시 고객에게 고지하고 철저히 관리
- 개인 정보 파일은 DB 보안 프로그램, 암호화 소프트웨어 등 안전한 방법을 사용하여 보관
- 보관이 필요한 증빙 서류는 법령에서 정한 보유 기간을 숙지하여 준수
- 개인 정보 파일은 수집 당시 사용 목적에 따라 이용한 후에는 알아볼 수 없도록 파기
- CCTV에는 반드시 안내판을 설치
- 개인 정보 보호에 관한 지침 · 문서 등을 반드시 구비
- 개인 정보 유출 통지, 집단 분쟁 조정, 단체 소송에 대비

☼ 개인 정보 오남용
개인 정보를 이용 및 관리하는 과정에서 부주의, 실수 또는 고의나 해킹에 의해 유출되어 악용되는 경우를 말함.

☼ P2P(Peer to Peer)
컴퓨터 네트워크에서 서버를 거치지 않고 컴퓨터끼리 직접 통신하는 방식

☼ 고유 식별 정보
주민등록번호, 여권번호, 운전면허 번호, 외국인 등록 번호 등의 정보

☼ 민감 정보
사상 · 신념, 노동조합 · 정당의 가입 · 탈퇴, 정치적 견해, 건강, 성생활 등에 관한 정보, 그밖에 정보 주체의 사생활을 현저히 침해할 우려가 있는 개인 정보로서 대통령령이 정하는 정보

점검하기

1 다음 설명이 맞으면 ○, 틀리면 ×로 답하시오.

친구의 병원 진료 기록은 친구에게 도움을 줄 수 있는 사항이므로 친구들과 공유해도 되는 정보이다.

2 다음 괄호 안에 들어갈 말은 무엇인가?

(   )(은)는 외부의 정상적이지 않은 접근으로부터 정보가 삭제되거나 유출되지 않도록 보호하는 것이다.

3 개인이 쉽게 할 수 있는 정보 보호 실천 방안을 쓰시오.

정답 **1** × **2** 정보 보호 **3** 주기적으로 비밀번호를 변경한다. 비밀번호는 유추하기 어렵게 문자, 숫자, 특수 문자를 섞어서 설정한다. 모르는 사람에게서 온 메일은 읽지 않고 삭제한다. 보안 프로그램을 사용한다. 개인 정보를 요구할 때는 사용 용도를 정확히 확인한다. 등

개념 확인 문제

01 다음 중 성질이 다른 정보 하나는?

① 재난 정보   ② 날씨 정보
③ 개인 정보   ④ 교통 정보
⑤ 병원 진료 시간

02 다음 중 사람이나 자동차의 이동 경로, 거주지 및 건물의 위치 정보, 주차 위치 정보 등을 나타내는 정보는?

① 개인 정보   ② 위치 정보
③ 의료 정보   ④ 영상 정보
⑤ 이동 정보

03 다음 중 개인 정보로 볼 수 <u>없는</u> 것은?

① 주소   ② 종교   ③ 학력
④ 음성   ⑤ 안심번호

04 다음 중 개인 정보 중 신체적 정보가 <u>아닌</u> 것은?

① 얼굴   ② 홍채   ③ 지문
④ 성명   ⑤ 혈액형

05 다음 중 개인 정보 보호를 위한 실천 방법으로 볼 수 <u>없는</u> 것은?

① 유추하기 어려운 비밀번호 사용하기
② 비밀번호 주기적으로 변경하기
③ 급한 금융 거래는 스마트폰보다 PC방 이용하기
④ 출처가 불명확한 자료는 다운로드 하지 않기
⑤ 본인 확인 시 주민등록번호 대체 수단 사용하기

06 다음 중 고유 식별 정보가 <u>아닌</u> 것은?

① 주민등록번호   ② 여권번호
③ 안심번호   ④ 운전면허 번호
⑤ 외국인 등록 번호

개념 확인 문제 〈정답 및 해설〉

정답

01 ③ **02** ② **03** ⑤ **04** ④ **05** ③ **06** ③

해설

01 개인 정보는 보호해야 하는 정보이고, 나머지는 공유해도 되는 정보이다.
02 위치 정보는 사람이나 자동차의 이동 경로, 거주지 및 건물의 위치 정보, 주차 위치 정보 등을 말한다.
03 안심번호는 개인 정보를 보호하기 위해 만든 가상번호이다.
04 성명은 개인 정보 중 인적 사항에 해당한다.
05 금융 거래를 PC방 등의 공용 장소에서 하게 되면 해킹, 비밀번호 노출 등의 위험이 있으며, 자리를 비우거나 프로그램 이용 종료 후에는 반드시 로그아웃하여 정보가 유출되지 않도록 주의해야 한다.
06 고유 식별 정보는 개인마다 하나씩 부여되는 개인 정보로, 주민등록번호, 여권번호, 운전면허 번호, 외국인 등록 번호 등이 있다.

시험 대비 문제

01 다음 〈보기〉에서 올바른 정보 공유 방법을 모두 고른 것은?

> **보기**
>
> 가. 원활한 학급 의사소통을 위해 학급 단톡방에 학급 전체 전화번호와 집 주소가 있는 파일을 업로드하였다.
> 나. 팀 프로젝트를 위해 공유 문서의 권한을 담당 역할에 맞게 편집자와 뷰어로 구분하여 부여하였다.
> 다. 살고 있는 지역의 재난 정보를 우리 지역에 방문하기로 한 친구에게 알려주었다.

① 가   ② 나   ③ 다
④ 가, 나   ⑤ 나, 다

02 다음 〈보기〉에서 클라우드 환경이 가지는 이로운 점을 모두 고른 것은?

> **보기**
>
> 가. 다른 사람과의 협력과 소통을 통해 정보의 가치가 올라간다.
> 나. 인터넷이 되지 않더라도 작업을 이어서 할 수 있다.
> 다. 문서를 공동 작성할 때, 작성한 내용을 공유하기 위해 저장을 선택하면 본문 내용이 업데이트된다.

① 가   ② 나   ③ 다
④ 가, 나   ⑤ 나, 다

03 다음 〈보기〉에서 괄호에 들어갈 말을 쓰시오.

> **보기**
>
> 다양한 정보를 네트워크 환경 속에서 얻고, 다른 사람과 나누는 것을 정보의 (   )(이)라 한다.

04 다음 중 보호해야 할 정보가 <u>아닌</u> 것은?

① 전화번호   ② 이동 경로   ③ 수술 이력
④ 블랙박스   ⑤ 병원 운영(진료) 시간

05 다음 〈보기〉의 괄호 안에 들어갈 내용은 무엇인지 쓰시오.

> **보기**
>
> 살아 있는 개인에 관한 정보로 성명, 주민등록번호, 영상 등을 통해 개인을 (   )할 수 있는 정보뿐 아니라 다른 정보와 결합하여 개인을 (   )할 수 있는 정보

06 다음 〈보기〉의 정보 공유와 보호에 대한 설명 중 옳은 것을 모두 고른 것은?

> **보기**
>
> 가. 재난 정보, 교통 정보 등의 정보는 공유하면 가치가 올라가는 공유해도 되는 정보이다.
> 나. 정보 공유를 통해 어려운 문제를 해결할 수 있는 방법을 찾을 수 있다.
> 다. 날씨 정보, 의료 정보는 보호해야 하는 정보이다.

① 가   ② 가, 나   ③ 가, 다
④ 나, 다   ⑤ 가, 나, 다

07 다음 〈보기〉에서 정보의 공유와 활용을 바르게 한 사례를 모두 고른 것은?

> **보기**
>
> 가. 학교 회장 선거에 활용할 수 있게 이름, 전화번호, 집 주소가 있는 학급 주소록을 학교 회장 후보에게 전해 주었다.
> 나. 팀 프로젝트를 위해 자료 조사한 결과를 정리한 워드 파일, 프레젠테이션 파일을 팀원과 공유하였다.
> 다. 범죄 예방을 위해 CCTV가 설치되어 있는 것을 표시하지 않고 운영하였다.

① 가   ② 나   ③ 다
④ 가, 나   ⑤ 나, 다

08 정보 보호에 대한 설명으로 옳지 <u>않은</u> 것은?

① 정보의 수집 · 가공 · 저장 · 검색 · 송신 · 수신 과정에서 정보가 훼손되거나 변조되고 유출되는 것을 방지하기 위한 관리적 · 기술적 수단이나 행위를 말한다.
② 외부의 정상적이지 않은 접근으로부터 정보가 삭제되거나 유출되지 않도록 보호하는 것이다.
③ 정보 보호 관련법으로는 개인 정보 보호법, 통신 비밀 보호법 등이 있다.
④ 보호해야 하는 정보에는 재난 정보, 날씨 정보, 교통 정보 등이 있다.
⑤ 정보 보호를 위해 정보 보안 기술을 활용해야 한다.

09 보호해야 하는 정보와 그에 따른 세부 내용의 연결이 바르지 <u>않은</u> 것은?

① 개인 정보 – 전화번호
② 개인 정보 – 사람의 이동 경로
③ 위치 정보 – 거주지 위치 정보
④ 의료 정보 – 수술 이력
⑤ 영상 정보 – 블랙박스

10 개인 정보의 개념을 서술하고 개인 정보의 종류를 5개 이상 쓰시오.

11 다음 중 개인 정보로 볼 수 <u>없는</u> 것은?

① 도서 대여 기록
② 얼굴
③ 홍채
④ 학력
⑤ 법인의 상호

12 다음 〈보기〉는 개인 정보에 관한 설명이다. 옳은 것을 모두 고른 것은?

보기
가. 성명, 주민등록번호 및 영상 등을 통하여 개인을 알아볼 수 있는 정보
나. 해당 정보만으로 개인을 알아볼 수 없더라도 다른 정보와 쉽게 결합하여 알아볼 수 있는 정보
다. 법인 또는 단체에 관한 상호, 영업 소재지, 임원 정보, 영업 실적 등의 정보

① 가
② 나
③ 다
④ 가, 나
⑤ 나, 다

13 다음 〈보기〉에서 개인 정보의 오남용 사례를 모두 고른 것은?

보기
가. 인공지능 챗봇을 학습시키기 위해 사용한 데이터 중 이름, 전화번호, 주소 등이 포함된 경우
나. 학급 비상 연락망을 만들기 위해 동의하는 학급 친구들의 전화번호를 모은 경우
다. 대학교에서 대학 입학 자격 검증을 위해 위해 학생의 생활 기록부를 해당 고등학교에 요청한 경우

① 가
② 나
③ 다
④ 가, 나
⑤ 나, 다

14 다음 중 개인 정보를 올바르게 처리한 사례는?

① 인공지능의 성능을 높이기 위해 이름, 전화번호 등이 포함된 데이터로 인공지능을 학습시켰다.
② 출퇴근 시 차량을 함께 이용하기 위해 동료 직원의 주소와 전화번호를 임의로 열람하였다.
③ 좋아하는 가수를 응원하기 위해 일정 확인 목적으로 항공편을 조회하였다.
④ 개인 정보를 처리하는 담당 공무원이 개인 정보를 무단으로 열람하였다.
⑤ 보유 기간이 지난 개인 정보를 파기하였다.

15 개인이 할 수 있는 정보 보호 실천 방법이 <u>아닌</u> 것은?

① 개인 정보 처리 방침 및 이용 약관을 꼼꼼히 살핀다.
② 개인 정보가 포함된 파일은 P2P 공유 폴더에 저장하여 백업해 둔다.
③ 개인 정보는 친한 친구에게도 알려주지 않는다.
④ 타인이 유추하기 어려운 비밀번호를 사용한다.
⑤ 본인 확인 시 주민등록번호 대체 수단을 사용한다.

16 다음 〈보기〉 중 정보 보호 실천을 위한 올바른 행동을 모두 고른 것은?

보기

> 가. 인터넷으로 금융거래를 할 때는 많은 사람이 이용하는 PC방에서 한다.
> 나. 출처가 불명확한 자료는 다운로드하지 않는다.
> 다. 대문자, 소문자, 숫자, 특수 문자를 혼합하여 12자리 이상의 비밀번호를 설정하였다.

① 가   ② 나   ③ 다
④ 가, 나   ⑤ 나, 다

17 다음 내용을 읽고 물음에 답하시오.

> 사회의 축소판이라고 할 수 있는 게임에서는 이용자를 속여 게임 재화나 실제 재산상의 피해를 입히는 사기 범죄가 심심찮게 일어난다. 친근감을 쌓은 뒤 접근해 계정을 대신 돌봐 주겠다는 핑계로 아이디와 비밀번호를 알아내 아이템을 빼돌린다거나, 앞서 약속한 아이템 값에서 숫자 0을 하나 빼는 식으로 교묘하게 거래를 진행하는 것이 대표적인 사기 수법이다.
> 게임 아이템 등을 현금으로 거래하다가 피해를 입는 경우도 많다. 돈을 받고도 아이템을 주지 않거나, 판매한 계정의 비밀번호를 바꿔 버리고 잠적하는 등의 범행이 적잖게 이뤄지는 실정이다.
> 〈출처〉 https://m.ddaily.co.kr/page/view/20240223161858665854

아래 〈보기〉에서 위와 같은 피해를 예방하는 방법을 모두 고른 것은?

보기

> 가. PC방, 도서관 등에서 컴퓨터를 사용한 뒤에는 로그인한 계정을 로그아웃하고 인터넷 사용기록을 삭제한다.
> 나. 게임이나 SNS에서 개인 정보나 계좌 번호 등을 요구하는 경우 알려 주지 않는다.
> 다. 공용 컴퓨터를 사용하는 경우 자동 로그인 설정을 해제한다.

① 가   ② 가, 나   ③ 가, 다
④ 나, 다   ⑤ 가, 나, 다

18 기관이 할 수 있는 정보 보호 실천 방법은?

① 기업 운영을 위해 많은 개인 정보를 수집한다.
② 원활한 정보처리를 위해 고유 식별 정보를 필수로 수집한다.
③ 개인 정보 위탁 시 고객에게 알리지 않아도 된다.
④ 개인 정보 수집 시 필수 정보와 선택 정보를 구분하여 수집한다.
⑤ 개인 정보 보호에 관한 지침·문서 등은 상황에 따라 구비하지 않아도 된다.

19 다음 중 민감 정보에 대한 설명으로 옳은 것은?

① 사상·신념·노동조합·정당의 가입·탈퇴, 정치적 견해, 건강 등에 관한 정보이다.
② 정보 주체의 사생활과 관계 없는 정보이다.
③ 주민등록번호, 여권번호 등이 포함된다.
④ 민감 정보는 정보 주체에게 도움을 주기 위해 많은 사람에게 알린다.
⑤ 민감 정보는 정보 수집 시 반드시 포함되는 정보이다.

20 다음 중 기관의 정보 보호 실천 방법으로 옳지 <u>않은</u> 것은?

① 자체적으로 정보 보호 정책을 수립한다.
② 개인 정보를 수집하는 경우 차후를 대비하여 많은 정보를 미리 수집한다.
③ 정보 보호 교육을 자체적으로 실시한다.
④ 개인 정보 수집 시 개인 정보 수집에 대한 동의를 받는다.
⑤ 개인 정보 위탁 시 개인 정보 보호에 관한 내용을 계약서에 명시한다.

03 정보 보안과 디지털 윤리

학습 목표
- 정보 보안의 필요성을 설명할 수 있다.
- 정보 보안 기술을 활용하여 디지털 윤리를 실천할 수 있다.

1 │ 정보 보안의 이해

01 정보 보안의 개념

- 정보 보안이란 외부의 불법적인 접근으로부터 정보를 보호하는 것
- 정보의 수집, 가공, 전송 등의 동작이 이루어지는 도중에 훼손, 변조, 유출 등을 방지하는 기술
- 정보 보안의 3요소: 기밀성, 무결성, 가용성

기밀성	• 승인되지 않은 사용자가 정보의 내용을 알 수 없도록 비밀을 유지하는 것 • 암호화, 접근 제어 등을 통해 기밀성을 보장
무결성	• 승인되지 않은 사용자가 정보를 수정할 수 없도록 정보를 보호하는 것 • 인증, 침입 탐지 등을 통해 무결성을 보장
가용성	• 승인된 사용자가 필요할 때 언제든 정보에 접근하여 사용할 수 있도록 하는 것 • 성능 및 트래픽 모니터링, 시스템 이중화 등을 통해 가용성을 보장

02 정보 보안의 실천 방안

① 공급자 측면

정보 생산자 (개발자, 인터넷 사업자 등)	• 역할: 각종 콘텐츠의 개발과 생산, 가공을 통한 재생산을 통해 정보를 만들어냄. • 콘텐츠를 개발하고 생산하는 과정에서 사생활을 보호하고 저작권 침해가 발생하지 않도록 주의해야 한다.
정보 제공자 (포털 사업자, SNS 사업자 등)	• 역할: 콘텐츠 배포 및 공급을 담당 • 정보 생산자의 콘텐츠를 점검하고 악성 코드, 바이러스 등의 침입을 제한하여 안정성을 확보해야 한다.
정보 관리자 (호스팅 업체, 데이터 센터 등)	• 역할: 콘텐츠의 유통을 위한 서버 및 통신망을 관리하고 운영 • 시스템을 해킹과 바이러스 등으로부터 안전하게 보호해야 하며, 개인 정보 침해가 발생하지 않도록 보호하고, 장애가 발생하였을 때 신속하게 복구해야 함.

🔺 정보 공급자의 역할과 정보 보안 실천 방법

② 사용자 측면
- 컴퓨터 비밀번호 설정 및 주기적 변경, 백신과 보안 패치 업데이트, 불필요한 개인 정보 삭제 등

2 │ 정보 보안 활용과 디지털 윤리의 실천

01 디지털 윤리

- 디지털 기기를 활용하는 디지털 환경을 포함하여 디지털화된 사회를 살아가는 데 필요한 윤리적인 것과 비윤리적인 것을 바르게 판단하는 규범적 기준

⚙ 해킹(Hacking)
다른 사람의 계정이나 컴퓨터 시스템에 무단으로 침입하여 데이터를 빼내거나 파괴하는 등의 행위

⚙ 피싱(Phishing)
개인 정보(Private Data)와 낚는다(Fishing)의 합성어로, 이 메일이나 메신저 등을 이용하여 위조 사이트로 접속 유도하여 개인 정보 탈취, 송금, 결재 등의 피해를 입히는 행위

⚙ 스미싱(Smishing)
문자(SMS)와 피싱(Phishing)의 합성어로, 문자 메시지를 이용한 피싱의 한 종류

⚙ 파밍(Pharming)
피싱(Phishing)과 조작(Farming)의 합성어로 피싱의 진화된 형태로, 위조 사이트로 유도하는 피싱과 달리 위조 사이트로 강제 이동시키는 방법

⚙ 정보 보안 기술
암호화, 인증, 네트워크 보안 등이 있음.

• 디지털 윤리 부재로 인한 범죄: 해킹, 디도스, 랜섬웨어, 피싱, 디지털 성범죄 등

해킹(Hacking)	• 사용자 계정이나 컴퓨터 시스템에 무단으로 접근하여 장치와 네트워크를 손상하는 행위 • 피해 사례: 미국의 거대 유통 기업이 1억 명이 넘는 고객의 금융 정보를 해킹해 수천만 달러를 배상
디도스(DDos: Distributed Denial of Service)	• '분산 서비스 거부 공격'이라고도 하며, 좀비 PC를 이용하여 대량의 트래픽을 유발해 시스템을 마비시키는 공격 • 피해 사례: 국내 한 대학의 서버가 공격당해 2학기 수강 신청이 중지되는 피해가 발생
랜섬웨어(Ransomware)	• 컴퓨터를 감염시켜 접근을 제한한 뒤 정상 작동의 대가로 금품을 요구하는 유형의 악성 소프트웨어 • 피해 사례: 해커가 한 대기업의 자료를 랜섬웨어로 감염시키고 요구한 금액이 지불되지 않자 모든 자료를 인터넷에 공개
피싱(Phishing)	• 이메일을 통해 가짜 금융 기관 웹사이트로 유도하여 개인 정보를 탈취하는 디지털 범죄(보이스 피싱, 메신저 피싱, 스미싱 등)
디지털 성범죄	• 디지털 기기를 이용하여 상대방의 동의 없이 신체 일부나 성적인 장면을 불법 촬영하거나 합성, 유포, 협박, 저장, 전시, 유통, 소비하는 행위 및 사이버 공간에서 타인의 성적 자율권과 인격권을 침해하는 행위 • 피해 사례: 딥페이크를 이용한 디지털 성범죄가 매년 증가하고 있으며, 연예인을 대상으로 하던 범죄가 일반인까지 그 범위가 넓어지고 있음. 한 남성이 딥페이크를 이용해 생성한 피해자 사진을 온라인에 게시하고 피해자를 협박한 사례가 있음.

🔺 디지털 범죄의 종류와 피해 사례

⚙ 트래픽
컴퓨터 네트워크에서 일정 시간 내에 흐르는 정보의 이동

⚙ 딥페이크(Deep Fake)
인공지능을 활용해 특정 인물의 얼굴이나 특정 부위를 합성한 영상 편집물

02 디지털 윤리 실천하기

• 디지털 환경을 제공하는 생산자, 관리자, 소비자의 올바른 윤리 의식 필요
• 적절한 보안 기술을 하여 정보 보호를 위해 노력해야 함.

구분	정보 보안 기술		
	암호화	인증	네트워크 보안
의미	정보를 읽기 어려운 값으로 변환하여 다른 사람이 볼 수 없도록 하는 기술	적법한 이용자, 올바른 출처를 확인하는 과정이나 행위	네트워크와 데이터의 무결성, 기밀성, 가용성에 대한 공격 및 장애로부터 컴퓨팅 시스템을 보호
종류	단방향 암호화, 비밀키 암호화, 공개키 암호화	pass 앱, 생체 인증, PIN 번호, 공동 인증서 등	악성 코드 차단 소프트웨어, 방화벽, 액세스 제어

🔺 다양한 정보 보안 기술

📋 점검하기

1 다음 설명이 맞으면 ○, 틀리면 ×로 답하시오.

정보 보안은 외부의 불법적인 접근으로부터 정보를 보호하는 것이다.

2 정보 보안의 3요소는 무엇인가?

3 정보 보안 기술 중 정보를 읽기 어려운 값으로 변환하여 다른 사람이 볼 수 없도록 하는 기술은?

4 디지털 윤리의 부재로 발생할 수 있는 범죄 중 컴퓨터를 감염시켜 접근을 제한한 뒤 정상 작동의 대가로 금품을 요구하는 유형의 악성 소프트웨어는?

정답 **1** ○ **2** 기밀성, 무결성, 가용성 **3** 암호화 **4** 랜섬웨어

개념 확인 문제

01 다음 중 정보 보안에 대한 설명으로 옳은 것은?

① 정보의 모든 접근을 제한하는 것이다.
② 정보의 훼손, 변조, 유출 등을 방지하는 기술이다.
③ 정보 보안의 3요소로 기밀성, 유한성, 가용성이 있다.
④ 정보 보안의 3요소 중 기밀성은 인증을 통해 보장할 수 있다.
⑤ 정보 보안의 3요소 중 유한성은 승인되지 않은 사용자가 정보를 수정할 수 없도록 정보를 보호하는 것이다.

02 포털 사업자, SNS 사업자 등을 말하며, 정보 공급자 중 콘텐츠 배포 및 공급 역할을 담당하는 사람은?

03 정보 보안 기술 세 가지는 무엇인가?

04 디지털 윤리의 부재에 의해 발생할 수 있는 범죄로 보기 어려운 것은?

① 해킹   ② DDoS   ③ 랜섬웨어
④ 피싱   ⑤ 소매치기

05 디지털 윤리 실천을 위한 개인의 노력으로 볼 수 없는 것은?

① 컴퓨터 비밀번호 주기적 변경
② 바이러스 백신 프로그램 사용
③ 자동으로 보안 업데이트 설정
④ 악성 코드 변종을 탐지하는 프로그램 개발
⑤ 스마트폰 잠금 비밀번호 설정

개념 확인 문제 〈정답 및 해설〉

정답

01 ② **02** 정보 제공자 **03** 암호화, 인증, 네트워크 보안
04 ⑤ **05** ④

해설

01 ① 정보 보안은 외부의 불법적인 접근으로부터 정보를 보호하는 것이다. ③ 정보 보안의 3요소는 기밀성, 무결성, 가용성이다. ④ 암호화, 접근 제어 등을 통해 기밀성 보장받는다. ⑤ 승인되지 않은 사용자가 정보를 수정할 수 없도록 정보를 보호하는 것은 무결성이다.

02 정보 제공자는 콘텐츠 배포 및 공급 담당하고 정보 생산자의 콘텐츠를 점검하고 악성 코드 바이러스 등의 침입을 제한하여 안정성을 확보하여야 한다. 대표적으로 포털 사업자, SNS 사업자 등이 있다.

03 정보 보안 기술
• 암호화: 정보를 읽기 어려운 값으로 변환하여 다른 사람이 볼 수 없도록 하는 기술
• 인증: 적법한 이용자, 올바른 출처를 확인하는 과정이나 행위
• 네트워크 보안: 네트워크와 데이터의 무결성, 기밀성, 가용성에 대한 공격 및 장애로부터 컴퓨팅 시스템을 보호

04 소매치기는 디지털 윤리의 부재와는 관련이 없다.

05 악성 코드 변종을 탐지하는 프로그램을 개발하는 것은 개인보다는 디지털 환경을 제공하는 생산자나 관리자가 해야 할 역할이다.

시험 대비 문제

01 외부의 불법적인 접근으로부터 정보를 보호하는 것으로, 정보의 수집, 가공, 전송 등의 동작이 이루어지는 동안 정보의 훼손, 변조, 유출 등을 방지하는 기술은?

02 다음 중 성격이 다른 하나는?

① 해킹   ② 백신 프로그램   ③ 파밍
④ 피싱   ⑤ 악성 코드

03 다음 〈보기〉에서 디지털 범죄와 이에 대한 설명으로 옳은 것을 모두 고르시오.

보기

가. 해킹: 다른 사람의 계정이나 컴퓨터 시스템에 무단으로 침입하여 데이터를 빼내거나 파괴하는 등의 행위
나. 스미싱: 피싱의 진화된 형태로 위조 사이트로 강제로 이동시키는 방법
다. 파밍: 문자 메시지를 이용한 피싱의 한 종류

① 가   ② 나   ③ 다   ④ 가, 나   ⑤ 가, 다

04 다음 〈보기〉에서 정보 보안의 3요소 중 기밀성을 위반한 사례를 모두 고르시오.

보기

가. PC방에서 포털에 접속할 때 자동 로그인 설정한 뒤 포털에 접속하였다.
나. 관리자로 등록되지 않은 사람이 홈페이지 서버 접근 계정을 알려 주어 일을 하도록 하였다.
다. 학교 관리 시스템 관리 계정을 권한 밖의 선생님이 사용하여 학교 관리 시스템에 접속하였다.

① 가   ② 나   ③ 다   ④ 가, 나   ⑤ 가, 다

05 다음 〈보기〉에서 정보 보안의 3요소에 대한 설명이다. 옳은 것을 모두 고르시오.

보기

가. 기밀성은 암호화, 접근 제어를 통해 보장할 수 있다.
나. 무결성은 승인되지 않은 사용자가 정보를 수정할 수 없도록 정보를 보호하는 것이다.
다. 가용성은 인증, 침입 탐지 등을 통해 보장할 수 있다.

① 가   ② 나   ③ 다   ④ 가, 나   ⑤ 가, 다

06 다음 〈보기〉는 정보 보안에 관한 설명이다. 빈칸을 채우시오. (㉠, ㉡, ㉢의 순서 상관없이 작성 내용만 맞으면 정답)

보기

외부의 불법적인 접근으로부터 정보를 보호하는 것으로, 정보의 수집, 가공, 전송 등의 동작이 이루어지는 도중에 (㉠), (㉡), (㉢) 등을 방지하는 기술이다.

㉠

㉡

㉢

07 다음 〈보기〉는 정보 공급자에 대한 설명이다. 옳은 것을 모두 고르시오.

보기

가. 정보 생산자는 각종 콘텐츠의 개발과 생산, 가공을 통한 재생산을 통해 정보를 만들어낸다.
나. 정보 제공자는 콘텐츠의 유통을 위한 서버 및 통신망을 관리하고 운영한다.
다. 정보 관리자는 콘텐츠 배포 및 공급을 담당한다.

① 가   ② 나   ③ 다   ④ 가, 나   ⑤ 가, 다

08 다음 중 정보 보안과 관련하여 보기에서 설명하는 역할을 담당하는 사람은?

호스팅 업체, 데이터 센터 등을 말하며, 시스템을 해킹과 바이러스 등으로부터 안전하게 보호해야 하며, 개인 정보 침해가 발생하지 않도록 보호하고, 장애가 발생하였을 때 신속하게 복구해야 한다.

① 정보 생산자   ② 정보 제공자
③ 정보 관리자   ④ 정보 소비자
⑤ 정보 유통자

09 다음 〈보기〉에서 개인이 할 수 있는 정보 보호 방법을 모두 고르시오.

가. 비밀번호 주기적 변경하기
나. 백신 설치 및 최신 업데이트
다. 개인 정보 사용 후 추가 사용을 위해 저장

① 가   ② 나   ③ 다   ④ 가, 나   ⑤ 가, 다

10 정보 보안을 위한 정보 공급자의 역할을 서술하시오.

11 정보보안을 실천하기 위한 정보 공급자와 정보 사용자에 대한 설명으로 옳지 않은 것은?

① 정보 공급자는 콘텐츠를 개발하고 생산하는 과정에서 사생활을 보호하고 저작권을 보호한다.
② 정보 공급자는 시스템을 해킹과 바이러스 등으로부터 안전하게 보호한다.
③ 정보 사용자는 악성 코드, 바이러스 등의 침입을 제한하여 안정성을 확보한다.
④ 정보 사용자는 주기적으로 컴퓨터 비밀번호를 변경하고, 백신과 보안 패치를 항상 업데이트한다.
⑤ 정보 공급자는 정보 생산자, 정보 제공자, 정보 관리자로 나눌 수 있다.

12 다음 〈보기〉에서 설명하는 기술은?

이 기술은 인공지능 기술을 활용해 특정 인물의 얼굴이나 특정 부위를 합성한 영상 편집물로, 영화 제작에서 배우가 직접 출연하지 않아도 필요한 장면을 구현할 수 있고, 역사적으로 중요한 인물을 재현하여 교육 자료로 활용할 수 있는 긍정적인 점이 있다.
하지만 이 기술을 활용하여 다른 사람의 몸과 합성한 가짜 음란물을 만들거나 유명인을 다른 사람으로 편집하고 가짜 뉴스를 생산하는 등 인권 침해를 하는 부정적인 사례도 발생하고 있다.

13 다음 중 디지털 윤리의 부재 시 나타날 수 있는 현상과 관련이 없는 것은?

① 은행이 해킹당해 수천 억에 달하는 피해가 발생하였다.
② 대학의 서버가 분산 서비스 거부 공격으로 인해 수강 신청이 중지되는 피해가 발생하였다.
③ 문자 메시지를 통해 가짜 사이트로 이동하게 만들어 개인 정보가 유출되었다.
④ 로봇 청소기를 이용하여 집을 청소하였다.
⑤ 합성한 영상을 이용하여 피해자를 협박하였다.

14 다음 〈보기〉의 ㉠에 관한 설명으로 옳지 않은 것은?

(㉠)(은)는 디지털 환경을 포함하여 디지털화된 사회를 살아가는데 필요한 윤리적인 것과 비윤리적인 것을 바르게 판단하는 규범적 기준이다.

① 디지털 기술이 인간의 삶과 사회에 미치는 영향과 관련이 있다.
② ㉠의 부재 시 개인 정보 유출, 해킹 등의 범죄가 발생한다.
③ ㉠의 실천을 위해 온라인 환경에서 스스로를 보호하고 타인에게 피해를 끼치지 않도록 조심하여야 한다.
④ ㉠의 부재 시 나타날 수 있는 범죄는 기술의 발전으로 피해 규모가 줄어들고 있다.
⑤ ㉠이 디지털 발전과 환경을 따라가지 못하면 디지털 환경을 이용한 범죄는 증가한다.

15 다음 〈보기〉의 내용에 해당하는 사이버 범죄는?

지난 O일과 O일, 광복절 전후로 신한은행, A, B를 대상으로 한 사이버 범죄가 감행됐다. 20~40기가비피에스(Gbps)가량의 공격이 2~3시간 진행됐으나 각 금융사와 금융보안원의 보안 체계로 완벽히 방어해냈다.

이 사이버 범죄는 시스템 장애를 목적으로 대량의 트래픽을 네트워크 또는 서버에 전송하는 방식이다. '좀비 PC'로 구성된 봇넷 등을 활용하는 것이 일반적이다. 설계된 트래픽 처리량보다 많은 트래픽을 전송할 경우 서버는 다운된다.

〈출처〉 https://m.ddaily.co.kr/page/view/2020082112134913299

① 해킹　　　　② 디도스　　　　③ 랜섬웨어
④ 피싱　　　　⑤ 파밍

[16-18] 다음 〈보기〉를 보고 물음에 답하시오.

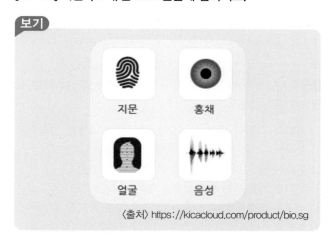

〈출처〉 https://kicacloud.com/product/bio.sg

16 〈보기〉와 관련 있는 것은?

① 암호화　　　　② 인증
③ 방화벽　　　　④ 네트워크 보안
⑤ 보안 서버

17 〈보기〉를 사용하는 보안 기술에 대한 설명으로 옳은 것은?

① 정보를 읽기 어려운 값으로 변환하여 다른 사람이 볼 수 없도록 하는 기술이다.
② 적합한 이용자, 올바른 출처를 확인하는 과정이나 행위이다.
③ 단방향, 비밀키, 공개키 등이 있다.
④ 네트워크와 데이터의 무결성, 기밀성, 가용성에 대한 공격 및 장애로부터 컴퓨팅 시스템을 보호하는 것이다.
⑤ 악성 코드 차단 소프트웨어, 방화벽 등이 있다.

---

18 〈보기〉와 같은 역할을 하는 보안 기술은?

① 단방향 암호화　　　　② 비밀키 암호화
③ 방화벽　　　　　　　④ 액세스 제어
⑤ PIN 번호

19 다음 중 정보 보안 기술로 보기 <u>어려운</u> 것은?

① 공인 인증서　　　　② 악성 코드 차단 소프트웨어
③ 공개키 암호화　　　④ 바이러스 백신
⑤ 클라우드 컴퓨팅

20 다음 중 정보 보안 기술과 해당 보안 기술의 종류가 바르게 연결된 것은?

① 암호화 – 악성 코드 차단 소프트웨어
② 암호화 – 공인 인증서
③ 인증 – 방화벽
④ 인증 – 단방향 암호화
⑤ 네트워크 보안 – 액세스 제어

★★★ 난이도 **상** | ★★ 난이도 **중** | ★ 난이도 **하**

선택형

★
01 4차 산업혁명 시대에 개인 맞춤형 서비스가 가능할 수 있게 된 핵심 디지털 기술로 짝지어진 것은?

① 빅데이터 – 인공지능
② 인공지능 – 증강 현실
③ 가상 현실 – 증강 현실
④ 빅데이터 – 블록체인
⑤ 가상 현실 – 블록체인

★
02 다음 〈보기〉의 상황에 활용할 수 있는 적절한 디지털 기술은?

보기

실외 미세먼지를 측정하여 미세먼지 농도가 높으면 창문이 자동으로 닫히고 실내 미세먼지 농도가 높으면 환기 시스템을 이용하여 환풍기가 자동으로 작동한다. 의류 관리기에서는 '미세먼지가 많으니 옷을 의류 관리기를 이용하여 관리 바람'이라는 메시지를 사용자의 웨어러블 기기로 보낸다.

① 빅데이터
② 인공지능
③ 증강 현실
④ 사물 인터넷
⑤ 클라우드 컴퓨팅

★
03 다음 〈보기〉의 상황에 활용할 수 있는 적절한 디지털 기술은?

보기

학교에서 팀 프로젝트를 위해 인터넷 기반의 플랫폼에서 문서를 하나 생성한 뒤 팀원에게 편집 권한으로 공유하였다. 이후 방과후 집에서 인터넷을 연결한 뒤 학교에서 하던 작업을 이어서 하였다. 팀원은 각자 집에서 실시간으로 문서를 수정하며 프로젝트 과제를 완성하였다.

① 블록체인
② 인공지능
③ 사물 인터넷
④ 가상 현실
⑤ 클라우드 컴퓨팅

★★
04 디지털 기술에 의해 변화된 사회 모습으로 볼 수 <u>없는</u> 것은?

① 교실에서 학생이 AI 디지털 교과서를 활용하여 자신의 성취도에 맞게 학습을 이어 나간다.
② 고객 센터에 전화하면 인공지능 상담원이 24시간 응대한다.
③ 택시를 타면 택시 기사님이 원하는 목적지까지 안전하게 데려다 주셨다.
④ 사물 인터넷을 이용해 의료 장비나 환자의 모니터링이 가능해졌다.
⑤ 빅데이터와 인공지능의 활용으로 공장의 생산 라인이 최적화 되었다.

★
05 디지털 기술의 발전에 따른 직업의 변화 양상에 대한 설명으로 <u>틀린</u> 것은?

① 사람의 역할이 디지털 기술을 제어하는 역할로 변화되고 있다.
② 단순한 일은 디지털 기술에 의해 대체되고 있다.
③ 디지털 기술과 관련된 새로운 일이 생겨난다.
④ 디지털 기술에 의해 사람이 더 쉽게 일을 처리할 수 있다.
⑤ 디지털 기술의 발전으로 모든 사람의 직업은 없어질 수 있다.

★★
06 다음 〈보기〉에서 정보 공유의 장점을 모두 고른 것은?

보기

가. 다른 사람과의 서로 협력하고 소통하여 어려운 문제를 해결할 수 있다.
나. 많은 사람이 정보를 활용함으로써 다양한 분야에서 정보의 가치가 올라갈 수 있다.
다. 개인 정보의 백업으로 개인 정보를 더욱 안전하게 관리할 수 있다.

① 가
② 나
③ 다
④ 가, 나
⑤ 가, 다

★★
07 공유해도 되는 정보와 보호해야 하는 정보가 바르게 짝지어진 것은?

	공유해도 되는 정보	보호해야 하는 정보
①	재난 정보	병원 진료 시간
②	주차 위치 정보	날씨 정보
③	블랙박스	재난 정보
④	버스 배차 시간	전화번호
⑤	진료 기록	CCTV

★★
08 다음 〈보기〉에서 개인 정보 침해 사례 모두 고르시오.

보기

> 가. 친구의 생일 선물로 책을 선물하기 위해 평소 친구가 읽는 책을 유심히 관찰하였다.
> 나. 회사 운영자가 통신사에 근무하는 지인을 통해 출장 간 사원의 위치를 확인하였다.
> 다. 위치 정보를 마케팅에 이용하기 위해 정보의 주체로부터 위치 정보 수집에 대한 동의를 얻었다.

① 가   ② 나   ③ 다   ④ 가, 나   ⑤ 가, 다

★★
09 개인 정보 오남용에 대한 설명으로 잘못된 것은?

① 개인 정보를 이용 및 관리하는 과정에서 부주의나 실수 또는 고의로 발생할 수 있다.
② 개인 정보가 해킹에 의해 유출되어 악용될 수 있다.
③ 개인 정보의 오남용으로 인해 재산상의 피해가 발생할 수 있다.
④ 인공지능 챗봇을 학습시키는 데이터에 개인 정보가 포함되어 있으면, 개인 맞춤형 챗봇으로 성능이 좋아진다.
⑤ 개인 정보를 열람할 수 있는 업무를 담당하여도 정보 주체의 동의 없이 개인 정보를 열람하면 안 된다.

★★
10 정보 보호를 위한 실천 방법으로 옳지 않은 것은?

① 컴퓨터는 비밀번호를 설정하여 관리한다.
② 학교에서 학생의 정보를 다루는 것은 동의서를 따로 받지 않아도 된다.
③ 기관에서는 필요한 개인 정보만 수집한다.
④ 개인 정보 파일은 보안 프로그램, 암호화 소프트웨어 등 안전한 방법을 사용하여 보관한다.
⑤ 개인 정보 위탁 시 위탁업체의 개인 정보 보호 방침과 기술력, 안정성을 확인한다.

★★
11 다음 〈보기〉는 정보 보안의 3요소 중 하나에 대한 설명이다. ㉠에 대한 설명으로 옳은 것은?

보기

> (㉠)(은)는 승인되지 않은 사용자가 정보의 내용을 알 수 없도록 비밀을 유지하는 것이다.

① 암호화, 접근 제어 등을 통해 보장할 수 있다.
② 인증, 침입 탐지 등을 통해 보장할 수 있다.
③ 승인된 사용자가 필요할 때 언제든 정보에 접근하여 사용할 수 있도록 하는 것이다.
④ 성능 및 트래픽 모니터링, 시스템 이중화 등을 통해 보장할 수 있다.
⑤ 승인되지 않은 사용자가 정보를 수정할 수 없도록 정보를 보호하는 것이다.

★
12 다음 중 정보 보안이 제대로 이루어지지 않았을 때 발생할 수 있는 위협이 아닌 것은?

① 해킹
② 피싱
③ 파밍
④ 사기
⑤ 랜섬웨어

★★★

13 다음 〈보기〉는 정보 공급자 중 하나에 대한 설명이다. ㉠에 대한 설명으로 옳은 것은?

보기

(㉠)(은)는 정보 생산자의 콘텐츠를 점검하고 악성 코드, 바이러스 등의 침입을 제한하여 안정성을 확보해야 한다.

① 콘텐츠를 개발하고 생산하는 과정에서 사생활을 보호한다.
② 콘텐츠 배포 및 공급을 담당하는 역할로 포털 사업자, SNS 사업자 등이 있다.
③ 콘텐츠의 유통을 위한 서버 및 통신망을 관리하고 운영하는 역할로 호스팅 업체, 데이터 센터 등이 있다.
④ 시스템을 해킹과 바이러스 등으로부터 안전하게 보호한다.
⑤ 개인 정보 침해가 발생하지 않도록 보호하고 장애 발생 시 신속히 복구한다.

★★

14 디지털 윤리의 부재 시 발생할 수 있는 디지털 범죄와 이에 대한 설명으로 옳은 것은?

① 해킹은 컴퓨터를 감염시켜 접근을 제한한 뒤, 정상 작동의 대가로 금품을 요구하는 유형의 악성 소프트웨어이다.
② 디도스는 좀비 PC를 이용하여 대량의 트래픽을 유발해 시스템을 마비시키는 공격이다.
③ 랜섬웨어는 이메일을 통해 가짜 금융 기관 웹사이트로 유도하여 개인 정보를 탈취하는 디지털 범죄이다.
④ 피싱은 사용자의 계정이나 컴퓨터 시스템에 무단으로 접근하여 장치와 네트워크를 손상시키는 행위이다.
⑤ 파밍은 문자 메시지를 이용하여 가짜 사이트로 이동시킨 뒤, 개인 정보를 탈취하는 범죄이다.

★★

15 다음 〈보기〉의 디지털 윤리의 실천과 관련된 내용 중 올바른 것을 모두 고른 것은?

보기

가. 디지털 윤리 실천을 위한 정보 보안 기술로는 암호화, 인증, 네트워크 보안이 있다.
나. 정보 보안 기술 중 네트워크 보안은 적법한 이용자, 올바른 출처를 확인하는 것으로 PIN 번호, 공인 인증서 등이 있다.
다. 정보 사용자는 정보 보안 기술을 활용하여, 정보를 안전하게 관리하여야 한다.

① 가   ② 나   ③ 다   ④ 가, 나   ⑤ 가, 다

단답형

★

16 디지털 기술의 하나로, 필요시 사용자의 관리 없이 서버나 데이터 저장 장치, 응용 프로그램, 컴퓨팅 파워와 같은 컴퓨팅 시스템 자원을 바로 제공하는 인터넷 기반의 컴퓨팅 서비스는?

★★★

17 다음 〈보기〉에서 개인이 할 수 있는 정보 보호 실천 방법 중 옳은 것을 모두 고르시오.

보기

가. 개인 정보 처리 방침 및 이용 약관 꼼꼼히 살피기
나. 타인이 유추하기 어려운 비밀번호 사용하기
다. 본인 확인 시 주민등록번호 사용하기
라. 개인 정보는 친구에게도 알려 주지 않기
마. P2P 공유 폴더에 개인 정보 저장하기
바. 금융 거래는 PC방에서 이용하기
사. 출처가 불분명한 자료는 다운로드하지 않기
아. 명의 도용 확인 서비스 이용하여 가입 정보 확인하기

★★

18 다음 〈보기〉에서 설명하는 것은 무엇인지 쓰시오.

보기

외부의 불법적인 접근으로부터 정보를 보호하는 것으로, 정보의 수집, 가공, 전송 등의 동작이 이루어지는 도중에 훼손, 변조, 유출 등을 방지하는 기술이다.

★★

19 디지털 기술에 관해 서술하시오.

★★

20 그림과 같은 미래 사회에서 볼 수 있는 디지털 기술의 발전에 따른 미래 사회 특징 세 가지를 각각 설명하시오.

〈출처〉 https://news.mt.co.kr/mtview.php?no=2016042911471759224

★★★

21 정보 보호를 위해 개인이 할 수 있는 노력에 관해 서술하시오.

단원별
정답 및 해설

정답 및 해설

I 컴퓨팅 시스템

시험 대비 문제

01 네트워크 환경 구성
본문 11~13쪽

01 ④	**02** ②	**03** ③	**04** ⑤	**05** ②	**06** ②
07 ①	**08** ②	**09** ①	**10** ④	**11** 이더넷(Ethernet)	
12 프로토콜(Protocol)		**13** 와이파이(Wifi)			
14 블루투스(Bluetooth)		**15** 도메인(Domain)			
16 NAT(Network Address Translation)			**17** 해설 참고		
18 해설 참고		**19** 해설 참고		**20** 해설 참고	

해설

01 무선 네트워크는 유선 네트워크에 비해 자리를 이동하며 사용하기 쉽지만, 장애물이나 전파 간섭에 의해 연결 장애가 발생할 수 있다.

02 유선 네트워크의 경우, 케이블을 이용하여 물리적으로 연결하기 때문에 무선 네트워크보다 안정성이 뛰어난 편이다.

03 NFC는 별도의 페어링 과정이 필요하지 않다.

04 기존 시스템을 IPv6로 전환하는 데 많은 시간과 비용이 소요되므로, 현재는 IPv4와 IPv6를 병행하여 사용하고 있다.

05 MAC 주소에 대한 설명으로, 특정 네트워크 내에서 장치를 구별하는 식별자에 해당한다.

06 페어링은 블루투스 기기를 서로 연결하는 초기 인증 과정을 의미한다.

07 IP 주소는 인터넷에 연결된 컴퓨터의 유일한 주소를 의미한다. 현재 일반적으로 사용되는 버전은 IPv4와 IPv6이다.

08 도메인은 IP 주소를 이해하거나 기억하기 쉽게 문자로 표현한 것으로, 국가 도메인 가운데 '.kr' 외에도 '.한국'과 같은 한글로도 등록이 가능하다.

09 1단계에 해당하는 최상위 도메인은 '.com' 이다. 'korea'와 'edu'는 각각 3단계, 2단계 도메인에 해당하며 사용자가 임의로 문자열을 구성할 수 있기 때문에 실제 국가나 운영 주체, 목적과는 상이할 수 있다.

10 서브넷은 네트워크를 효율적이면서도 안전하게 관리하기 위해 부분적으로 나눈 네트워크를 의미하는 것으로, 암호화 방식에 해당하지 않는다.

11 이더넷은 랜 케이블, 랜 카드, 물리적 주소 등을 사용하여 근거리에 위치한 기기 간 통신이 가능하도록 하는 네트워크 기술이다.

12 프로토콜에 관한 설명으로, 네트워크에서 데이터를 주고받기 위해 송신자와 수신자 간 지켜야 할 약속이나 규약을 의미한다.

13 와이파이는 근거리에서 무선 통신을 가능하게 하는 통신 기술로, 이를 사용하기 위해서는 무선 신호를 유선 신호로 바꾸어 주는 기능이 포함된 공유기 등이 필요하다.

14 블루투스는 노트북과 무선 마우스, 스마트폰과 무선 이어폰 등 서로 다른 기능을 하는 장치를 연결하기 위해 고안된 정보 통신 기술로, 데이터 전송 전 기기를 서로 연결하는 초기 인증 과정인 페어링이 필요하다.

15 도메인이란 숫자로 구성된 IP 주소를 영문, 한글 등의 문자로 간결하게 표현한 것을 의미한다.

16 NAT(Network Address Translation)란 네트워크 주소 변환 기술을 의미한다. 공인 IP 주소와 사설 IP 주소 간 변환을 가능하게 한다.

17 무선 네트워크는 전파를 이용하여 데이터를 전송하는 방식이며 이동성이 뛰어나고 설치가 용이하다는 장점이 있다. 반면, 전파 간섭이나 신호 감소로 인해 안정성이 떨어질 수 있다. 유선 네트워크는 랜 케이블을 이용하여 데이터를 전송하며, 높은 속도와 안정성을 제공하지만 설치 비용이 높고 기기 이동이 제한된다는 단점이 있다. 따라서, 네트워크 환경과 목적에 따라 적절한 방식을 선택하여 사용해야 한다.

18 와이파이는 무선 인터넷 연결을 제공하는 기술로, 공유기를 통해 네트워크에 접속할 수 있으며 스마트폰, 노트북, 태블릿 등의 기기에서 널리 사용된다. NFC는 10cm 이내의 매우 가까운 거리에서 데이터를 주고받는 기술로, 모바일 결제, 출입 보안 시스템 등에 사용된다. RFID는 태그와 리더기를 이용하여 물건이나 사람을 식별하는 기술로, 물류 관리, 도서관 시스템, 출입 통제 시스템에서 활용된다. 블루투스는 짧은 거리에서 기기 간 무선 연결을 가능하게 하며 무선 이어폰, 스마트워치, 무선 키보드 및 마우스 등에 사용된다.

19 공인 IP 주소는 인터넷 서비스 제공 업체(ISP)가 부여한 고유한 IP 주소를 의미한다. 반면, 사설 IP 주소는 특정 네트워크에 속한 기기를 식별하기 위해 내부적으로 할당한 IP 주소로, 해당 네트워크에서만 사용 가능하다.

20 네트워크 내에 다양한 기기가 존재하기 때문에 보안이 취약하여 해킹에 당할 경우, 피해 규모 또한 적지 않다. 데이터와 시스템을 보호하기 위해 네트워크 보안에 힘써야 한다.

02 사물 인터넷과 사회 변화

본문 18~19쪽

01 ⑤	02 ⑤	03 ③	04 ⑤	05 ③	06 ③
07 ③	08 ③	09 센서	10 에지 컴퓨팅		
11 해설 참고	12 해설 참고				

해설

01 사물 인터넷에 관한 설명으로, 다양한 개체를 연결하여 상호 작용할 수 있도록 하는 정보 과학 기술을 의미한다.

02 클라우드 컴퓨팅에 대한 설명으로, 클라우드 내에서 중앙 집중형 방식으로 데이터를 처리하는 방식을 의미한다.

03 스마트폰에서 장치를 제어할 수 있는 경우도 있지만 항상 그러한 것은 아니다. 따라서, 오직 스마트폰에서만 제어가 가능하다는 특징은 사물 인터넷 기술의 특징에 해당하지 않는다.

04 사물 인터넷 기술은 지속적으로 발전하고 있지만 보안 문제, 네트워크 안정성, 데이터 처리 효율 등의 측면에서 여전히 개선이 필요하다.

05 이메일을 주고받는 것은 단순히 인터넷을 통해 데이터를 송수신하는 활동으로, 이는 사물 간의 자율적인 상호 작용이나 데이터를 기반으로 한 자동화된 서비스 제공과는 거리가 있기 때문에 사물 인터넷의 활용 사례로 적절하지 않다.

06 사물 인터넷 시스템은 센서를 통해 데이터를 수집하고 네트워크를 통해 이를 처리한 후 자동화된 상호 작용을 수행하는 시스템이다. ③번의 온라인 쇼핑은 단순한 인터넷 기반 서비스일 뿐, 센서와 자동화된 데이터 처리가 포함되지 않으므로 사물 인터넷이 활용된 사례로 보기 어렵다.

07 사물 인터넷 기술은 삶의 편리성을 높이고 생산성을 향상하는 등 다양한 이점이 있지만, 개인 정보 유출과 같은 부정적인 측면도 가져올 수 있다.

08 사물 인터넷 기술의 발달로 인한 보안 위협을 줄이기 위해서는 기기의 보안 업데이트와 패치를 정기적으로 수행하고 데이터 암호화, 네트워크 보안 강화 등 다양한 보안 조치를 취해야 한다.

09 센서에 대한 설명이다. 사물 인터넷을 구성하는 요소 중 하나인 센서는 주변 환경을 인식하고 다양한 물리적 정보를 감지하며 이를 디지털 데이터로 변환하는 역할을 한다. 온도 센서, 습도 센서, 가속도 센서, 초음파 센서 등 다양한 종류가 사물 인터넷에 활용된다.

10 에지 컴퓨팅에 대한 설명이다. 에지 컴퓨팅은 사물 인터넷에서 데이터가 생성되는 곳 주변에 위치한 데이터 처리 장치를 이용하여 분산형으로 데이터를 처리하며, 데이터 처리 시간이 큰 폭으로 단축되며, 인터넷 대역폭과 사용량이 감소하는 장점이 있다.

11 사물 인터넷 시스템은 센서, 액추에이터, 통신 기술, 소프트웨어 등으로 구성된다. 대표적인 센서 예시로는 온도 센서, 습도 센서, 가속도 센서, 초음파 센서 등이 있다. 액추에이터 예시로는 모터, 밸브, 스위치 등이 있으며 통신 기술 예시로는 이더넷, 와이파이, 블루투스, NFC, RFID, 셀룰러 통신 등이 있다. 소프트웨어 예시로는 제어 프로그램, 응용 소프트웨어 등이 있다.

12 사물 인터넷 기술을 활용하여 도심 곳곳에 미세먼지 센서를 설치하여 실시간으로 공기의 질을 측정한다. 이를 바탕으로, 공기의 질이 나빠지면 자동으로 공기 정화 장치가 작동하도록 한다. 등

03 사물 인터넷 시스템 구현

본문 24~25쪽

01 ④	02 ④	03 ③	04 ①	05 ④	06 ①
07 1	08 해설 참고				

해설

01 마이크로컨트롤러 보드에 대한 설명이다. 대표적인 마이크로컨트롤러 보드로는 라즈베리파이, 아두이노, 마이크로비트 등이 있다.

02 마이크로비트는 기본적으로 빛의 밝기, 소리의 크기, 가속도 등을 감지하는 기능을 지원한다.

03 가속도 센서는 움직임을 감지하고 조도 센서는 빛의 밝기를 감지하는 센서이기 때문에 이와 같은 센서를 활용하는 것은 적절하지 않다. 버튼 입력은 수동으로 온도를 확인하는 방식으로, 자동 경고와는 거리가 있다. 자기장 센서는 자기장을 감지하는 센서이기 때문에 온도를 감지할 수 없다.

04 주변 밝기를 인식해야 하므로 조도 센서가 반드시 필요하다.

05 ④번은 보기의 조건에 부합하지 않을 뿐만 아니라, 일반적으로 햇빛이 부족하다고 해서 무조건 물을 더 주는 것은 과습을 초래할 수 있어 부적절하다.

06 지혜가 이야기한 NFC는 근거리 통신 기술이다. 집안에서 가족 구성원끼리 사용하는 사물 인터넷 시스템이더라도 암호화, 정기적인 보안 패치 등이 필요하다.

07 두 마이크로비트가 서로 통신하기 위해서는 라디오 그룹을 동일하게 설정해야 한다.

08 마이크로비트와 온도 센서, 습도 센서를 활용하여 도서관의 온습도를 실시간으로 측정한다. 적정한 온도와 습도보다 높거나 낮은 경우 팬과 모터, 제습 장치 등을 자동으로 작동시켜 적절한 환경을 유지할 수 있도록 한다. 또한, 조도 센서를 활용하여 도서관의 밝기를 측정하고 조도가 너무 낮거나 높은 경우 자동으로 조명의 밝기를 조절하는 시스템을 구현한다. 마이크로비트는 센서에서 수집한 데이터를 분석하여 LED 화면이나 부저를 통해 관리자에게 알람을 제공할 수도 있다. 이를 통해 도서 보관 환경을 보호하고 학생들에게 쾌적한 독서 환경을 제공할 수 있다.

정답 및 해설

Ⅰ 대단원 마무리 문제

본문 26~31쪽

01 ③	02 ③	03 ②	04 ⑤	05 ④	06 ③
07 ④	08 ③	09 ③	10 ④	11 ③	12 ⑤
13 ②	14 ④	15 ③	16 ③	17 ④	18 ②

19 셀룰러 **20** RFID(Radio Frequency Identification)

21 숫자 **22** ㉠ 3 ㉡ 2 ㉢ 1(최상위 도메인) **23** IPv6

24 동적 호스트 구성 프로토콜(DHCP) **25** 255

26 해설 참고 **27** 해설 참고 **28** 해설 참고

29 해설 참고 **30** 해설 참고 **31** 해설 참고

32 해설 참고

해설

01 와이파이를 사용하려면 무선 신호를 유선 신호로 바꾸어 주는 기능이 포함된 공유기가 필요하다. 블루투스를 사용하려면 데이터 전송 전에 두 기기를 연결하는 페어링 과정이 필요하다.
NFC는 약 10cm 이내의 매우 가까운 거리에서 무선으로 데이터를 주고받을 수 있고, 페어링 과정이 필요 없다. 지그비(ZigBee)는 저전력으로 데이터를 주고받기 위한 근거리 무선 정보 통신 기술이다.

02 블루투스는 무선 네트워크를 구성할 때 활용되는 정보 통신 기술 중 하나로, 블루투스를 통해 기기 간 데이터를 주고받기 위해서는 초기 인증 과정인 페어링 과정을 거쳐야 한다.

03 IPv4 주소의 길이는 32bit이다. IPv6는 IPv4보다 약 296배 더 많은 주소를 제공한다. 공인 IP 주소는 인터넷 서비스 제공 업체가 부여한 고유한 IP 주소이며 사설 IP 주소는 특정 네트워크 내부에서만 사용 가능하다.

04 국가 코드 최상위 도메인 가운데 '.us'는 미국을, '.kr'은 한국을 의미한다. 일반 최상위 도메인 중에 '.com'은 상업 목적 기관을, '.net'은 네트워크 관련 기관을, '.org'는 비영리 기관이나 단체를 의미한다.

05 공유 목적과 상황에 따라 사용자별로 서로 다른 접근 권한을 부여하는 등 조치를 취하여 파일과 자원을 보호해야 한다.

06 통신 기술을 통해 데이터를 주고받을 수 있다.

07 에지 컴퓨팅에 대한 설명으로, 데이터가 생성되는 곳 주변에 위치한 데이터 처리 장치, 즉 에지를 이용하여 분산형 방식으로 데이터를 처리하는 방식을 의미한다.

08 사물 인터넷 시스템이 동작하는 데는 다양한 무선 통신 기술이 사용될 수 있으며 와이파이는 그중 하나에 해당한다. 사물 인터넷 기술은 다양한 분야와 시스템에 적용되고 있다. 사물 인터넷 기술을 활용할 경우, 보안 문제에 더욱 관심을 기울여야 한다.

09 사물 인터넷 시스템에서 기기 간 데이터 송수신은 아주 중요한 부분에 해당하며 수집한 데이터에 개인 및 기업의 민감한 정보가 포

함될 수 있어 보안 조치가 필요하다. 또한, 사물 인터넷 시스템은 스마트홈뿐만 아니라 산업, 의료, 교통 등 다양한 분야에서 활용되고 있다.

10 사물 인터넷 기술의 핵심은 센서 데이터 수집, 실시간 데이터 처리, 자동화된 상호 작용 등에 있다. 이메일을 주고받기, 문서 작성 프로그램을 사용하기, 리모컨으로 TV를 조작하기 등은 이러한 사물 인터넷의 특징을 포함하지 않기 때문에 사물 인터넷 기술이 적용되었다고 보기 힘들다.

11 〈보기〉에 제시된 조건을 살펴보았을 때, 키보드는 반드시 필요한 요소가 아니다.

12 사물 인터넷 기술을 통해 공공 안전을 향상시키는 방법 중 하나는 독거노인의 생활 데이터를 분석하여 위급 상황 시 알림을 전송하는 것이다. 이는 사물 인터넷 기술을 활용하여 공공 안전을 개선하는 대표적인 사례에 해당한다.

13 마이크로컨트롤러 보드에 따라 기본적으로 무선 통신 기능을 지원하는지, 어떤 언어를 사용하여 프로그래밍할 수 있는지가 다르다.

14 마이크로비트의 라디오 그룹은 0 이상 255 이하에 해당하는 정수로 설정할 수 있다.

15 음량 센서는 소리의 크기를 감지하는 센서이다.

16 모션 센서는 움직임을 감지하는 센서로, 이를 활용하여 특정 공간 내에 사람이 존재하는지 여부를 확인할 수 있다. 이를 활용하여 사람이 없는 공간에 자동으로 조명을 끄도록 설정함으로써 전력 낭비를 최소화할 수 있다.

17 ④번의 조도 센서는 사료 공급과 직접적인 관계가 없다. 주변이 어둡다고 하여 사료를 공급하는 것은 적절한 방식이라고 보기 어렵다.

18 스마트팜은 센서를 활용하여 농작물의 상태를 모니터링하고 자동화 시스템을 통해 최적의 환경을 조성하는 기술이다. 온실의 내부 온도를 측정하기 위해서는 조도 센서가 아닌 온도 센서를 활용해야 한다. 또한, 토양이 건조할 경우에는 워터펌프 모터를 활용하여 급수를 하는 것이 적절하다.

19 셀룰러 통신에 관한 설명이다. 물리적으로 충분히 멀리 떨어진 사용자에게 동일한 대역의 주파수를 할당함으로써 제한된 주파수를 효율적으로 활용할 수 있다.

20 RFID는 비접촉식 정보 통신 기술로, NFC와 달리 한 번에 여러 개의 태그를 인식할 수 있지만 가격이 상대적으로 비싸고 단방향으로만 통신이 가능하다.

21 도메인이란 숫자로 구성된 IP 주소를 영문, 한글 등의 문자로 간결하게 표현한 것을 의미한다.

22 도메인은 계층 구조를 가지며 일반적으로, 1차(최상위) 도메인-2차 도메인-3차 도메인 순으로 구성한다.

23 IPv6는 IPv4의 IP 주소 부족 문제를 해결하기 위해 등장한 버전으로, 이전보다 더 많은 IP 주소를 나타낼 수 있다.

24 동적 호스트 구성 프로토콜에 대한 설명으로, 자동으로 정보를 할당하기 때문에 편리하지만 일정 규모 이상의 조직에서는 보안을 위해 정보를 수동으로 입력하기도 한다.

25 마이크로비트에서 조도 센서에 의해 측정된 밝기는 0 이상 255 이하의 정수로 표현된다. 따라서, 조도 감지 모드가 1일 때, (버튼 B를 눌렀을 때), 주변의 밝기에 반비례하여 LED가 켜지도록 하려면 최대 밝기인 255에서 감지된 조도값을 감하도록 설정해야 한다.

26 무선 네트워크는 이동성과 편리함이 뛰어나지만 안정성, 속도 등의 측면에서 유선 네트워크가 더 유리한 경우가 있다. 대규모 서버 운영이나 온라인 게임 등 빠르고 안정적인 네트워크가 필요한 상황에서 유선 네트워크를 사용하는 것이 유리하다.

27 공인 IP 주소가 부족한 가운데, 사설 IP 주소를 통해 IP 주소를 효율적으로 운용할 수 있다. 또한, 사설 IP 주소는 인터넷과 같은 외부에서 직접 접근할 수 없어 보안 위협을 줄일 수 있기 때문이다.

28 신뢰할 수 없는 문자다. 2단계 도메인이 '.co'이기 때문에 국가에서 공식적으로 운영하고 있는 사이트라고 보기 어렵다. 물론, 인터넷 검색을 통해 실제 한국장학재단 사이트의 도메인(www.kosaf. go.kr)을 확인해 보면 이 문자가 한국장학재단을 사칭한 피싱 문자임을 확인할 수도 있다.

29 공유 네트워크 구성 시, 허가 받지 않은 사용자가 접근하여 자원을 변경하거나 훼손하지 못하도록 접근을 허용할 사용자의 범위를 지정하는 것이 좋다. 또한, 여러 사용자와 공유하고자 하는 데이터에 개인 정보, 민감 정보 등이 포함되지 않도록 주의해야 한다.

30 • 개인적 측면의 변화: 농부가 직접 작물을 확인하지 않아도 앱을 통해 작물 상태를 확인하고 관리가 가능하다.
• 사회적 측면의 변화: 농업 생산성이 향상되고, 노동력 부족 문제를 해결할 수 있다.

31 사물 인터넷 기술을 활용하여 건물 내 조명, 냉난방, 전력 사용량을 자동으로 제어하는 스마트 에너지 관리 시스템을 구축한다. 예를 들어, 인체 감지 센서를 이용해 사람이 없는 공간에서는 자동으로 조명을 끄고 실내 온도를 자동 조절하는 기능을 적용할 수 있다.
또한, 태양광 패널과 사물 인터넷 에너지 저장 시스템을 연계하여 신재생 에너지를 효율적으로 활용할 수도 있다. 이를 통해 에너지 소비를 줄이고 친환경적으로 건물을 관리할 수 있다.

32 사물 인터넷 시스템을 이용하는 사용자 입장에서 수집되는 데이터의 유형과 저장 방식을 명확히 파악하고 개인 정보 보호 및 보안 설정을 철저히 해야 한다. 사물 인터넷 시스템을 개발하는 개인 및 기업 입장에서 개인 정보 보호법과 같은 각국의 법적 규정을 준수하고 사용자 동의 없이 데이터를 수집 및 활용하지 않도록 유의해야 한다.

 데이터

시험 대비 문제

01 암호화와 데이터 보호   본문 37~39쪽

01 ③	**02** ②	**03** ③	**04** ②	**05** ①	**06** ①
07 ②	**08** ②	**09** ④	**10** ⑤	**11** ③	**12** ②
13 암호키	**14** SSL	**15** 무결성		**16** 전치형 암호	
17 해설 참고		**18** 해설 참고		**19** 해설 참고	

해설

01 암호화는 데이터의 기밀성을 유지하고 보호하는 역할을 하지만, 데이터 크기를 줄이는 것은 암호화의 목적이 아니다. 데이터 크기 감소는 압축 기술과 관련이 있다.

02 암호화된 데이터는 암호키를 가진 사용자만 복호화할 수 있다.

03 암호화는 데이터의 기밀성, 무결성, 접근 통제를 보장하는 보안 기술로, 개인 정보 보호, 위·변조 방지, 안전한 통신에 필수적이다. 반면, 데이터 복구는 백업 시스템이나 복구 소프트웨어를 통해 수행되며, 암호화의 기능과는 직접적인 관련이 없다.

04 SSL은 웹사이트와 사용자 간의 데이터를 암호화하여 전송함으로써 보안을 강화하는 역할을 한다.

05 무결성은 데이터가 전송되고 저장되는 모든 과정에서 변경되거나 손상되지 않는 것을 의미한다. 무결성을 유지하여 데이터가 허가 없이 변경되는 것을 방지할 수 있다.

06 기밀성은 허가되지 않은 사용자가 데이터에 접근하지 못하도록 보호하는 개념으로, 암호화를 통해 기밀성을 강화할 수 있다.

07 치환형 암호 기법은 원본 메시지인 평문에 있는 문자들을 규칙에 따라 다른 문자로 바꾸어 암호문을 만드는 방법이다.

08 전치형 암호는 문자의 위치를 특정한 규칙에 따라 변경하여 암호화하는 기법이다.

09 암호키의 길이와 원본 메시지의 길이가 동일하지 않을 경우 원본 메시지를 암호키의 길이에 맞추어 나누고, 암호화를 수행한다.

10 암호화와 압축의 목적은 동일하지 않다.

11 암호화를 적용하지 않으면 데이터가 네트워크에서 평문으로 전송될 가능성이 높아 해킹 및 유출 위험이 증가할 수 있다.

12 공개키 암호화는 암호화와 복호화에 서로 다른 키를 사용하는 방식이다. 암호화는 누구나 접근 가능한 공개키로 수행되며, 복호화는 오직 소유자만 가진 개인키로 수행된다. 이 방식은 비대칭키 암호화 방식이라고도 한다.

13 암호화에 사용되는 비밀 정보로, 허가된 사용자와 그렇지 않은 사용자를 구분하기 위해 사용된다. 암호화 방법마다 암호키의 생성 방식이 다를 수 있다.

14 SSL은 사용자와 서버 간에 전송되는 데이터를 암호화하여 인터넷 연결을 보호하는 표준 기술이다. SSL 인증서는 디지털 인증서라고 하며, 인증되지 않은 사용자가 통신에 개입하지 않도록 사용자와 서버 사이의 암호화된 연결에 사용된다.

15 무결성은 데이터가 전송되고 저장되는 모든 과정에서 변경되거나 손상되지 않는 것을 의미한다.

16 전치형 암호화 기법은 원본 메시지의 문자 배열을 특정한 암호키의 순서에 따라 암호 메시지로 만드는 방법이다.

17 대칭키 암호화는 암호화와 복호화 과정에서 동일한 키를 사용하는 방식이다. 속도가 빠르고 효율적이지만, 키가 유출될 경우 보안에 취약할 수 있다. 공개키 암호화는 암호화와 복호화에 서로 다른 키(공개키, 개인키)를 사용하는 방식이다. 보안성이 높지만, 연산 속도가 느려지는 단점이 있다.

18 치환형 암호는 문자의 위치는 그대로 두고, 각 문자를 다른 문자로 바꾸는 방식이다. 알파벳을 일정한 수만큼 밀어 바꾼다.
  📌 A → D, B → E
  전치형 암호는 문자의 위치를 규칙적으로 바꾸는 방식이다.
  📌 HELLO → LOLEH(문자 자체는 바뀌지 않음, 순서만 변경)

19 데이터 유출: 암호화되지 않은 데이터는 네트워크를 통해 평문으로 전송되므로, 해커가 이를 쉽게 가로챌 수 있다. 데이터 변조: 공격자가 전송 중인 데이터를 조작하여 허위 정보를 삽입할 가능성이 있다.

---

02 디지털 데이터의 압축 본문 44~45쪽

01 ③	02 ①	03 ①	04 ②	05 ④	06 ①
07 ②	08 ②	09 ④	10 ①	11 ⑤	
12 반복 길이 압축(RLE)			13 무손실 압축		
14 MP3	15 해설 참고		16 해설 참고	17 해설 참고	
18 해설 참고					

해설

01 데이터 압축의 주요 목적은 파일 크기를 줄여 저장 공간을 절약하고, 네트워크 전송 속도를 향상시키는 것이다.

02 무손실 압축은 원본 데이터를 그대로 유지하면서 압축하는 방식이며, 손실 압축은 일부 데이터를 제거하여 크기를 줄이는 방식이다.

03 손실 압축은 오디오, 비디오, 이미지 파일과 같이 크기가 큰 멀티미디어 데이터에서 주로 사용되지만, 텍스트 파일에서는 데이터를 그

대로 유지해야 하므로 주로 무손실 압축이 사용된다.

04 무손실 압축은 원본 데이터의 손실 없이 복원이 가능해야 하는 경우에 사용된다. 예: ZIP, PNG, GIF.

05 JPEG는 손실 압축 방식이며, ZIP, PNG, FLAC, 허프만 압축 기법은 모두 무손실 압축 기법이다.

06 허프만 압축 기법은 자주 등장하는 문자는 짧은 코드로, 드물게 등장하는 문자는 긴 코드로 표현하는 무손실 압축 기법이다.

07 데이터 압축을 통해 파일 크기를 줄이면 네트워크를 통한 전송 속도가 빨라지고, 대역폭을 절약할 수 있다.

08 PNG는 무손실 압축 방식을 사용하므로 원본 품질을 유지하면서 압축이 가능하다.

09 JPEG는 손실 압축 방식을 사용하여 이미지 파일 크기를 줄이는 데 최적화되어 있다.

10 MP3와 같은 손실 압축 방식은 사람의 귀로 들을 수 없는 주파수 영역의 데이터를 제거하여 파일 크기를 줄인다.

11 동영상 압축에서는 해상도, 프레임 속도, 압축률, 파일 형식 등이 중요한 요소이며, 텍스트 길이는 관련이 없다.

12 반복 길이 압축은 반복되는 문자를 압축하여 파일 크기를 줄이는 기법이다.

13 무손실 압축은 원본 데이터를 유지하면서 압축하여 복원이 가능하다. ZIP 파일이 대표적인 예다.

14 MP3는 손실 압축 방식의 대표적인 오디오 파일 형식으로, 불필요한 데이터를 제거하여 파일 크기를 줄인다.

15 손실 압축: 데이터를 일부 손실하여 압축률을 높이는 방식(📌 MP3, JPEG)
  무손실 압축: 원본 데이터를 그대로 유지하는 방식(📌 PNG, ZIP)

16 저장 공간 절약: 데이터 크기를 줄여 저장 공간을 효율적으로 활용할 수 있다.
  전송 속도 향상: 파일 크기를 줄이면 인터넷에서 전송하는 시간이 단축된다.

17 자주 사용되는 문자는 짧은 코드로, 사용 빈도가 낮은 문자는 긴 코드로 표현하여 압축하는 방식이다.
  • 장점: 반복되는 문자열이 많고, 문자열이 지나치게 짧지 않다면 상대적으로 압축률이 높아 저장 공간을 절약할 수 있다.
  • 단점: 트리 구조를 만들어야 하므로 구현이 복잡할 수 있다.

18 데이터가 일부 손실되어 원본 품질이 저하될 수 있다. 압축 후 다시 복원할 경우 원본 데이터와 차이가 발생할 수 있다.

03 빅데이터와 데이터 수집

본문 50~51쪽

01 ⑤	**02** ③	**03** ②	**04** ①	**05** ⑤	**06** ④
07 ③	**08** ③	**09** ②	**10** ④		
11 ① 용량 ② 속도 ③ 다양성		**12** 비정형		**13** 속성	
14 공공 데이터		**15** 데이터 전처리		**16** 해설 참고	
17 해설 참고		**18** 해설 참고		**19** 해설 참고	
20 해설 참고					

해설

01 빅데이터는 단순히 데이터가 많은 것이 아니라, 정형 및 비정형 데이터를 포함하며 분석을 통해 가치를 도출하는 과정까지 포함한다. 빅데이터는 '3V'의 특성을 바탕으로 의사 결정에 도움을 줄 수 있는 신뢰할 만한 정보를 제공한다.

02 개인 정보 보호법에 따라 개인의 이메일 데이터를 무단으로 분석하는 것은 윤리적으로 문제가 된다.

03 데이터 출처의 신뢰성을 확인하는 것은 데이터의 정확성과 윤리적 문제를 피하는 데 필수적이다.

04 공공 데이터는 정부나 공공 기관이 제공하는 데이터를 의미하며, 교통량 데이터가 이에 해당한다.

05 공공 데이터 포털에서 제공하는 자료는 이미 수집된 데이터를 이용하는 간접 수집 방식에 해당한다.

06 책을 직접 필사하는 작업은 빅데이터 분석과 관련이 없으며, 자동화되기 어렵다.

07 빅데이터 분석을 통해 교통 흐름을 실시간으로 모니터링하고 신호 체계를 최적화하여 교통 혼잡을 줄이는 데 활용할 수 있다.

08 빅데이터 분석의 핵심은 데이터의 수집뿐만 아니라 분석 및 활용을 통해 가치 있는 정보를 창출하는 것이다.

09 데이터의 양이 많다고 해서 신뢰성이 자동으로 보장되지 않으며, 목적에 맞는 데이터 가공과 선별이 필수적이다.

10 데이터 수집 과정에서 발생한 결측치나 이상치는 데이터 품질을 향상시키기 위해 데이터를 정제 및 변환하는 과정에서 평균, 중앙값으로 채우거나 삭제하여 적절히 처리할 수 있다.

11 용량(Volume), 속도(Velocity), 다양성(Variety)이 빅데이터의 3V 요소이다.

12 빅데이터는 정형 데이터뿐만 아니라 비정형 데이터도 포함한다.

13 데이터의 주제와 데이터의 속성을 고려하여 수집해야 한다.

14 공공 데이터는 정부 기관이 제공하는 기상 정보, 교통 정보 등의 데이터이다.

15 데이터 전처리는 데이터의 품질을 향상시키기 위해 데이터를 정제 및 변환하는 과정이다.

16 직접 관찰이나 실험 결과 등을 토대로 데이터를 수집하거나 피지컬 컴퓨팅이나 스마트 기기의 센서를 통해 데이터를 수집할 수 있다. 또한, 설문 조사나 인터뷰 등도 가능하다.

17 ① 개인 정보 보호: 데이터 수집 과정에서 개인 정보가 포함되지 않도록 주의해야 하며, 데이터 익명화를 통해 보호할 수 있다.
② 저작권 문제: 데이터 활용 시 원저작자의 허락을 받거나 공공 데이터를 이용해야 한다.

18 교통량 데이터를 분석하여 혼잡 구간을 파악하고 신호 체계를 최적화할 수 있다. 실시간 GPS 데이터를 활용하여 버스 및 지하철 운행을 조정할 수 있다. 시민들의 이동 패턴을 분석하여 새로운 교통 노선을 설계할 수 있다. 등

19 SNS 게시글 분석을 통해 소비자들의 관심사와 트렌드를 파악할 수 있다. 고객 피드백을 실시간으로 분석하여 브랜드 이미지 개선 전략을 수립할 수 있다. 소셜 미디어 광고 효과를 측정하여 광고 집행 전략을 최적화할 수 있다. 등

20 실시간 대기 오염 데이터를 분석하여 미세먼지 예측 및 저감 대책을 마련할 수 있다. 위성 및 센서 데이터를 활용하여 산림 파괴 및 해양 오염 감시 시스템을 구축할 수 있다. 날씨 데이터를 분석하여 기후 변화 대응 정책을 최적화할 수 있다. 등

04 데이터 시각화

본문 55~57쪽

01 ③	**02** ②	**03** ②	**04** ③	**05** ②	**06** ②
07 ①	**08** ④	**09** 선 그래프		**10** 막대 그래프	
11 원 그래프		**12** 히스토그램		**13** 산점도	
14 해설 참고		**15** 해설 참고		**16** 해설 참고	
17 해설 참고		**18** 해설 참고			

해설

01 시각화의 이유 중 단순성은 복잡성을 줄이고 명확한 전달을 위함이다.

02 데이터를 시각화하면 데이터가 나타내는 의미를 보다 쉽고 명료하게 파악할 수 있다.

03 히스토그램은 데이터의 빈도와 분포를 효과적으로 표현하는 시각화 방법이다.

04 선 그래프는 점으로 값을 나타내고 그 점을 선으로 연결해 시각화한 그래프로, 연속적인 데이터의 흐름을 확인할 때 자주 사용된다.

05 선 그래프는 시간에 따른 변화나 추세를 나타내는 데 매우 효율적이다. 따라서 연도별 변화 표현에 가장 적합하다.

06 막대 그래프는 값의 크기를 막대 모양의 길이를 통해 시각화한 그래프다. 막대 모양의 길이를 통해 어떤 값이 가장 크고 작은지 상대적인 크기를 쉽게 파악할 수 있다.

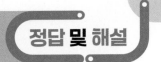

07 산점도는 두 변수 간의 관계를 시각적으로 표현하여 상관관계를 분석하는 데 사용되며, 서로 다른 데이터 포인트 간의 패턴이나 경향을 쉽게 파악할 수 있다.

08 R은 시각화 방법이 아니라 빅데이터 분석 도구이다.

09 선 그래프는 점으로 값을 나타내고 그 점을 선으로 연결해 시각화한 그래프이다.

10 막대 그래프는 값의 크기를 막대 모양의 길이를 통해 시각화한 그래프이다.

11 원 그래프는 전체에서 각 항목의 비율을 원 영역의 크기를 통해 시각화한 그래프이다.

12 히스토그램은 구간을 나누어 데이터의 전반적인 분포와 구간 내에 포함되는 빈도수를 시각화한 그래프이다.

13 산점도는 속성값 사이의 관계를 시각화한 그래프다. 좌표 평면의 가로축과 세로축의 두 속성값과 속성 간의 관계를 나타낼 때 자주 사용된다.

14 데이터를 쉽게 이해할 수 있도록 도와준다. 데이터의 패턴과 추세를 직관적으로 파악할 수 있다.

15 막대 그래프는 카테고리 간 비교에 유리하지만 시간의 변화 추세를 파악하기 힘들다. 선 그래프는 시간에 따른 트렌드를 시각적으로 표현하는 데 유리하나, 카테고리 간 비교에는 적합하지 않다.

16 데이터 시각화 도구에는 Python, R, Excel 등이 있다. Python은 다양한 라이브러리(Matplotlib, Seaborn 등)를 이용해 그래프 생성 및 데이터 분석을 수행할 수 있다. R은 통계 분석에 강점을 가지며, 복잡한 통계 시각화 및 패턴 분석에 활용된다. Excel은 표 형식 데이터의 간단한 시각화 및 차트 생성에 유용하다. 이들 도구는 시각화를 통해 복잡한 데이터를 쉽게 이해하고, 데이터에서 의미 있는 정보를 도출하는 데 도움을 준다.

17 1960년에는 남성 인구가 여성 인구보다 많았으며, 출생 시 성비가 1.05에 가까웠다. 그러나 2025년에는 두 성별의 인구 비율이 대체로 균형을 이루기 시작했다. 2072년에는 여성 인구가 남성 인구보다 많아지는 경향을 보이며, 이는 여성의 기대수명이 증가하고 출생 시 성비가 영향을 미친 결과로 분석할 수 있다.

18 1960년의 중위연령은 19세로 매우 낮았지만, 2072년에는 63.4세로 증가할 것으로 예상된다. 이는 고령화 사회의 도래를 의미하며, 노동력 부족, 복지 수요 증가, 건강 관리 비용 증가 등의 사회적 문제를 초래할 수 있다.

● Ⅱ 대단원 마무리 문제 ●　　　본문 58~61쪽

01 ①	**02** ②	**03** ③	**04** ①	**05** ③	**06** ②
07 ②	**08** ②	**09** ④	**10** ②, ④	**11** ②	**12** ③
13 ②	**14** ③	**15** ②	**16** 복호화		
17 ① 기밀성 ② 무결성 ③ 가용성			**18** 순서	**19** ZIP	
20 ① 짧은 ② 긴		**21** 주파수	**22** ① 용량 ② 속도 ③ 다양성		
23 ① 용량 ② 속도 ③ 데이터 종류			**24** 공공 데이터		
25 선 그래프		**26** 원 그래프		**27** 해설 참고	
28 해설 참고		**29** 해설 참고		**30** 해설 참고	
31 해설 참고		**32** 해설 참고			

해설

01 복호화는 암호화된 데이터를 원래 상태로 되돌리는 과정이며, 암호 키를 이용하여 수행된다.

02 "https://"는 SSL 인증서가 적용된 웹 사이트를 의미하며, 보안이 강화된 상태다.

03 암호화를 적용하지 않으면 데이터가 네트워크에서 평문으로 전송될 가능성이 높아 해킹 및 유출 위험이 증가할 수 있다.

04 무손실 압축은 데이터를 그대로 유지하면서 압축하는 방식으로, 원본 데이터를 완벽하게 복원할 수 있다. 손실 압축은 데이터를 일부 제거하여 파일 크기를 줄이는 방식으로, 복원 시 원본과 완전히 동일하지 않을 수 있다.

05 MP3는 손실 압축 방식을 사용하여 파일 크기를 줄이며, PNG, ZIP, FLAC, GIF는 무손실 압축 방식이다.

06 MP3는 손실 압축 방식으로, 인간의 청각으로 인지하기 어려운 주파수나 배경 소음 등 중요도가 낮은 음향 요소를 제거하여 파일 크기를 줄인다.

07 PNG(Portable Network Graphics)는 무손실 압축 방식을 사용하는 이미지 파일 형식으로, 압축 후에도 원본 이미지 품질이 손상되지 않으며 복원이 가능하다.
GIF는 색상 수를 제한하여 파일 크기를 줄이는 방식으로, 주로 애니메이션 이미지에 사용된다.

08 코덱(codec)은 동영상 데이터를 효율적으로 압축하고, 필요할 때 복원하는 역할을 하는 소프트웨어 또는 하드웨어 기술이다.

09 종이 문서로 작성된 업무 기록은 디지털화되지 않아 빅데이터 분석에 활용하기 어렵다.

10 데이터 수집 과정에서 개인 정보를 포함하지 않아야 하며, 데이터 출처의 신뢰성을 확인하는 것은 데이터의 정확성과 윤리적 문제를 피하는 데 필수적이다.

11 빅데이터 분석은 통계 분석, 기계 학습 등의 기법을 활용하여 의미 있는 패턴을 도출하는 과정이다.

12 데이터의 양이 많다고 해서 분석의 정확성이 항상 높아지는 것은 아니며, 분석 기법과 데이터의 품질이 중요하다.

13 데이터 시각화는 데이터를 시각적인 형태로 변환하여 이해하기 쉽게 표현하는 것이다.

14 원 그래프는 전체에서 각 항목의 비율을 원 영역의 크기를 통해 시각화한 그래프이다.

15 히스토그램은 연속형 수치 데이터를 일정한 구간(bin)으로 나누어 각 구간에 속하는 데이터의 빈도를 막대로 표현하는 시각화 도구이다.

16 복호화는 암호문을 원본 메시지로 되돌리는 것이고, 암호문은 암호 키 없이는 읽을 수 없는 암호화된 메시지다.

17 기밀성은 정보 보호의 기본 원칙 중 하나이며, 무결성은 데이터가 변조되지 않도록 보장하는 기능, 가용성은 필요한 순간 데이터를 사용할 수 있도록 보장하는 기능을 의미한다.

18 전치형 암호는 문자의 순서를 변경하는 방식으로 암호화되며, 치환형 암호는 문자의 순서는 유지하되 다른 문자로 대체하는 방식이다.

19 텍스트 데이터를 압축할 때 주로 사용되는 파일 형식에는 ZIP 같은 무손실 압축 방식이 있다.

20 허프만 압축 기법은 무손실 압축 방식 중 하나로, 문자의 출현 빈도를 바탕으로 가변 길이의 이진 코드를 생성한다. 자주 사용되는 문자일수록 짧은 비트 코드, 사용 빈도가 낮은 문자일수록 긴 비트 코드를 할당하여 전체 데이터의 평균 코드 길이를 줄이는 방식이다.

21 MP3는 손실 압축 방식의 대표적인 오디오 포맷이다. 이 방식은 인간이 들을 수 없는 주파수 영역의 소리나, 다른 소리에 묻혀 인식되지 않는 음향 정보를 제거함으로써 파일 크기를 줄인다.

22 빅데이터의 특성에는 용량, 속도, 다양성 등이 있다.

23 빅데이터의 특징: 데이터의 규모(용량, Volume)가 매우 크고, 데이터의 형태(종류)가 다양하며, 매우 빠른 속도(Velocity)로 생성되는 데이터를 실시간으로 저장, 분석, 처리할 수 있다는 것이다.

24 공공 데이터에 대한 설명이다. 공공 데이터는 공공 기관이 생성 또는 취득하여 관리하는 데이터로, 국민의 알 권리를 보장하고 편리함을 높이는 데 활용된다. 공공 데이터는 모든 국민이 자유롭게 활용할 수 있도록 온라인상에서 파일 데이터, 오픈 API, 시각화 등 다양한 형태로 개방되고 있다.

25 선 그래프는 데이터를 시간 흐름에 따라 연결하여 변화를 쉽게 파악할 수 있도록 해 준다.

26 원 그래프는 전체에서 각 항목이 차지하는 비율을 직관적으로 비교하는 데 적합하다.

27 • 암호화된 데이터는 암호키 없이는 내용을 알 수 없지만, 암호화 되지 않은 데이터는 누구나 확인할 수 있다.

• 암호화가 필요한 이유
– 개인 정보 보호: 금융 정보, 로그인 정보 등의 기밀성을 유지하기 위해서이다.
– 데이터 무결성 보장: 전송 중 데이터 변조를 방지하기 위해서이다.

28 • 손실 압축: 파일 크기를 줄이고 속도를 높여야 할 때 사용한다. 예 스트리밍 비디오, MP3 오디오
• 무손실 압축: 데이터 손실없이 정확한 복원이 필요한 경우 사용한다. 예 ZIP 파일, PNG 이미지

29 데이터 압축 기술의 장점
• 전송 속도 향상: 압축을 통해 데이터 크기를 줄이면 네트워크를 통해 데이터를 전송하는 속도가 빨라진다.
• 네트워크 대역폭 절약: 압축된 데이터는 네트워크에서 더 적은 대역폭을 사용하므로, 동일한 환경에서 더 많은 데이터를 전송할 수 있다.
• 스트리밍 및 다운로드 품질 개선: 손실 압축을 적용하면 오디오 및 동영상 콘텐츠의 크기가 줄어들어, 인터넷 스트리밍과 다운로드가 원활해진다.
• 저장 공간 절약: 압축을 사용하면 서버 및 클라우드에서 저장 공간을 보다 효율적으로 활용할 수 있다.

30 • 고객의 구매 이력을 분석하여 맞춤형 추천 시스템을 제공할 수 있다.
• 실시간 트렌드 데이터를 활용하여 베스트셀러 상품을 자동 추천할 수 있다.
• 장바구니 이탈 데이터를 활용하여 할인 쿠폰을 제공하는 전략을 실행할 수 있다.

31 환자의 건강 기록을 분석하여 질병 발생 가능성을 예측할 수 있다. 유전자 데이터를 활용하여 개인 맞춤형 치료법을 개발할 수 있다. 병원 방문 패턴을 분석하여 응급실 대기 시간을 단축할 수 있다. 등

32 데이터에서 부산, 충남, 울산의 높은 건설수주액 증가와 경북, 대전, 광주의 감소를 비교할 때, 이는 지역 경제 간의 불균형을 나타낸다. 특정 지역은 경제 활성화로 인해 건설 프로젝트가 증가하는 반면, 다른 지역은 경제적 어려움 또는 정책적 미비로 인해 건설 수요가 낮아질 수 있다. 이러한 불균형은 지역 균형 발전 정책의 필요성을 제시한다.

III 알고리즘과 프로그래밍

시험 대비 문제

01 알고리즘과 문제 해결
본문 68~69쪽

01 ③	02 ④	03 ⑤	04 ③	05 ④	06 ①
07 ⑤	08 ④	09 입력, 출력, 명확성, 유한성, 수행 가능성			
10 의사 코드		11 해설 참고		12 해설 참고	

해설

01 같은 문제를 해결하기 위한 알고리즘은 다양하게 표현할 수 있다.

02 의사 코드로 작성한 알고리즘은 실제 프로그래밍 언어가 아니므로 컴퓨터에서 실행할 수 없다.

03 프로그래밍 언어를 사용하여 프로그램을 구현하는 단계는 자동화이다.

04 알고리즘은 다음과 같은 조건을 만족해야 한다. 알고리즘은 필요한 데이터를 0개 이상 입력받을 수 있어야 하며(입력), 수행 후 1개 이상의 결과가 출력되어야 한다.(출력) 또한, 언제, 어디서, 누가 알고리즘을 수행하더라도 동일한 작업을 수행해야 하기 때문에 모호함이 없이 의미가 분명해야 하며(명확성), 모든 명령이 수행 가능해야 하고(수행 가능성), 반드시 종료되어야 한다.(유한성)

05 ①, ⑤는 알고리즘 설계, ②, ③은 추상화 단계에 해당하는 설명이다. 자동화 단계는 컴퓨팅 기기로 프로그램을 구현하는 프로그래밍 과정과 구현한 프로그램의 실행 결과를 분석하고 평가하는 성능 평가 과정을 포함한다.

06 〈보기〉의 알고리즘은 특별한 형식 없이 일상생활에서 사용하는 말과 글인 자연어를 사용하여 알고리즘을 표현하고 있다.

07 〈보기〉의 알고리즘에는 위에서 아래로 순차적으로 명령을 실행하는 순차 구조, 동일한 명령을 반복하여 실행하는 반복 구조, 조건에 따라 서로 다른 명령을 실행하는 선택 구조가 사용되었다.

08 ④번 기호는 조건을 비교하고 판단하여 흐름을 나누는 명령을 표현할 때 사용한다.

09 알고리즘은 필요한 데이터를 0개 이상 입력받을 수 있어야 하고, 알고리즘 수행 후 1개 이상의 결과가 출력되어야 하며, 모호함이 없이 분명하게 작성되어야 한다. 또한, 반드시 종료되어야 하며 모든 명령은 수행 가능해야 한다. 알고리즘은 입력, 출력, 명확성, 유한성, 수행 가능성의 다섯 가지 조건을 만족할 수 있도록 작성해야 한다.

10 알고리즘을 표현하는 방식 중 의사 코드는 수학적 기호와 논리 표현을 사용하여 프로그래밍 언어와 유사하게 표현되지만 실제 프로그래밍 언어가 아니므로 컴퓨터에서 실행할 수 없다.

11 〈보기〉는 알고리즘의 조건 중 유한성을 만족하지 않는다. 알고리즘은 반드시 종료되어야 하지만 〈보기〉의 알고리즘은 종료되지 않는다.

12 컴퓨터로 문제를 해결하기 위해서는 추상화, 알고리즘 설계, 자동화의 절차가 필요하다. 추상화 단계에서는 주어진 문제를 이해하고 분석하여 핵심 요소를 추출하고 해결하기 쉬운 형태로 문제를 재표현한다. 문제를 추상화한 결과를 자연어, 의사 코드, 순서도 등을 사용하여 문제를 해결하기 위한 작업을 절차에 맞춰 나열하여 알고리즘을 설계한다. 자동화 단계에서는 설계한 알고리즘을 컴퓨팅 시스템이 수행할 수 있도록 프로그래밍 언어로 작성하고 구현된 프로그램이 문제를 올바르게 해결할 수 있는지, 더 효율적인 방법이 있는지 확인하며 성능 평가를 진행한다.

02 문제 분해와 모델링
본문 75~77쪽

01 ④	02 ④	03 ②	04 ④	05 해설 참고

06 (ㄴ, ㄷ) **07** (1) 0분, 8분, 16분, 24분, 32분, 40분, 48분, 56분, 64분, 72분, 80분, 88분, 96분, … (2) 0분, 9분, 18분, 27분, 36분, 45분, 54분, 63분, 72분, 81분, 90분, 99분, … (3) 12분, 24분, 36분, 48분, 60분, 72분, 84분, 96분, … (4) 72분 **08** 72분 후
09 작은 문제 사이의 순서나 포함 관계에 유의해야 하고, 전체 문제가 오류 없이 해결되었는지 확인해야 한다. **10** 해설 참고

해설

01 복잡한 문제는 문제를 분석하는 단계에서 핵심 요소를 기준으로 작은 문제로 분해할 수 있다. 유사한 기능이나 자료를 기준으로 분해하거나 동일한 형태의 작은 문제로 분해하는 방법이 있다. 작은 문제의 수행 순서나 포함 관계에 유의하여 작은 문제를 수행하고 해결 결과를 종합하는 과정에서 원래 해결하려던 문제가 원활하게 해결되는지 확인해야 한다.

02 순서도, 의사 코드 등을 사용하여 구체적인 방법이나 절차를 작성하는 것은 알고리즘 설계에 대한 설명이며, 문제 분해는 복잡한 문제를 해결 가능한 작은 단위의 문제들로 분해하는 것이다.

03 문제를 분해하는 방법에 따라 문제를 분해한 결과로 나타나는 작은 문제들이 달라질 수 있다.

04 모델링을 통해 복잡한 문제를 단순하게 표현할 수 있으며, 문제 해결 모델을 사용하여 문제를 좀 더 용이하게 해결할 수 있다. 모델링만으로 문제가 항상 해결되는 것은 아니다.

05 문제 분해를 통해 동일한 형태의 작은 문제로 분해하여 반복적으로 해결하며 복잡해 보이는 문제를 해결할 수 있다. 한국이, 친구1, 친

구2가 출발하는 위치에서 가로, 세로로 이동하는 거리를 더하여 세 학생의 이동 거리를 구할 수 있으며, 그 값을 모두 더하여 세 학생의 이동 거리의 총합을 구할 수 있다.

(1) ● 한국이
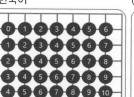

(2) ■ 친구1
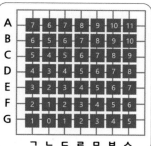

(3) ▲ 친구2

(4) 한국이+친구1+친구2
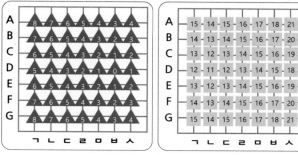

06 작은 문제 1~3을 해결한 뒤 작은 문제 4를 해결할 수 있으며, 이 결과를 통해 처음에 해결하고자 했던 복잡한 문제인 세 학생이 이동한 거리의 총합이 최소가 되는 위치를 구할 수 있다.

07 A, B, C 버스가 동시에 정류장에서 출발한 이후(0분) 각각의 버스가 정류장에서 출발하기까지 소요되는 시간은 각 버스의 배차 시간의 배수와 같다. 따라서 A, B, C 버스가 정류장에서 출발하기까지 소요되는 시간은 각각 8의 배수, 9의 배수, 12의 배수로 구할 수 있으며, 작은 문제 1~3을 해결한 결과를 바탕으로 작은 문제 4를 해결할 수 있다.

08 작은 문제 1~3을 해결한 결과를 바탕으로 작은 문제 4를 해결할 수 있으며, 이는 버스 A, B, C의 배차 시간의 최소 공배수와 같다.

09 복잡한 문제를 분해하여 해결할 때 작은 문제를 해결하는 순서에 따라 문제가 해결되지 않을 수 있으며, 작은 문제 사이의 포함 관계에 유의해야 한다. 예를 들어, '가족 여행 계획하기'라는 복잡한 문제를 해결하기 위해 문제를 분해할 때, '숙소 예약하기'와 '지역 결정하기'라는 작은 문제가 있다면 '지역 결정하기' 문제를 해결한 후 '숙소 예약하기' 문제를 해결해야 원래 문제를 올바르게 해결할 수 있으며, 작은 문제를 모두 해결한 후 원래 해결하려던 문제가 오류 없이 해결되었는지 확인해야 한다.

10 복잡한 문제를 작은 단위의 문제로 분해하면 문제를 더 쉽게 이해하고 해결할 수 있다. 복잡한 문제를 이해하기 쉽게 재표현할 수 있으며, 작은 문제를 해결한 후 이를 조합하면 전체 문제를 효과적으로 해결할 수 있다.

01 ④   **02** ③   **03** 해설 참고   **04** !=, <, <=

05 ㉮ or ㉯ and   **06** a+b*2 또는 a+b+b   **07** ④

08 base*height*1/2 또는 base*height*0.5

09 r**2*pi 또는 r*r*pi   **10** ㉮ '365X18의 연산 결과는', ㉯ 365*18

11 True   **12** ④   **13** ⑤   **14** (sub1 + sub2 + sub3) / 3

15 ㉮ False, ㉯ True   **16** ㉮ %, ㉯ = =

17 ㉮ a // 60, ㉯ a % 60   **18** 해설 참고   **19** ㉮

birth // 10000 ㉯ (birth % 10000) // 100 ㉰ (birth % 10000) % 100

20 ⑤

해설

01 파이썬에서 모든 데이터는 True(참) 또는 False(거짓)으로 평가될 수 있다. 0이 아닌 수치 데이터와 비어 있지 않은 문자열은 항상 참이며, 불 데이터인 True도 항상 참이다. 0과 비어 있는 문자열, False는 항상 거짓이다.
① 비어 있지 않은 문자열이므로 True(참)
② 0이 아닌 수치 데이터이므로 True(참)
③ 불 데이터 True이므로 True(참)
④ 수치 데이터 0이므로 False(거짓)
⑤ 비어 있지 않은 문자열이므로 True(참)

02 파이썬에서 수치 자료형은 소수점 포함 여부에 따라 크게 정수형과 실수형으로 구분된다. 데이터의 자료형을 반환하는 typet( ) 함수를 사용하면, 소수점을 포함하지 않은 수치 데이터는 정수형을 의미하는 'int'가, 소수점을 포함한 수치 데이터는 실수형을 의미하는 'float'가 반환되어 print( ) 함수에 의해 모니터에 출력된다.

03
[실행 결과]
```
True
True
False
False
True
```

파이썬에서 모든 데이터는 True(참) 또는 False(거짓)으로 평가될 수 있다. 0이 아닌 수치 데이터와 비어 있지 않은 문자열은 항상 참이며, 0과 비어 있는 문자열은 항상 거짓이다. 따라서 0과 비어 있는 문자열 데이터만 False이고 나머지는 True가 반환되어 출력된다.

04 파이썬에서 비교 연산자에는 >, >=, <, <=, !=, ==가 있다. 제시된 프로그램 실행 결과를 True로 만들기 위해서는 '10과 20이 같지 않다'를 의미하는 !=와 '10이 20보다 작다'를 의미하는 <, '10이 20보다 작거나 같다'를 의미하는 <=가 빈칸 ㉮에 입력되어야 한다.

05 변수 a, b가 각각 True, False일 때, 두 변수의 논리 연산 결과가 True가 되기 위해서는 or 연산을 수행해야 하며, 논리 연산 결과가 False가 되기 위해서는 and 연산을 수행해야 한다.

06 파이썬에서는 문자열 연결 연산과 문자열 반복 연산을 지원한다. 문자열을 연결하기 위해서는 덧셈 연산자(+)를 사용할 수 있으며, 문자열 반복을 위해서는 곱셈 연산자(*)를 사용할 수 있다.

07 변수는 한 번에 하나의 값만 저장할 수 있기 때문에 나중에 할당된 값 한 개만 변수에 저장된다. 따라서 변수 a에는 문자열 '안녕'이, 변수 b에는 정수 100이 저장되어 있다.

08 삼각형의 넓이는 '밑변×높이×$\frac{1}{2}$'의 수식을 사용하여 구할 수 있다. 이를 제시된 파이썬 프로그램의 변수와 산술 연산자를 사용하여 나타내면 'base*height*1/2' 또는 'base*height*0.5'로 표현할 수 있다.

09 원의 넓이는 '반지름의 길이²×원주율'의 수식을 사용하여 구할 수 있다. 이를 제시된 파이썬 프로그램의 변수와 산술 연산자를 사용하여 나타내면 'r**2*pi' 또는 'r*r*pi'로 표현할 수 있다.

10 문자열을 출력하기 위해서는 print( ) 함수 내의 따옴표 안에 출력하고자 하는 내용을 적고, 곱셈 연산 결과를 출력하기 위해서는 print( ) 함수에서 곱셈 연산자(*)를 사용하여 연산을 해야 한다.

11 변수 num1과 num2에는 각각 5와 9가 대입되어 있으므로 print( ) 함수 내에 있는 'num1 * num2 == 45'이 의미하는 것은 '5 곱하기 9가 45와 같다.'이고 이는 참이므로 True가 출력된다.

12 ① 변수에 대입된 값은 고정되지 않고 필요에 따라 변할 수 있다.
② 변수명은 숫자부터 시작할 수 없다.
③ 불 자료형 True와 False는 미리 만들어진 예약어로, 첫 번째 글자는 반드시 대문자로 사용한다.
④ 변수는 한 번에 하나의 값만 저장할 수 있어서 다른 값의 변수를 대입하면 이전에 저장되었던 값이 변경된다.
⑤ int는 정수형, float는 실수형을 의미한다.

13 프로그램이 실행되면 a와 b를 곱한 값인 31.4가 출력된다.

14 과목의 평균은 모든 과목의 합을 과목의 수로 나누어서 구할 수 있으므로, 덧셈 연산자와 나눗셈 연산자를 사용하여 평균을 구할 수 있다.

15 not a의 결과가 True가 되기 위해서는 변수 a의 값이 False이어야 하며, False or b의 결과가 True가 되기 위해서는 변수 b의 값이 True이어야만 한다.

16 짝수는 2로 나누었을 때의 나머지가 0인 수로 표현할 수 있으므로 ㉮에는 a를 2로 나누었을 때의 나머지를 계산하는 산술 연산자 '%'를, ㉯에는 연산의 결과가 같다는 것을 의미하는 비교 연산자 '=='를 입력해야 한다.

17 110초를 60초로 나누었을 때의 몫은 분과 초로 표현했을 때의 분이 되며, 그 나머지는 초가 된다.

18 프로그램의 실행 결과 50과 '5 * 10'이 각각 출력된다. 첫 번째로 출력된 50은 정수형 10과 5를 곱셈 연산한 결과인 정수형 자료형

이며, 두 번째로 출력된 '5 * 10'은 작은따옴표로 감싸져서 표현된 문자열 자료형이다. 문자열로 표현되었기 때문에 5와 10을 곱하는 산술 연산 결과가 아닌 문자열의 내용 그대로가 출력된다.

19 변수 year의 값은 변수 birth의 앞의 4자리 수가 되어야 하므로, birth를 10000으로 나누었을 때의 몫이 할당되도록 빈칸 ㉮를 작성할 수 있다. 변수 month와 day를 설정하기 위해서는 변수 birth의 뒤의 4자리만 필요하므로 변수 birth를 10000으로 나누었을 때의 나머지의 값을 구한 뒤, month는 그중 앞의 2자리 수이므로 100으로 나누었을 때의 몫이 할당되도록 빈칸 ㉯를 작성하고, day는 뒤의 2자리 수이므로 100으로 나누었을 때의 나머지가 할당되도록 빈칸 ㉰를 작성할 수 있다.

20 num1이 3과 5의 배수라면 num1을 3으로 나누었을 때의 나머지가 0이고, num1을 5로 나누었을 때의 나머지가 0이 되어야 한다. 두 가지 조건이 동시에 참이 되어야 num1이 3과 5의 공배수가 되기 때문에 'num1 % 3 == 0'과 'num1 % 5 == 0'이 and 연산자로 연결되어야 한다.

04 표준 입출력과 파일 입출력 본문 90~93쪽

01 ㉠ input( ), ㉡ print( )　　**02** ①　**03** ㉮ input( ), ㉯ print( )
04 ④　　**05** name 대한이　　**06** ③　　**07** ③
08 ㉮ r, ㉯ read( )　　**09** ③　　**10** ④　　**11** csv　　**12** ②
13 wirte　　**14** ③　　**15** 1000.123
16 ㉮ float(input('원의 반지름: ')), ㉯ r**2*pi 또는 r*r*pi
17 ㉮ int(input('초 입력: ')), ㉯ a // 60, ㉰ a % 60
18 ㉮ int(input('생년월일: ')), ㉯ birth // 10000, ㉰ (birth % 10000) // 100, ㉱ (birth % 10000) % 100
19 '김정보'가 말했습니다.\n"내일 아침이면 모든 게 괜찮아질 거야."
20 ㉮ float(input('밑변: ')), ㉯ float(input('높이: ')), ㉰ base*height*1/2 또는 base*height*0.5
21 ㉮ input('이름을 입력하세요: '), ㉯ name + '님 만나서 반갑습니다.'

해설

01 print( ) 함수는 파이썬에서 모니터에 값을 출력할 때 사용하는 내장 함수로, 괄호 안에 작성된 내용을 출력하며, input( ) 함수는 키보드를 통해 사용자로부터 데이터를 입력받을 때 사용하는 내장 함수이다.

02 변수 a에 저장되는 데이터의 자료형은 문자열이 아닌 실수형이다. input( ) 함수를 통해 문자열 자료형으로 입력받은 데이터를 float ( ) 함수를 사용하여 실수형으로 변환하여 변수 a에 대입한다.

03 키보드를 통해 사용자에게 학년을 입력받기 위해서는 파이썬 내장 함수인 input( ) 함수를 사용해야 한다. input( ) 함수 안에 작성된 안내 문구 '학년을 입력하세요:'에 따라 사용자가 입력한 데이터는 변수 grade에 저장되며 이때 grade의 자료형은 문자열이 된다. 입력받은 문자열 grade와 문자열 '학년 입니다.'를 '+' 연산자로 연결하여 출력하기 위해서는 print( ) 함수를 사용한다.

04 프로그램에서 input( ) 함수로 입력받은 값은 항상 문자열이 되기 때문에 수치형 데이터로 사용하려면 정수나 실수의 수치 자료형으로 변환해야 한다. 정수형으로 변환하기 위해서는 int( ) 함수, 실수형으로 변환하기 위해서는 float( ) 함수를 사용해야 한다.

05 print( ) 함수의 괄호 안에 따옴표로 감싼 'name'은 문자열이기 때문에 문자 그대로가 출력되지만 따옴표 없이 사용된 name은 변수명으로 변수에 저장된 값인 '대한이'가 출력되며, 쉼표로 연결된 두 출력값 사이에는 공백이 추가된다.

06 프로그램에서 파일을 읽거나 쓰기 전에는 파일을 열어 주어야 하며 파일 처리가 끝나면 반드시 파일을 닫아 주어야 한다.

07 프로그램에서 파일을 열 때는 파일을 여는 목적에 따라 파일 열기 모드를 정해 주어야 한다. 읽을 때는 'r'(read), 쓸 때는 'w'(write), 기존 내용에 추가로 쓸 때는 'a'(append) 모드로 설정해야 한다.

08 프로그램에서 파일을 열 때는 파일을 여는 목적에 따라 파일 열기 모드를 정해 주어야 한다. 파일을 읽을 때는 'r', 쓸 때는 'w', 기존 내용에 추가로 쓸 때는 'a' 모드로 설정해야 한다. 또한 파일에 데이터를 쓸 때는 write( ) 함수를 사용하고, 데이터를 읽어올 때는 read( ) 함수를 사용한다. 위 프로그램에서는 파일을 읽기 모드로 설정하고 파일의 내용을 읽어야 하므로 ㉮에는 'r', ㉯에는 read( )를 작성해야 한다.

09 컴퓨터에서 파일을 불러와서 처리하기 위해서는 '파일 열기 · 처리 · 파일 닫기'의 절차가 필요하며, 파일을 열고 닫을 때에는 open( ), close( ) 함수를 사용한다. 파일을 열 때에는 어떤 처리를 할 것인지에 따라 파일 열기 모드를 'r'(읽기), 'w'(쓰기), 'a'(기존 내용에 추가하기) 모드 중 하나로 설정해야 하며, 파이썬에서 파일에 데이터를 쓸 때는 write( ) 함수, 데이터를 읽어올 때는 read( ) 함수를 사용한다.

10 with 키워드와 함께 open( ) 함수를 사용하여 파일을 열면, 파일 처리 후 close( ) 함수를 생략하더라도 with 블록을 벗어나는 순간 파일을 자동으로 닫을 수 있다.

11 csv 파일은 데이터 값을 쉼표(,)로 구분하여 저장하는 파일 형식이다. 텍스트 기반의 파일로, 메모장과 엑셀 프로그램에서 열어 내용을 확인할 수 있다. 행과 열 형태로 데이터를 저장하여 다양한 프로그래밍 언어에서도 쉽게 다룰 수 있으며, 확장자는 '.csv'를 사용한다.

12 프로그램에서 파일을 열 때는 파일 이름과 파일 열기 모드를 정해 open( ) 함수로 파일을 열어 주고, 파일 내용을 읽는 처리가 끝나면 close( ) 함수를 사용하여 파일을 닫아 주어야 한다.

13 프로그램에서 open( ) 함수를 사용하여 파일을 쓰기 모드 'w'로 열었으며, 파일에 데이터를 입력하는 프로그램이기 때문에 파일에 내용을 쓸 수 있도록 write( ) 함수를 사용해야 한다.

14 파이썬에서 문자열을 여러 줄로 출력하기 위해서는 print( ) 함수를 여러 번 사용하거나(②), 작은따옴표 또는 큰따옴표를 3개 사용하여 출력하거나(④, ⑤) 문자열 내에 줄바꿈을 의미하는 이스케이프 문자 '\n'를 포함하여 출력할 수 있다.(①)

15 input( ) 함수를 사용하여 입력받은 데이터의 자료형은 문자열이므로 변수 a와 변수 b를 연산하면 수치 자료형 간의 산술 연산이 아닌 문자열 자료형 간의 연결 연산을 수행한 결과가 출력된다.

16 사용자로부터 원의 반지름 길이를 입력받기 위해서는 input( )을 사용하며, 실행 결과와 같이 실수형 데이터를 입력받아 연산하기 위해서는 float( ) 함수로 실수형 데이터로 변환해 주어야 한다. 또한 실행 결과와 같이 입력을 위한 안내 문구를 제시하기 위해서는 input( ) 함수 안에 '원의 반지름: '과 같이 문자열을 입력해 줄 수 있다. 원의 넓이는 '반지름의 길이² × 원주율'의 수식을 사용하여 구할 수 있다. 이를 제시된 파이썬 프로그램의 변수와 산술 연산자를 사용하여 나타내면 'r**2*pi' 또는 'r*r*pi' 표현할 수 있다.

17 사용자로부터 초를 입력받기 위해서는 input( )을 사용하여 입력받은 데이터를 int( ) 함수를 사용하여 정수형 데이터로 변환해 주어야 한다. 또한 실행 결과와 같이 입력을 위한 안내 문구를 제시하기 위해서는 input( ) 함수 안에 '초 입력: '과 같이 문자열을 입력해 줄 수 있다. 초를 60초로 나누었을 때의 몫은 분과 초로 표현했을 때의 분이 되며, 나누었을 때의 나머지는 초가 된다.

18 사용자로부터 생년월일을 입력받고 산술 연산자로 연산을 수행하기 위해서는 input( )을 사용하여 입력받은 데이터를 int( ) 함수를 사용하여 정수형 데이터로 변환해 주어야 한다. 또한 실행 결과와 같이 입력을 위한 안내 문구를 제시하기 위해서는 input( ) 함수 안에 '생년월일: '과 같이 문자열을 입력해 줄 수 있다. 변수 year의 값은 변수 birth의 앞의 4자리 수가 되어야 하므로, birth를 10000으로 나누었을 때의 몫이 할당되도록 빈칸 ㉯를 작성할 수 있다. 변수 month와 day를 설정하기 위해서는 변수 birth의 뒤의 4자리만 필요하므로 변수 birth를 10000으로 나누었을 때의 나머지의 값을 구한 뒤, month는 그중 앞의 2자리 수이므로 100으로 나누었을 때의 몫이 할당되도록 빈칸 ㉰를 작성하고, day는 뒤의 2자리 수이므로 100으로 나누었을 때의 나머지가 할당되도록 빈칸 ㉱를 작성할 수 있다.

19 이스케이프 문자란 파이썬에서 백슬래시(\ ) 기호와 함께 조합하여 특수한 기능을 하도록 예약된 문자이다. 문자열 내에서 작은따옴표와 큰따옴표를 사용하기 위해서는 '\'', '\"'와 같이 사용해야 하며, 줄바꿈을 나타낼 때는 '\n'을 사용한다.

20 사용자로부터 삼각형의 밑변과 높이의 길이를 입력받기 위해서는 input( )을 사용하여 입력받은 데이터를 수치 자료형으로 변환해 주어야 한다. 실행 결과 예시를 통해 변수 base, height 모두 실수형 데이터를 저장할 수 있어야 한다는 것을 알 수 있으므로 float( )

함수를 사용하여 실수형으로 변환한다. 삼각형의 넓이는 '밑변×높이×$\frac{1}{2}$'의 수식을 사용하여 구할 수 있다. 이를 제시된 파이썬 프로그램의 변수와 산술 연산자를 사용하여 나타내면 'base*height*1/2' 또는 'base*height*0.5'로 표현할 수 있다.

21 사용자로부터 데이터를 입력받기 위해서는 input( ) 함수를 사용할 수 있다. 변수 name에 입력받은 문자열 데이터를 저장하고, 이를 실행 결과와 같이 출력할 때는 문자열 연결 연산(+)을 사용할 수 있다.

05 제어 구조와 데이터 구조   본문 103~107쪽

01 ④	02. ②	03 ③	04 25	05 11	06 11
07 ③	08 ③	09 ④	10 ④	11 ②	12 ⑤
13 ①	14 ④	15 ③	16 ①	17 ②	18 ⑤
19 ③	20 ⑤	21 ⑤	22 scores[1][2] = 80		
23 ④	24 scores[i][j]	25 [2, 3, 4, 4]			
26 num[i] = 0	27 −1	28 해설 참고			

해설

01 반복 구조를 표현한 순서도이다. N이 1부터 9까지 1씩 증가하며 S에 합계가 저장된다. 1부터 9까지의 합인 45가 S에 저장되어 출력된다.

02 입력받은 score값이 70 이상 90 이하이거나 4의 배수인 경우 win이 출력된다. 50은 두 조건 모두 거짓에 해당되므로 lose가 출력된다.

03 위 프로그램은 if a > b를 통해 a는 b보다 크지 않으므로 m에는 b인 6이 저장된다. 이어서 if c > m에서 c는 9, m은 6이므로 참이 성립되어 m = c를 통해 m에는 9가 저장된다. 따라서 print(m)은 9가 출력된다.

04 반복문 for에서 range(1, 6)을 통해 1, 2, 3, 4, 5까지 반복되며 sum_value에 더해진다. 처음 sum_value의 값이 10이었음을 유의하며 합을 구하면 25가 출력된다.

05 a값은 5부터 시작하여 10 이하일 때까지 while문에서 반복되며 1씩 증가한다. while문이 참인 경우는 a가 10일 때까지이며, 이때 a값은 11로 바뀐 후 a <= 10이 거짓임이 확인되고 while문을 빠져나온다. 이때 print(a)를 통해 a값을 확인하면 a는 11임을 알 수 있다.

06 n값은 1부터 시작하여 2씩 증가하며 반복된다. n이 11이 되었을 때 반복문 while이 종료하므로 출력되는 값은 11이다.

07 위 프로그램은 for문에서 a부터 b까지 반복하며, 6의 배수의 합계를 계산하여 출력하는 문제이다. 따라서 6, 7, 8, …… 15까지 반복하며 6의 배수인 6, 12의 합인 18이 출력된다.

08 range(10, a−1, −1)에 a값 5를 대입하면 range(10, 4, −1)이다. 이를 통해 i값은 10, 9 ,8, 7 ,6, 5가 반복된다. 이때, i의 값이 짝수면 sum_value에 i를 더하고 홀수면 sum_value에서 i를 뺀다. 따라서 10 − 9 + 8 − 7 + 6 − 5를 계산하면 3이다.

09 while문이 반복되는 횟수만큼 *이 출력된다. i값은 5부터 시작하여 12 이하일 때까지 2씩 증가하며 반복되므로 5, 7, 9, 11 총 4번 반복되므로 *4개가 출력된다.

10 range(4)는 1, 2, 3 / range(1, 4)는 1, 2, 3 / range(2, 5, 2)는 2, 4 / range(4, 1, −2)는 4, 2가 출력되어 합이 6으로 동일하다. 하지만 range(3, 1, −2)는 3, 2가 출력되어 합이 5로 유일하게 다르다.

11 range(100, 0, −2)는 100, 98, 96, 94 … 2까지를 의미한다. 따라서 sum_value에는 100~2까지 짝수의 합이 저장된다. 즉 이와 같은 의미를 갖는 것은 1부터 100까지의 짝수의 합이다.

12 if문을 통해 a, b 수 중 작은 값은 a에 큰 값은 b에 저장되도록 한다. range(a, b+1)에 a, b 값을 넣으면 range(3, 6)이며 이를 for문을 통해 출력하면 3 4 5가 출력된다.

13 ㄱ. 입력받은 자료형은 정수형으로 저장된다.
ㄴ. i에 m이 저장된 경우 i값은 m부터 시작하여 n까지 1씩 감소하며 출력된다.
ㄷ. ㉠에 i<=n이 입력되었을 때 반복문은 실행되지 않거나 같은 값이 입력되었을 때에는 항상 i<=n이 성립하므로 무한 반복이 진행된다.

14 for i in range(5, 0, −2)에서 i는 5, 3, 1 순으로 감소하면서 반복된다. 이때 sum = sum + 2 연산이 수행되므로 sum의 값은 처음 2가 되고, 이후 4, 마지막으로 6이 된다. 즉, 첫 번째 for문이 끝난 후 sum의 값은 6이 된다. 그 다음 sum = sum ** 2 연산이 수행되면서 sum의 값은 6의 제곱인 36으로 바뀐다. 이후 두 번째 for문에서 j는 3과 4의 값을 차례로 가진다. 반복문 내에서 sum = sum * 2 연산이 수행되므로, 첫 번째 반복(j=3)에서 sum은 36 * 2 = 72가 되고, 두 번째 반복(j=4)에서 sum은 72 * 2 = 144가 된다. 따라서 두 번째 for문이 종료된 후 sum의 값은 144가 된다. 다음으로 while문이 실행된다. k가 5부터 10 이하일 때까지 반복되며, sum = sum + k 연산이 수행되고 k는 2씩 증가한다.
첫 번째 반복(k=5): sum = 144 + 5 = 149
두 번째 반복(k=7): sum = 149 + 7 = 156
세 번째 반복(k=9): sum = 156 + 9 = 165
k=11이 되면서 while문을 벗어난다. 하지만 마지막에 sum = sum + k 연산이 한 번 더 수행되므로 sum = 165 + 11 = 176이 된다.
최종적으로 print(sum)이 실행되면서 출력 결과는 176이 된다.

15 총 n번 반복되며 n개의 값을 입력받고, 그중 최댓값은 a에 최솟값은 b에 저장하여 a−b를 계산하는 프로그램이다. 따라서 최댓값은 85, 최솟값은 10이므로 75가 출력된다.

16 ㄱ. 입력받은 n의 모든 약수를 출력하는 프로그램이다. n에 3이 입력된 경우 프로그램이 종료될 때의 i값은 3이다. range(1, 4)에서 1, 2, 3까지 변화하기 때문이다.

ㄴ. n에 10이 입력되었을 때 출력되는 결과는 1, 2, 5, 10이다.

ㄷ. print(i, end=' ')는 i값을 출력하고 공백을 한 칸 띄는 것을 의미한다.

17 ㄱ. 사용된 변수는 a, b, min_value, max_value, i 5개이다.

ㄴ. 입력 값 5 10과 10 5 모두 출력 결과는 10 9 8 7 6 5로 동일하다.

ㄷ. ㉠ 부분의 코드를 변환하였을 때에는 min_value부터 max_value까지 1씩 커지는 값이 출력된다.

18 입력값이 3 6일 때 max_value는 6, min_value는 3이다. while문에서 i는 max_value부터 1씩 작아지며 min_value까지 출력되므로 정답은 6 5 4 3이다.

19 1차원 리스트의 인덱스는 0부터 시작한다. 따라서 A[2]는 3번째 값을 의미하므로 9가 출력된다.

20 2차원 리스트의 인덱스는 0부터 시작한다. 따라서 A[1][2]는 2행 3열의 값을 의미하므로 16이 출력된다.

21 for문에서는 리스트 data의 값을 하나씩 불러오며 sum_value에 합을 구한다. 따라서 1, 2, 3, 4의 합인 10이 출력된다.

22 2차원 리스트의 인덱스는 0부터 시작한다. 학생을 의미하는 것은 첫 번째 인덱스이며 과목을 의미하는 것은 두 번째 인덱스이다. 따라서 2번째 학생의 과학 점수(3번째 점수)를 수정해야 하므로 scores[1][2]=80으로 코드를 작성한다.

23 4명의 학생 중 두 번째 점수(수학 점수)의 최댓값을 구하는 프로그램이다. 반복 과정에서 mscore에 최댓값이 업데이트 되며 수학 점수의 최댓값 90이 출력된다.

24 중첩 반복문을 통해 scores 리스트의 모든 값을 탐색하며 과목별 최고 점수를 mscore에 저장한다. 프로그램 코드에서 scores[i][j]가 mscore보다 클 때 mscore를 해당 수로 바꾸어야 하므로 빈칸에 들어갈 코드는 scores[i][j]이다.

25 data[i −1] = data[i]를 통해 리스트의 앞쪽 값을 뒤에 있는 값으로 덮어쓴다. 예를 들어 i가 1일 때 data[0] = data[1]이 실행되어 data[0]에 2가 저장된다. range(1, 4)이므로 i값은 1, 2, 3이 순서대로 실행됨을 확인할 수 있다.

26 리스트 num에 저장되어 있는 값이 0인 인덱스를 찾아야 하므로 num[i] == 0 조건식을 활용한다. 만일 num[i] == 0이 참이라면 index에 i값을 저장하고 반복문 for를 종료한다.

27 위 프로그램에서 index의 초기값은 −1로 설정되어 있으며 if 조건식이 참이 아니라면 index의 값은 바뀌지 않으므로 리스트에 0이 저장되어 있지 않을 때에는 −1이 출력된다.

28 A 리스트에는 3개의 값이 저장되어 있으므로 인덱스 범위는 0부터 2까지이다. 따라서 index = 3은 A 리스트의 인덱스 범위를 벗어나므로 IndexError가 발생한다.

06 객체지향과 클래스, 프로그래밍 프로젝트

본문 112~113쪽

01 객체지향	02 ① 클래스, ② 객체, ③ 속성, ④ 메서드

03 해설 참고   **04** ④   **05** Students   **06** 해설 참고

07 print(students[1].informatics)

08 print(students[2].avg( ))   **09** ④   **10** 해설 참고

11 해설 참고

해설

01 빈칸에 들어갈 말은 객체지향이다. 객체지향 프로그래밍은 객체들이 상호 작용하며 실행되도록 하여 복잡하고 길어지는 코드를 보완할 수 있다.

02 클래스는 각각의 객체들이 갖는 속성과 메서드를 정의하고 있는 틀이며 객체는 클래스에서 생성된다. 속성은 객체가 가지고 있는 자료이고, 메서드는 객체가 수행하는 기능을 의미한다.

03 아래와 같이 로봇의 이름, 생산연도를 속성으로 작성하며, 제시된 메서드 중 두 가지를 메서드에 기록하여 객체를 만들 수 있다.

속성	속성	메서드	메서드
로이	2025	인사하기	청소하기

04 객체는 반드시 속성과 메서드를 동시에 포함할 필요는 없다. 속성 혹은 메서드만으로도 구성될 수 있다.

05 정답은 Students이다(대소문자 구분 명확해야 함). 클래스를 정의할 때에는 class 클래스 이름:으로 정의할 수 있다.

06
```
students = [
    Students('김OO', 80, 90),
    Students('정OO', 73, 65)
]
```

이와 같이 두 객체를 생성할 수 있다. 문자를 저장할 때에는 따옴표를 사용해야 함을 유의한다.

07 print(students[1].informatics)를 통해 정OO의 정보 성적을 출력할 수 있다. 정OO은 두 번째 리스트 객체이므로 인덱스를 [1]로 작성해야 값을 출력할 수 있다.

08 print(students[2].avg( ))를 통해 한OO의 성적 평균을 출력할 수 있다. 한OO은 세 번째 리스트 객체이므로 인덱스를 [2]로 작성해야 하며 avg( ) 함수를 활용하여 성적 평균을 출력할 수 있다.

09 클래스 Car는 brand, speed 속성으로 구성된 객체를 생성한다. car = Car("BM", 60)을 통해 car 객체를 생성하며 2개의 car.accelerate( ) 메서드를 통해 car 객체의 speed를 10씩 2번 증가한다. 따라서 car.speed를 출력한 결과는 80이다.

10 객체지향 프로그래밍은 반복적인 코드가 줄어들고, 클래스를 통해 객체를 한번에 수정할 수 있어 효율적이다.

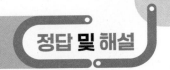

11 프로그래밍 프로젝트의 5단계는 다음과 같은 과정으로 진행된다.
주제 선정 및 문제 정의 → 추상화 → 알고리즘 설계 → 프로그램
작성 → 성능 평가 및 공유

07 정렬과 탐색 알고리즘　　　본문 121~125쪽

01 ③	02 ④	03 순차 탐색 알고리즘	04 ①
05 ③	06 ③	07 ②	08 21회	09 12회
10 7회	11 2회	12 해설 참고	13 해설 참고
14 무거운 공: 5, 6 / 가벼운 공: 2, 1, 4			15 ③
16 출력 결과 없음	17 해설 참고		18 해설 참고
19 ⑦ [74, 56, 41, 25, 23, 15, 4], ④ 21			20 5
21 data 리스트에서 변수 search를 순차 탐색하는 역할을 수행한다.			

해설

01 선택 정렬 알고리즘으로 100개의 데이터를 정렬할 경우 총 4950회
(99+98+97+…+1)의 비교가 필요하다.

02 오름차순으로 정렬된 데이터에 이진 탐색 알고리즘을 적용할 때 탐
색 대상이 기준 데이터보다 작으면 탐색 범위는 기준의 왼쪽 그룹
으로 좁혀서 진행해야 한다. 내림차순으로 정렬된 경우에는 기준의
오른쪽 그룹으로 좁혀서 진행한다.

03 여러 개의 데이터 중에서 원하는 것을 찾는 알고리즘은 탐색 알고
리즘으로, 첫 번째 데이터부터 마지막 데이터까지 순서대로 비교하
며 원하는 것을 찾는 방법은 순차 탐색 알고리즘에 해당한다.

04 값이 작은 것부터 큰 것으로 나열하는 것은 오름차순 정렬, 값이 큰
것부터 작은 것으로 나열하는 것은 내림차순 정렬이라고 한다. 메
달이 많은 국가부터 적은 순서대로 나열하는 것과 가장 많이 구매
된 순서대로 나열하는 것은 내림차순에 해당한다.

05 정렬되지 않은 데이터 중 데이터를 선택하여 알맞은 위치로 옮기
는 과정을 반복하는 알고리즘은 정렬 알고리즘 중 선택 정렬에 해
당한다.

06 ㉠ 데이터를 기준보다 작은 그룹과 기준보다 큰 그룹으로 나누는
과정을 반복하며 정렬하는 알고리즘은 퀵 정렬 알고리즘에 대한 설
명이다. ㉣ 1000개의 데이터를 선택 정렬할 경우 총 499,500번
(999+998+997+…+1)의 비교가 필요하다.

07 탐색하고자 하는 데이터가 탐색 범위의 맨 앞에 위치한 경우 순차
탐색이 이진 탐색보다 빠를 수 있으며, 이진 탐색은 정렬되어 있는
데이터에만 적용할 수 있다.

08 선택 정렬 알고리즘을 사용하여 번호를 기준으로 내림차순으로 정렬
할 경우 총 6회의 교환이 필요하며, 각 단계에서 6, 5, 4, 3, 2, 1회

비교를 수행하므로 총 21회(6+5+4+3+2+1)의 비교가 필요하다.

09 퀵 정렬 알고리즘을 사용하여 번호를 기준으로 내림차순으로 정렬
할 경우 총 12회(6+2+1+2+1) 비교를 수행한다. 1 step에서 4번
공책을 기준으로 번호가 작은 그룹과 큰 그룹으로 나누기 위해 6회
비교, 2 step에서 3번 공책을 기준으로 두 그룹으로 나누기 위해 2
회, 3 step에서 7번 공책을 기준으로 두 그룹으로 나누기 위해 2
회, 4 step에서 2번 공책을 기준으로 1회, 5 step에서 6번 공책을
기준으로 1회 비교한다.

10 첫 번째 인형부터 탐색하려는 인형 E와 비교한다. D, G, C, A, H,
E와 순서대로 비교하고, 다음 순서인 인형 B와 비교했을 때, 탐색
하려는 인형과 같기 때문에 탐색을 종료한다. 위 과정에서 총 7회
의 비교가 필요하다.

11 탐색 범위의 중간에 위치한 기준 인형 D는 탐색 대상인 B가 아니
고, B는 D보다 작기 때문에 탐색 범위를 왼쪽 그룹으로 좁힌다. 좁
혀진 탐색 범위의 중간에 위치한 기준 인형 B가 탐색 대상이므로,
탐색을 종료한다. 위 과정에서 총 2회 비교하여 인형 B를 찾을 수
있다.

12 〈보기〉의 알고리즘은 선택 정렬을 사용하여 오름차순으로 정렬하는
알고리즘이다. 1 step에서 기준 공(3)과 가장 작은 공(1)의 위치가
바뀌고, 2 step에서 기준 공(2)과 가장 작은 공(2)의 위치가 바뀐다.
이와 같은 과정을 반복하며 오름차순으로 선택 정렬이 수행된다.

1 step	1, 5, 6, 2, 3, 4
2 step	1, 2, 6, 5, 3, 4
3 step	1, 2, 3, 5, 6, 4
4 step	1, 2, 3, 4, 6, 5
5 step	1, 2, 3, 4, 5, 6

13 각 단계마다 가장 가벼운 공을 찾기 위해 정렬되지 않은 공
들을 양팔 저울로 비교하므로, 각 단계마다 정렬되지 않은
공의 개수만큼만 양팔 저울을 사용하면 된다. 따라서 각 단
계마다 5회, 4회, 3회, 2회, 1회 양팔 저울을 사용하면 모든
공을 오름차순으로 정렬할 수 있다.

1 step	5
2 step	4
3 step	3
4 step	2
5 step	1

14 〈보기〉는 퀵 정렬을 사용하여 내림차순으로 정렬하는 알고리즘이
다. 양팔 저울로 비교하며 기준 공보다 무거운 공은 왼쪽 그룹에,
가벼운 공은 오른쪽 그룹에 두어 공의 그룹을 나누는 과정을 반복
하면 내림차순으로 정렬할 수 있다. 기준이 되는 3번 공보다 무거
운 공은 5, 6, 4번 공이며 3번 공보다 가벼운 공은 1, 2번 공이다.

15 다음은 순차 탐색 알고리즘을 파이썬으로 구현한 프로그램이다. 이 프로그램은 data 리스트의 인덱스 0부터 4까지를 순서대로 탐색하며, 변수 x와 같은 값을 발견하면 해당 인덱스를 출력한다. ㉮에 5를 입력하면 data 리스트에서 5가 위치한 인덱스인 4가 출력된다.

16 100은 data 리스트에 없는 값이므로 'data[i] == x' 조건이 참이 되지 않아 어떠한 값도 출력되지 않는다.

17 데이터를 오름차순으로 정렬할 때, 선택 정렬의 경우 전체 데이터 중 가장 작은 데이터를 선택하여 알맞은 위치로 옮기는 과정을 반복하며 데이터를 정렬한다. 알고리즘이 간단하지만 정렬할 데이터가 많아질수록 비교 횟수가 많아져서 작은 규모의 데이터를 정렬할 때 효과적이다. 퀵 정렬의 경우 기준 데이터를 정하여 기준보다 작은 데이터는 기준의 왼쪽 그룹에, 기준보다 큰 데이터는 기준의 오른쪽에 두며 그룹을 나누는 과정을 반복하며 데이터를 정렬한다. 기준이 되는 데이터를 선정하는 방식에 따라 효율성이 달라질 수 있지만 일반적으로 성능이 좋다.

18 순차 탐색의 경우 원하는 값을 최소 1번에 찾을 수도 있지만 최악의 경우 100번의 비교가 필요하다. 이진 탐색은 비교 결과에 따라 절반씩 범위가 줄어들기 때문에 원하는 값을 최소 1번에 찾을 수 있으며, 최악의 경우에도 7번의 비교가 필요하다. 따라서 이진 탐색이 순차 탐색에 비해 효율적이지만 이진 탐색은 데이터가 탐색 전에 정렬되어 있어야 한다.

19 〈보기〉의 프로그램은 선택 정렬을 사용하여 데이터를 내림차순 정렬하는 코드다. 따라서 정렬 후의 데이터는 리스트 data가 내림차순으로 정렬된 결과이며, 총 비교 횟수는 21회(6+5+4 +3+2+1)다.

20 다음은 순차 탐색 알고리즘을 파이썬으로 구현한 프로그램이다. 변수 i를 통해 리스트의 인덱스 0부터 시작하여 1씩 증가하며 탐색하고자 하는 값 x와 같은지 비교하고, 변수 x와 같은 값을 발견하면 비교 횟수를 저장하고 있는 변수 count의 값을 반환하여 출력한다. 리스트의 마지막 요소를 지났음에도 변수 x와 같은 값을 발견하지 못하면 '존재하지 않습니다'를 반환하여 출력한다. data 리스트에서 8을 탐색하기 위해서는 총 5회의 비교가 수행된다.

21 리스트의 처음부터 마지막 요소까지 순서대로 탐색을 수행하는 알고리즘은 순차 탐색 알고리즘에 해당하고, search1 함수는 data 리스트에서 변수 search 값을 순차 탐색하는 역할을 수행한다.

Ⅷ 대단원 마무리 문제 · 본문 126~135쪽

01 ④	**02** ④	**03** 45	**04** i < 10

05 입력, 출력, 명확성, 유한성, 수행 가능성
06 순차 구조, 반복 구조, 선택 구조
07 num = num + 1 또는 num += 1
08 1 2 3 4 5 6 7 8 9   **09** ⑤   **10** 1024   **11** ④
12 ㉮ int(input('정수: ')), ㉯ num % 3 == 0 and num % 8 == 0
13 ㉮ a = b, ㉯: b = tmp
14 ㉮ int(input('정수를 입력하세요: ')), ㉯ (−1) * a 또는 −a
15 ②   **16** ㉮ int(input( )), ㉯ (base ** 2) * (3 ** 0.5) / 4 또는 (base ** 2) * (3 ** 0.5) * 0.25
17 ㉮ open, ㉯ close   **18** ㉮ 선택 구조, ㉯ 반복 구조
19 n >=70   **20** ⑤   **21** ⑤   **22** width == height   **23** ③
24 ②   **25** ④   **26** num < 6 또는 num <=5   **27** i+1
28 ④   **29** ③   **30** ③   **31** ③   **32** ⑤   **33** ④
34 ⑤   **35** ⑤   **36** ①   **37** A[i][j]   **38** ③   **39** ③
40 ③   **41** ⑤   **42** ④   **43** 알고리즘 작성
44 ⑤   **45** 해설 참고   **46** 해설 참고   **47** ④   **48** 3
49 해설 참고   **50** 해설 참고

해설

01 컴퓨터로 문제를 해결하기 위해서는 추상화, 알고리즘 설계, 자동화의 절차가 필요하다.

02 ④번 문장은 변수 i가 0일 때부터 9일 때까지 총 10번 수행된다.

03 〈보기〉는 1부터 9까지의 합을 구하여 출력하는 알고리즘이다.

04 i값이 10보다 작은 경우 알고리즘 3, 4를 반복할 수 있도록 하려면 ㉠에는 'i < 10' 조건이 작성되어야 한다.

05 알고리즘은 다음의 다섯 가지 조건을 만족할 수 있도록 작성해야 한다.
• 입력: 필요한 데이터를 0개 이상 입력받을 수 있어야 한다.
• 출력: 알고리즘이 수행된 이후 1개 이상의 결과가 출력되어야 한다.
• 명확성: 알고리즘을 수행할 때 모호함이 없이 의미가 분명해야 한다.
• 유한성: 알고리즘은 반드시 종료되어야 한다.
• 수행 가능성: 모든 명령은 수행 가능해야 한다.

06 〈보기〉의 알고리즘에는 위에서 아래로 순차적으로 명령을 실행하는 순차 구조, 동일한 명령을 반복하여 실행하는 반복 구조, 조건에 따라 실행 흐름이 결정되는('num < 10'이라는 조건을 만족한다면 반복한다.) 선택 구조가 사용되었다.

07 num의 값을 1 증가시키기 위해서는 ㉮에는 num = num + 1 또는 num += 1이 작성되어야 한다.

08 num의 초깃값이 1부터 시작하여 10보다 작은 동안에 num의 값을

출력하기 때문에 1부터 9까지의 값이 출력된다. 또한 print( ) 함수의 end 속성으로 인해 줄바꿈 대신 공백이 출력된다.

09 작은 문제로 분해한 결과나 문제를 해결하는 순서에 따라 전체 문제가 해결되지 않을 수도 있다. 문제를 분해한 뒤 작은 문제의 수행 순서나 포함 관계에 유의하여 작은 문제를 수행하고 해결 결과를 종합하는 과정에서 원래 해결하려던 문제가 원활하게 해결되는지 확인해야 한다.

10 **는 거듭 제곱 연산자로, 2의 10제곱을 연산하므로, 1024가 출력된다.

11 소수점을 포함한 수치 자료형은 실수형인 float, True는 참을 의미하는 불 자료형이다. 수칫값 0은 불 자료형 False로 평가된다.

12 사용자로부터 정수형 데이터를 입력받기 위해서는 input( )으로 입력받은 데이터를 int( ) 함수를 사용하여 자료형을 변환해야 하며, num이 3과 8의 공배수가 되기 위해서는 num % 3 == 0과 num % 8 == 0을 and 연산자로 연결하여 조건식을 작성해야 한다.

13 변수에는 한 번에 한 개의 값만 저장할 수 있기 때문에 변수 a의 값을 b로 덮어쓰기 전에 a의 값을 tmp 변수에 저장해 둔다. 이후 변수 b에는 tmp에 저장된 a의 값을 대입하고, 변수 a에는 b의 값을 대입하여 a와 b의 값을 교환할 수 있다.

14 정수형 데이터를 입력받기 위해서는 input( )으로 입력받은 데이터를 int( ) 함수를 사용하여 자료형을 변환해야 하며, 부호를 바꾸어 출력할 때에는 입력받은 값에 −1을 곱하는 연산을 수행하여 출력할 수 있다.

15 파일에 추가로 데이터를 입력하기 위해서는 파일을 기존 내용에 추가 모드('a')로 열어서 write( ) 함수를 사용해야 하고, 파일에 작성한 내용을 읽어와 출력하기 위해서는 파일을 읽기 모드('r')로 열어서 read( ) 함수를 사용해야 한다. 이를 모니터에 출력하기 위해서는 표준 출력 함수 print( )를 사용하여 내용을 출력한다.

16 정수로 정삼각형의 한 변의 길이를 입력받기 위해서는 input( )을 사용하여 입력받은 데이터를 int( ) 함수를 사용하여 정수형으로 변환해야 한다. 정삼각형의 넓이는 '한 변의 길이$^2 \times \dfrac{\sqrt{3}}{4}$'의 수식을 사용하여 구할 수 있으므로, 이를 제시된 파이썬 프로그램의 변수와 산술 연산자를 사용하여 나타내면 '(base ** 2) * (3 ** 0.5) / 4' 또는 '(base ** 2) * (3 ** 0.5) * 0.25'로 표현할 수 있다.

17 프로그램에서 파일을 열 때는 파일 이름과 파일 열기 모드를 정해 open( ) 함수로 파일을 열어 주고, 파일 내용을 읽는 처리가 끝나면 close( ) 함수를 사용하여 파일을 닫아 주어야 한다.

18 선택 구조는 주어진 조건에 따라 프로그램의 흐름을 달리하고자 할 때 사용하며, 반복 구조는 같은 명령을 반복할 때 사용하는 구조이다.

19 입력받은 정수 n이 70 이상인 조건이므로 n>=70으로 표현할 수 있다. n>70으로 작성하지 않도록 유의한다.

20 프로그램에서는 변수 num 1개가 사용되고 있으며 입력받은 값은 변수 num에 정수(int)로 저장된다. elif를 if로 변경하여도 프로그램에 오류가 발생하지 않는다.

21 변수 user_id에는 admin, user_pw에는 1234가 저장되어 있다. 조건문에서 user_id == 'admin'은 참이지만 user_pw=='7788'은 거짓이므로 '비밀번호 오류'가 출력된다.

22 width == height 입력받은 두 변수가 같을 때, 즉 사각형의 가로, 세로의 길이가 같을 때는 정사각형이므로 빈칸의 조건식에는 width == height를 통해 사각형 종류를 확인한다.

23 range(2, 10, 2)를 통해 2, 4, 6, 8이 반복된다. 10 전까지 반복됨을 유의한다.

24 range(10, 4, −3)를 통해 10부터 시작하여 −3씩 감소하며 4 전까지 반복된다. 따라서 10 7이 출력된다.

25 range(6, 1, −2)를 통해 6, 4, 2가 i값으로 반복된다. 따라서 변수 sum에는 6 + 4 + 2의 값인 12가 저장되어 출력된다.

26 while문을 통해 num값을 1씩 증가시키는 코드이다. 1 2 3 4 5를 출력해야 하므로 조건식은 num < 6 또는 num <= 5가 작성되어야 한다.

27 행을 의미하는 변수는 첫 번째 반복문의 i이고 열을 의미하는 변수는 j이다. 만일 i가 0일 때는 첫 번째 행이며 1개의 별을 출력해야 하므로 j는 0 1번만 실행되도록 한다(두 번째 반복문은 1번만 실행되어야 한다). i가 1인 경우 2개의 별을 출력해야 하므로 j는 0, 1이 반복되어야 한다. 따라서 빈칸에 들어갈 코드는 i+1이다.

28 리스트 numbers에 저장된 2, 5, 8 ,11, 14가 num의 값으로 반복된다. if문에서 num % 2 == 0은 짝수 값을 의미하므로 출력 결과는 numbers 리스트 내의 짝수 값 2 8 14이다.

29 text 리스트에는 hello world가 저장된다. 이 값을 반복하여 불러와 for문에서 실행된다. if문에서는 c의 값이 o일 때 c를 출력하므로 정답은 o o이다.

30 numbers 리스트에 저장되어 있는 값이 반복되어 실행된다. 이때 if문에서 num의 값이 10보다 클 때 count값이 1씩 증가한다. 즉, numbers 리스트의 값이 10 초과한 개수인 3이 출력된다.

31 while문에서 10 이하일 때 반복되며, 반복될 때마다 x의 값이 1씩 증가한다. 따라서 while문에서는 1, 2, 3⋯ 10까지 반복된다. if문에서는 x%3==0을 통해 3의 배수를 확인하며 3의 배수인 경우 count값을 1씩 증가한다. 따라서 1~10 사이의 3의 배수는 3, 6, 9의 3개이므로 count는 3이 출력된다.

32 while 반복문에서 x값이 5 이하일 때 반복되며 1씩 증가된다. x값은 초깃값이 1이므로 1, 2, 3, 4, 5가 반복된다. if 문에서 x%2==1을 통해 x값이 홀수인 경우만 x의 제곱하여 출력하므로 정답은 홀수 1 3 5의 제곱인 1 9 25임을 알 수 있다.

33 리스트의 인덱스는 0부터 시작하므로 numbers[3]은 number 리스트의 네 번째 값인 4이다.

34 리스트의 인덱스는 0부터 시작하므로 numbers[2][1]은 3행 2열의 값인 8이다.

35 2차원 리스트의 값 1, 2, 3, 4의 합을 계산할 수 있게 중첩 반복문을 활용하여 total을 누적하여 계산하는 코드다.

36 중첩 반복문을 통해 2차원 리스트 A의 각각의 값들을 반복 확인하게 된다. 이 과정에서 확인하는 2차원 리스트의 값(num)과 현재 max_value에 저장되어 있는 값을 비교하여 num이 더 크다면 max_value 값을 num으로 저장한다. 이를 통해 최댓값을 구하여 출력한다.

37 예를 들어 1열의 값을 구하기 위해서는 A[0][0], A[1][0], A[2][0]의 합을 계산하고 출력해야 한다. 따라서 첫 번째 반복문 for가 j값을 활용하므로 A[#][j]와 같이 두 번째 인덱스에 j값이 들어가야 함을 알 수 있다. 이때 # 자리에 0, 1, 2의 값으로 변화되는 값을 활용하여 합계를 계산해야 하므로 A[i][j]가 빈칸에 들어가야 할 코드임을 알 수 있다.

38 메서드는 객체가 수행하는 기능으로, 함수가 객체지향의 클래스에서 사용될 때 메서드라 한다.

39 파이썬에서 클래스를 정의할 때에는 'class 클래스 이름:'으로 정의한다. 함수를 정의할 때는 'def 함수이름:'을 사용한다.

40 클래스 Person은 name 속성으로 구성된 객체를 생성한다. p = Person("Alice")를 통해 p 객체를 생성하며, print(p.name)은 p 객체의 name 속성에 저장된 Alice를 출력하므로 정답은 Alice이다.

41 Test 클래스의 객체 a를 생성하고, increase( ) 메서드를 호출하여 x값을 증가시킨 후 출력하므로 6이 출력된다.

42 클래스 Rectangle은 가로(width)와 세로(height) 속성값을 받아 넓이(area)와 둘레(perimeter)를 계산하는 메서드를 포함하고 있다. Rectangle(5, 10)을 통해 가로 5, 세로 10 값을 저장한 rect 객체를 생성하였다. rect.area는 가로(5)와 세로(10)의 곱인 50이며, rect.perimeter( )는 2 * (5 + 10)의 결과인 30이다.

43 추상화를 통해 분해한 작은 문제별로 문제 해결을 위한 알고리즘을 설계하고, 이를 활용하여 프로그램을 작성한다.

44 데이터를 기준보다 작은 그룹과 기준보다 큰 그룹으로 나누는 과정을 각 그룹 내의 데이터가 한 개가 될 때까지 반복하는 알고리즘은 데이터를 순서대로 나열하는 정렬 알고리즘이며, 그중 퀵 정렬 알고리즘에 해당한다.

45 〈보기〉의 알고리즘은 선택 정렬을 사용하여 내림차순으로 정렬하는 알고리즘이다. 1 step에서 기준 공(3)과 가장 큰 공(6)의 위치가 바뀌고, 2 step에서 기준 공(5)과 가장 큰 공(5)의 위치가 바뀐다. 이와 같은 과정을 반복하며 내림차순으로 선택 정렬이 수행된다.

1 step	6, 5, 3, 2, 1, 4
2 step	6, 5, 3, 2, 1, 4
3 step	6, 5, 4, 2, 1, 3
4 step	6, 5, 4, 3, 1, 2
5 step	6, 5, 4, 3, 2, 1

46 각 단계마다 가장 무거운 공을 찾기 위해 정렬되지 않은 공들을 양팔 저울로 비교하므로, 각 단계마다 정렬되지 않은 공의 개수만큼만 양팔 저울을 사용하면 된다. 따라서 각 단계마다 5회, 4회, 3회, 2회, 1회 양팔 저울을 사용하면 모든 공을 내림차순으로 정렬할 수 있다.

1 step	5
2 step	4
3 step	3
4 step	2
5 step	1

47 start = mid + 1은 탐색 범위를 기준이 되는 값의 오른쪽으로 좁히는 코드이다. 탐색하려는 값 x가 기준이 되는 값 a[mid]보다 클 때 기준의 오른쪽으로 탐색 범위를 좁혀야 하기 때문에 ㉮에 들어갈 알맞은 코드는 x > a[mid]이다.

48 data 리스트에서 70을 이진 탐색하려면 먼저 리스트를 오름차순으로 정렬하여 [5, 8, 11, 20, 70, 91, 123]으로 만든다. 이후, 중간에 위치한 값과 비교하면서 탐색 범위를 좁혀가며 70을 찾는다. 이 과정에서 20, 91, 70과 총 3회 비교한 후 70을 찾을 수 있다.

49 제시된 프로그램은 이진 탐색 알고리즘을 구현하는 코드이다. 이진 탐색은 정렬된 데이터에만 적용할 수 있기 때문에 탐색을 수행하기 전에 데이터를 정렬하는 코드가 필요하다.

50 성능 평가 및 공유 단계는 작성된 프로그램이 올바르게 작동하는지 확인하고 결과를 검토하여 오류나 개선점을 찾는 과정이다. 이 단계에서 프로그램의 성능과 문제 해결 능력을 평가하고 피드백을 반영하여 최종 완성본을 개선할 수 있다. 따라서 이 과정은 프로젝트의 완성도를 높이고 사용자 요구에 맞는 최적의 프로그램을 제공할 수 있는지 확인하는 최종 단계이므로 중요하다.

Ⅳ 인공지능

시험 대비 문제

01 인공지능과 지능 에이전트
본문 141~143쪽

01 ①	**02** ④	**03** ✕	**04** 해설 참고	**05** ○
06 해설 참고		**07** 에이전트		**08** ④
09 (1) 에 (2) 지 (3) 에 (4) 지		**10** 해설 참고	**11** 해설 참고	
12 구동기	**13** ②	**14** 해설 참고	**15** ④	**16** 해설 참고

해설

01 지능 에이전트는 센서를 통해 외부 환경을 감지하고 어떻게 행동할지를 판단한다. 이후 구동기를 통해 행동한다. 즉, 지능 에이전트는 센서로 얻은 정보를 인공지능을 이용해 인식하고 판단하며, 이를 토대로 행동한다.

02 인간은 인공지능보다 창의력이 뛰어나 참신한 아이디어를 제공하는 것은 주로 인간이 담당한다고 할 수 있다.

03 인간은 인공지능이 해결해야 할 문제를 잘 선정하고 정의할 수 있어야 한다.

04 인간은 인공지능이 인간이 의도한 대로 개발자, 사용자, 운영·관리자 관점에서 적절한 학습과 판단을 하는지 윤리적인 잣대를 가지고 꾸준히 점검해야 한다. 또한 인공지능이 아무리 똑똑해지더라도, 인간의 삶을 편리하게 만들기 위해 개발한 것이므로 인간이 활용하려고 하는 목적에 맞게 사용되어야 하며, 이를 위해 인간은 인공지능의 원리에 대해 정확히 이해하고 인공지능을 올바르게 다룰 줄 알아야 한다.

05 인간과 인공지능은 잘할 수 있는 것이 서로 다르기 때문에 끊임없이 발전하는 인공지능과 인간이 공존하기 위해서는 각자의 역할에 대해 끊임없이 고민해 보아야 한다.

06 • 고객 센터의 대화형 인공지능 챗봇은 고객 서비스 부문에서 인간과 협업하여 고객의 공통적인 질문에 답변하고 빠르게 문제를 해결하는 데 도움을 준다.
• 교육 분야에서 인공지능은 학생들에게 맞춤형 교육 경험을 제공하고, 교사가 학생의 학습 상태를 추적하는 데 도움을 주기도 하며, 디지털 교과서를 비롯한 학습 분석 및 온라인 학습 플랫폼 등에 활용되고 있다.
• 금융 분야에서 인공지능은 알고리즘을 이용해 빅데이터를 분석해 투자 전략 개발, 신용 평가 등의 의사 결정을 내리는 데 도움을 주고 인간의 판단을 보완한다.

07 일상생활에서 특정한 역할이나 임무를 대신 처리하는 대리인을 에이전트라고 한다. 컴퓨터 과학 분야에서 인간 대신 반복적이거나 특정한 역할을 자동으로 처리해 주는 자동화 시스템을 에이전트라고 부른다.

08 인간이 운전하는 트랙터는 인간이 명령한 일에 대해서만 수행하기 때문에 지능 에이전트라고 볼 수 없다.

09 지능 에이전트는 다양한 형태로 우리 일상생활 곳곳에서 활용되고 있다. 특히, 실생활에서 인공지능이라고 부르는 기능들은 지능 에이전트의 모습으로 볼 수 있는 경우가 많다. 우리는 지능 에이전트를 통해 여러 분야에서 문제를 쉽게 해결할 수 있게 되었다. 지능 에이전트는 단일(Single) 에이전트뿐만 아니라 다중(Multi) 에이전트의 형태로 에이전트 간에도 소통할 수 있다. 예를 들어, 인공지능 스피커 2대가 서로의 질문에 대답을 하며 상호 작용하고, 스마트홈을 구성하는 여러 스마트 가전제품의 지능 에이전트가 서로 상호 작용하기도 한다.

10 • 인식: 차선의 위치를 색상으로 구분해 중심을 계산한다.
• 판단: 한쪽 차선으로 치우치지 않았는지 확인 후 핸들의 각도를 정한다.
• 행동: 핸들을 돌리거나 고정한다.

11 • 단일 에이전트는 하나의 지능 에이전트가 특정 기능을 수행하는 것을 말하며, 로봇 청소기, 인공지능 비서 등이 있다.
• 다중 에이전트는 2개 이상의 지능 에이전트가 서로 상호 소통을 하면서 기능을 수행하는 것을 말하며, 여러 대의 인공지능 로봇이 협업하여 축구 경기를 진행하는 모습, 인공지능 스피커 2대가 서로의 질문에 대답을 하며 상호 작용하는 모습 등의 예시가 있다.

12 지능 에이전트는 센서를 통해 외부 환경을 감지하고 어떻게 행동할지를 판단한다. 이후 구동기를 통해 행동한다. 즉, 지능 에이전트는 센서로 얻은 정보를 인공지능을 이용해 인식하고 판단하며, 이를 토대로 행동한다.

13 자동화를 통해 생산성을 향상시킨다.

14 인공지능 시대에서 인간의 역할
• 인공지능 기술을 능동적으로 다룰 수 있어야 한다.
• 인공지능이 해결해야 할 문제를 잘 선정하고 정의할 수 있어야 한다.
• 직관적, 감정을 다루는 문제 등을 해결하는 역할을 담당한다.
• 인공지능을 윤리적 잣대를 가지고 꾸준히 점검해야 한다.
• 활용하고자 하는 목적에 맞게 인공지능을 사용한다.
• 인공지능의 원리에 대해 정확히 이해한다. 등

16 예 자율주행 자동차 분야: 자율주행 자동차에 자율주행 모드 중 애매한 상황이나 안전에 민감한 상황 등에서는 인간이 확인 및 승인을 해야 실행에 옮기도록 하는 기능을 필수적으로 포함시킨다. 등

기계학습의 이해　　　　본문 147~149쪽

01 (1) 전통적인 프로그래밍 (2) 기계학습을 이용한 프로그래밍
02 지도학습　　　03 회귀　　　04 분류　　　05 비지도학습
06 ②　　07 ②　　08 ③　　09 ①　　10 ①
11 해설 참고　　　12 해설 참고　　　13 해설 참고
14 ④　　15 ③　　16 ②　　17 ③　　18 ②
19 해설 참고　　　20 해설 참고

해설

01　사진을 보고 개와 고양이를 구분하고자 할 때, 기존의 프로그래밍 방식을 적용하면 강아지와 고양이의 특징이나 판단하는 방법을 직접 사람이 프로그래밍해 컴퓨터에 알려 주어야 했다. 그러나 기계학습을 적용하면 컴퓨팅 시스템이 강아지와 고양이의 특징을 찾아내 자동으로 구분할 수 있는 규칙을 스스로 만들어내 새로운 데이터에 적용할 수 있다. 즉, 데이터와 규칙을 입력해 원하는 결과를 출력하는 전통적인 프로그래밍 방식에 비해, 기계학습은 데이터와 원하는 결과를 알려 주면 스스로 사고하기 위한 규칙을 찾아낸다.

02　기계학습은 데이터를 이용하여 학습할 때 정답이 주어지는지 여부에 따라 지도학습과 비지도학습으로 구분할 수 있다. 각 데이터에 대한 정답을 함께 알려 주고 학습하는 것을 지도학습, 정답을 알려 주지 않고 데이터만을 제시해 학습하도록 하는 것을 비지도학습이라고 한다.

03　회귀(Regression)는 속성들 사이의 상관관계를 표현하는 함수식을 학습 알고리즘을 통해 구하고, 그에 따라 특정 값을 예측하는 기계학습 방법이다. 훈련 데이터로 학습한 모델을 이용해 새로운 입력 값에 대한 정답을 예측해 답을 생성하는 것으로, 예측이라고도 한다. 최근 며칠간의 기온과 해가 뜨고 지는 데이터를 바탕으로 다음 날 지각할 확률을 예상해 보는 문제는 회귀 알고리즘을 이용해 해결할 수 있다.

04　분류(Classification)는 고정된 레이블을 나누기 위한 분류 기준을 학습하여 새로운 입력이 들어오면 여러 그룹 중 하나로 선택하는 과정을 통해 판단한다. 훈련 데이터를 이용해 기계학습을 진행한 후, 새로운 데이터가 어떤 그룹에 속하는지 판단하는 것이다. 즉, 데이터 속성의 관계를 파악하고 새로운 데이터가 어느 그룹에 속하는지 알아낸다.

05　비지도학습은 정답이 없는 데이터를 입력하면 컴퓨팅 시스템이 자신만의 방식으로 유사한 속성값을 갖는 데이터끼리 모아 그룹을 만든다. 정답 데이터가 주어지지 않기 때문에 스스로 입력 데이터의 특징을 분석하여 패턴이나 규칙을 찾아내야 한다.

06　기계학습은 데이터를 이용해 컴퓨터가 스스로 학습하고 최적의 알고리즘을 찾아 문제를 해결하는 기술이다. 사람이 직접 규칙을 작성하는 것이 아니라, 데이터에서 규칙을 추출하는 것이 핵심이다.

07　지도학습은 입력 데이터와 함께 정답(Label)이 주어지는 학습 방식이다. 예를 들어, 사진 속 동물이 고양이인지 개인지 알려 주면서

학습하는 이미지 분류 모델이 지도학습의 예이다.

08　감성 분석(Sentiment Analysis)은 대표적인 지도학습의 예로, 입력된 텍스트가 긍정인지 부정인지 분류하는 문제이다. 지도학습은 정답(Label)이 주어진 데이터를 학습하여 예측 모델을 만드는 방식이다.

09　전통적인 프로그래밍 방식에서는 사람이 직접 규칙을 정의해야 하지만, 인공지능 방식에서는 데이터에서 규칙을 자동으로 학습한다. 따라서 문제 해결 방식이 다르다.

10　훈련 데이터는 기계학습 모델을 학습시키는 데 사용되며, 테스트 데이터는 학습이 끝난 모델의 성능을 검증하는 데 사용된다. 훈련 데이터와 테스트 데이터는 분리되어야 하며, 성능 평가 후 필요하면 모델을 조정해야 한다.

11　지도학습은 정답(Label)이 포함된 데이터를 이용하여 학습하는 방식이며, 대표적인 예로는 이미지 분류(Image Classification)가 있다. 비지도학습은 정답이 없는 데이터를 사용하여 유사한 특성을 가진 데이터끼리 그룹화하는 방식이며, 대표적인 예로는 고객 데이터를 기반으로 마케팅 군집을 형성하는 군집 분석(Clustering)이 있다.
　－ 지도학습은 데이터에 정답이 존재하여 학습 과정에서 명확한 피드백을 받을 수 있다. 반면, 비지도학습은 정답 없이 데이터의 패턴을 찾아야 하므로, 클러스터링(군집화)과 같은 방법이 많이 사용된다.

12　강화학습은 에이전트(Agent)가 환경과 상호 작용하면서 보상을 최대화하는 방법을 학습하는 기계학습 유형이다. 예를 들어, 알파고(AlphaGo)와 같은 인공지능 바둑 프로그램은 강화학습을 이용하여 최적의 수를 학습한다. 또한, 로봇 제어, 게임 AI, 금융 트레이딩 등 다양한 분야에서 활용된다.
　－ 강화학습은 지도학습이나 비지도학습과 달리, 특정 행동을 수행한 후 보상을 받으며 학습하는 방식이다. 주로 게임 AI, 로봇 공학, 자동화 시스템 등에서 활용된다.

13　인공지능을 활용한 문제 해결 방식의 장점은 복잡한 규칙을 사람이 직접 정의하지 않아도 데이터 기반으로 학습하여 문제 해결이 가능하다는 점이다. 또한, 새로운 데이터를 입력하면 기존 데이터에서 학습한 내용을 바탕으로 예측이 가능하다. 단점으로는 충분한 양의 고품질 데이터가 필요하며, 학습된 모델이 예측을 잘못하더라도 그 원인을 정확히 알기 어려운 경우가 많다는 점이 있다.
　－ 인공지능의 가장 큰 장점은 복잡한 문제를 자동으로 학습하여 해결할 수 있다는 점이다. 하지만 학습 과정에서 많은 데이터가 필요하고, 학습된 모델이 왜 특정 결과를 도출했는지 설명하기 어려운 경우가 많아 신뢰성 문제도 존재한다.

14　훈련 데이터는 인공지능 모델을 학습시키는 데 사용되는 데이터이다. 학습이 완료된 후, 테스트 데이터를 이용해 모델의 성능을 평가한다.

15　군집(Clustering)은 비지도학습 기법 중 하나로, 데이터의 유사성을 기준으로 그룹을 형성하는 방법이다. 대표적인 예로 고객 데이터를

분석하여 비슷한 구매 패턴을 가진 고객 그룹을 나누는 것이 있다.

16 비지도학습은 정답(Label)이 없는 데이터를 분석하여 패턴을 찾는 것이 목적이다. 대표적인 기법으로는 군집화(Clustering)가 있다.

17 인공지능을 이용한 문제 해결 방식에서는 사람이 직접 규칙을 만들지 않고, 훈련 데이터를 통해 기계가 스스로 규칙을 학습하여 문제를 해결한다. 이는 전통적인 프로그래밍 방식과의 가장 큰 차이점이다.

18 비지도학습은 정답(Label)이 제공되지 않은 데이터에서 패턴을 찾아 그룹을 형성하는 학습 방법이다. 대표적인 기법으로 군집(Clustering)이 있으며, 이는 유사한 속성을 가진 데이터들을 묶어주는 방식이다.

19 분류(Classification)는 데이터가 특정한 범주(Category) 중 하나로 분류되는 문제를 다루는 기법이다. 예를 들어, 이메일이 스팸인지 아닌지를 분류하는 것은 대표적인 분류 문제다. 반면, 회귀(Regression)는 연속적인 값을 예측하는 문제를 다룬다. 예를 들어, 주택의 면적을 기반으로 가격을 예측하는 것은 회귀 문제에 해당한다.
 – 분류는 결과가 카테고리(예 고양이 vs 개, 합격 vs 불합격)인 문제를 다루고, 회귀는 결과가 연속적인 수치(예 가격, 온도)인 문제를 다룬다.

20 지도학습은 정답(label)이 포함된 데이터를 이용하여 학습하는 방식이다. 데이터셋(컴퓨터에서 사용할 수 있게 저장된 데이터들의 집합체) 안에 여러 속성들과 타깃이 되는 속성이 존재한다. 그리고 데이터를 훈련 데이터와 테스트 데이터로 나누어 학습 및 검증에 활용한다.
 반면, 비지도학습은 정답이 포함되어 있지 않은 데이터를 이용하며, 정답이 없는 데이터이므로 여러 속성들을 분석해 유사한 특성을 가진 데이터들끼리 그룹을 형성하도록 한다.

03 기계학습을 이용한 문제 해결   본문 154~157쪽

01 데이터 전처리		**02** 정규화	**03** ②	**04** ④	**05** ⑤
06 ②	**07** ②	**08** ③	**09** ①	**10** ④	**11** ②
12 ④	**13** ③	**14** ③	**15** ②	**16** ②	**17** ④
18 ①	**19** 해설 참고		**20** 해설 참고		**21** 해설 참고
22 해설 참고		**23** 해설 참고		**24** 해설 참고	
25 ④	**26** ①	**27** ③		**28** 정규화	
29 결정 계수(R^2 Score)				**30** 해설 참고	

01 데이터 전처리(Data Preprocessing)는 기계학습 모델의 성능을 높이기 위해 필수적인 과정이다. 데이터의 결측치 처리, 이상치 탐지, 정규화 등이 포함된다. 만약 데이터가 정제되지 않으면 모델의 학습이 왜곡될 수 있다.

02 정규화(Regularization)는 모델이 특정 데이터에 과대적합되지 않도록 가중치에 패널티(Penalty, 제약)를 부여하는 기법이다. 이러한 예로, 대표적으로 L1 정규화(Lasso)와 L2 정규화(Ridge)가 있다. 이를 통해 모델이 학습 데이터에만 지나치게 최적화되지 않도록 방지한다.

03 기계학습은 데이터를 바탕으로 학습하고 최적의 알고리즘을 찾아 특정 작업을 수행하는 인공지능의 한 분야다.

04 군집 분석은 비지도학습의 대표적인 기법으로, 정답 데이터 없이 유사한 데이터끼리 묶는 방법이다.

05 특정 환자의 병명을 예측하는 것은 지도학습의 분류(Classification) 문제에 해당한다.

06 영화 평점 데이터를 이용해 관객의 성향을 비슷한 그룹으로 나누는 것은 군집 분석(Clustering)에 해당한다.

07 K-평균 군집은 데이터를 K개의 그룹으로 나누고, 각 그룹의 중심점을 기준으로 데이터를 재분류하는 방식이다.

08 실루엣 계수는 개별 데이터가 속한 군집 내에서 얼마나 가깝게 모여 있는지를 측정하며, 군집화의 품질을 평가하는 데 사용된다.

09 연료 소비량을 기반으로 연속적인 수치를 예측하는 문제는 지도학습의 회귀(Regression) 모델을 활용하는 것이 적절하다.

10 로지스틱 회귀는 주어진 데이터를 이진 분류(Binary Classification)하거나 다중 분류(Multi-Class Classification)하는 데 사용된다. 이메일의 스팸 여부를 판별하는 문제는 이진 분류 문제이므로 로지스틱 회귀가 적절하다.

11 기계학습을 활용하기 위해서는 먼저 해결하고자 하는 문제를 정의해야 한다. 문제 정의가 명확해야 적절한 데이터를 수집하고, 올바른 모델을 선택할 수 있다.

12 분류(Classification)는 미리 정의된 그룹(레이블) 중 하나로 데이터를 나누는 문제이다. 이메일이 스팸인지 아닌지를 판별하는 것은 이진 분류(Binary Classification)의 대표적인 사례다.

13 회귀(Regression) 문제는 연속적인 수치를 예측하는 데 사용된다. 자동차 연료 사용량을 기반으로 이산화탄소 배출량을 예측하는 문제는 특정한 수치를 예측하는 문제이므로 회귀 모델이 적합하다.

14 데이터 전처리는 기계학습을 위한 준비 단계로, 결측치 처리, 이상치 제거, 데이터 변환 등이 포함된다. 모델을 생성하는 작업은 이후 단계에서 수행된다.

15 군집(Clustering)은 레이블이 없는 데이터를 비슷한 속성을 가진 그룹으로 나누는 기법이다. 학생들의 성적을 바탕으로 학습 수준이 비슷한 그룹으로 나누는 것은 군집 기법의 대표적인 활용 사례다.

16 과대적합(Overfitting)은 모델이 훈련 데이터에 너무 맞춰져 일반화 성능이 떨어지는 현상이다. 즉, 새로운 데이터를 잘 예측하지 못하는 문제가 발생한다.

17 글로벌 공공선(Global Public Good)이란 사회 전체에 긍정적인 영향을 미치는 것을 의미한다. 인공지능을 활용한 기후 변화 예측 및 환경 보호 시스템은 그 대표적인 사례다.

18 기계학습은 충분한 데이터가 확보되지 않으면 좋은 성능을 내기 어렵다. 데이터가 부족하면 모델이 일반화되지 못하고 성능이 떨어질 가능성이 높다.

19 **기계학습을 이용한 문제 해결 과정**
  (1) 문제 정의: 해결하려는 문제를 명확히 정의하고 목표를 설정한다.
  (2) 데이터 탐색 및 전처리: 데이터를 수집하고, 결측치 처리, 이상치 제거 등 데이터 정제 작업을 수행한다.
  (3) 기계학습 유형 및 알고리즘 선정: 문제 유형(회귀, 분류, 군집 등)에 따라 적절한 알고리즘을 선택한다.
  (4) 기계학습 모델 생성 및 학습: 학습 데이터를 이용하여 모델을 학습시키고 최적의 가중치를 찾는다.
  (5) 모델 평가 및 성능 개선: 테스트 데이터를 사용하여 모델의 성능을 평가하고, 필요하면 모델을 개선한다.
  – 기계학습을 성공적으로 적용하려면 문제 해결 과정의 각 단계를 정확하게 수행하는 것이 중요하다. 특히 데이터 전처리 과정이 모델의 성능을 결정하는 핵심 요소가 될 수 있다.

20 • 과대적합(Overfitting): 모델이 훈련 데이터에 너무 특화되어 새로운 데이터에 대한 일반화 성능이 떨어지는 현상이다.
  • 과소적합(Underfitting): 모델이 데이터의 패턴을 제대로 학습하지 못해 훈련 데이터에서도 낮은 성능을 보이는 현상이다.

  과적합 방지 방법
  • 데이터를 더 많이 확보하여 학습: 훈련 데이터의 양을 증가시키면 모델이 특정 데이터에 지나치게 최적화되는 것을 방지할 수 있다.
  • 정규화 기법 활용(L1, L2 정규화): 모델의 복잡도를 줄이기 위해 가중치 값에 패널티를 부여하는 방식이다.
  • 드롭아웃(Dropout) 기법 사용: 학습 중 일부 뉴런을 무작위로 제외하여 과대적합을 방지한다.
  • 교차 검증(Cross Validation) 활용: 데이터를 여러 개의 부분으로 나누어 반복 학습을 진행하면 과대적합을 방지할 수 있다.
    – 과대적합과 과소적합은 모델 성능 저하의 대표적인 원인이다. 적절한 정규화, 데이터 증가, 검증 기법 활용 등을 통해 모델이 일반화되도록 해야 한다.

21 인공지능은 기후 변화 문제를 해결하는 데 다양한 방식으로 활용될 수 있다.
  • 기후 데이터 분석: 위성 및 센서 데이터를 분석하여 기후 변화를 예측하고, 온실가스 배출량을 추적할 수 있다.
  • 에너지 효율 최적화: AI를 활용하여 공장, 건물, 차량의 에너지 사용을 최적화함으로써 에너지 낭비를 줄일 수 있다.
  • 자연재해 예측 및 대응: 인공지능이 기상 데이터를 분석하여 홍수, 태풍 등의 자연재해를 조기에 예측하고 대비할 수 있도록 돕는다.
  – 기후 변화 대응에서 AI는 방대한 데이터를 분석하여 최적의 솔루션을 제공하는 중요한 역할을 한다.

22 • 군집(Clustering): 레이블이 없는 데이터를 유사한 그룹으로 묶는 비지도학습 기법이다. 예 고객 유형 분석
  • 분류(Classification): 미리 정의된 레이블을 사용하여 데이터를 분류하는 지도학습 기법이다. 예 이메일 스팸 필터
  – 군집 분석은 데이터의 패턴을 자동으로 찾아주는 반면, 분류는 주어진 정답을 기준으로 데이터를 구분하는 차이가 있다.

23 • 데이터 전처리는 모델의 성능을 높이기 위해 데이터의 품질을 개선하는 과정이므로 중요하다.
  • 주요 작업: 결측치 처리(Missing Value Handling), 이상치 제거(Outlier Removal), 정규화(Normalization) 또는 표준화(Standardization)
  – 데이터 전처리는 모델이 올바르게 학습할 수 있도록 노이즈를 줄이고, 일관성을 유지하는 과정이다.

24 자율주행 자동차는 다양한 기계학습 기법을 활용한다.
  • 컴퓨터 비전(CV): 카메라와 센서를 이용하여 도로, 신호등, 보행자를 인식한다.
  • 강화학습: 최적의 경로와 안전한 주행 방법을 학습한다.
  • 딥러닝(Deep Learning): 운전 데이터에서 패턴을 학습하여 주행 결정을 내린다.
  – 자율주행 자동차는 여러 AI 기법을 결합하여 실시간 의사 결정과 주행 경로 최적화를 수행한다.

25 맷플롯립(Matplotlib)은 데이터 시각화를 위한 라이브러리로, 기계학습 모델을 직접 학습시키지는 않는다. 반면, 사이킷런(Scikit-learn), 텐서플로(TensorFlow), 파이토치(PyTorch)는 기계학습을 수행하는 대표적인 라이브러리이며, 판다스(Pandas)는 데이터를 처리하고 분석하는 데 사용된다.

26 사이킷런(Scikit-learn)에서 선형 회귀 모델을 생성할 때는 LinearRegression( ) 객체를 만든 후, .fit(X, y) 메서드를 호출하여 모델을 학습시킨다. train( ) 같은 메서드는 사이킷런(Scikit-learn)에서 사용되지 않는다.

27 train_test_split( ) 함수에서 test_size=0.3으로 설정하면, 전체 데이터 중 30%는 테스트 데이터, 나머지 70%는 훈련 데이터로 분할된다.

28 정규화 MinMaxScaler는 데이터를 0~1 범위로 변환하는 정규화(Normalization) 기법을 수행한다.

29 결정 계수(R^2 Score)는 회귀 모델의 성능을 평가하는 주요 지표로, 0~1 사이의 값으로 나타내며 1에 가까울수록 모델의 예측력이 좋음을 의미한다.

30 predict( ) 함수는 학습된 모델을 이용하여 새로운 데이터(X_test)에 대한 예측값을 생성하는 역할을 한다.
- predict( )는 모델이 학습한 패턴을 기반으로 테스트 데이터에 대한 출력을 반환하는 함수이다. 즉, X_test 데이터를 입력받아 예측된 결과(y_pred)를 반환한다.

Ⅳ 대단원 마무리 문제
본문 158~161쪽

01 ④	**02** ④	**03** ④	**04** ④	**05** ②	**06** ③
07 ①	**08** ③	**09** ③	**10** ③	**11** ④	**12** ①
13 ④	**14** ②	**15** ③	**16** 3-2-1-4-5		
17 해설 참고		**18** 과대적합		**19** 해설 참고	
20 해설 참고		**21** 해설 참고		**22** 해설 참고	
23 해설 참고		**24** 해설 참고		**25** 해설 참고	

해설

01 고객의 성향대로 그룹을 묶어 고객들의 유형을 그룹화하는 것은 비지도학습의 군집이라고 할 수 있다.

02 random은 무작위의 숫자를 가지고 연산 등의 작업을 하고자 할 때 사용하는 라이브러리다. 넘파이(NumPy), 판다스(Pandas), 텐서플로(TensorFlow), 맷플롯립(Matplotlib)은 각각 수치 계산, 데이터 분석, 딥러닝, 데이터 시각화에 사용되는 파이썬 라이브러리이다.

03 K-평균 알고리즘은 군집을 위한 알고리즘으로, 비지도학습에 사용된다.

04 워드 프로세싱 속도는 기계학습 모델의 성능과 관련이 없다.
① 정확도(Accuracy)는 전체 예측 결과 중에 정확한 예측의 비율이고, ② 정밀도(Precision)는 모델이 positive(양성)라고 예측한 것들 중에서 실제로 정답이 positive(양성)인 비율, ③ 재현율(Recall)은 실제로 정답이 positive(양성)인 것들 중에서 모델이 positive(양성)라고 예측한 비율로, 모두 분류 모델의 평가 지표이다.
⑤ R² 점수는 회귀 모델의 성능 평가 지표이다.

05 지능 에이전트는 외부 환경을 인식하고, 판단하여 목표를 달성, 행동하는 방식으로 동작한다.

06 지능 에이전트는 소프트웨어의 형태로도 존재할 수 있으며, 반드시 물리적인 로봇의 형태일 필요는 없다.

07 지도학습은 정답이 있는 데이터를 통해 학습하고, 비지도학습은 정답 없이 패턴 등을 발견하는 방식이다.

08 다른 선택지들은 모두 지도학습 중 회귀에 해당하는 내용이다.

09 기계학습 모델이 실제 환경에서도 잘 작동하는지 확인하기 위해 훈련 데이터(Train Data)와 테스트 데이터(Test Data)를 분리한다. 훈련 데이터로 학습을 시키고, 새로운 데이터에 대한 예측 성능을 평가함으로써 모델의 일반화 능력을 확인할 수 있다.

10 사이킷런(Scikit-learn)의 train_test_split( ) 함수는 데이터를 훈련용과 테스트용으로 나누는 역할을 한다.
- test_size=0.3: 전체 데이터의 30%를 테스트용으로 사용
- random_state=42: 랜덤 시드를 설정하여 실행할 때마다 동일한 데이터 분할 결과를 얻음.

11 데이터 전처리는 모델의 성능을 높이기 위해 필요하지만, 단순히 데이터를 줄이는 것이 목적이 아니다. 오히려 결측치 처리, 정규화, 이상치 제거 등을 통해 데이터를 정제하여 모델이 학습할 수 있도록 최적화하는 과정이다.

12 predict(X_test)는 학습된 모델이 X_test 데이터를 입력받아 예측한 값을 의미한다. 즉, y_pred는 테스트 데이터의 입력값에 대한 모델의 출력값(예측값)이다.

13 **사이킷런에서 제공하는 대표적인 기계학습 모델**
- Li nearRegression( ): 선형 회귀
- DecisionTreeClassifier( ): 의사결정 트리 분류
- KMeans( ): K-평균 군집 분석
- RandomForestClassifier( ): 랜덤 포레스트 분류
- NeuralNetwork( )는 딥러닝 모델을 만들 때 주로 사용하며, 보통 TensorFlow나 PyTorch에서 제공한다.

14 test_size=0.2는 전체 데이터의 20%를 테스트 데이터로 할당하고, 나머지 80%는 훈련 데이터로 사용한다. 이 설정을 통해 모델이 훈련 데이터에만 의존하지 않고 새로운 데이터에서도 성능을 평가할 수 있다.

15 분류는 데이터를 미리 정해진 그룹(예: 스팸/정상)으로 분류하는 문제를 해결하는 기법이다. 군집은 데이터를 스스로 그룹화하는 비지도학습 기법이며, 회귀(Regression)는 연속적인 값을 예측하는 모델이다.

16 인공지능을 활용해 문제를 해결하기 위해서는 해결하고자 하는 문제를 명확히 정의하고 그에 맞는 데이터를 선정하고 수집해야 한다. 또한 그에 적합한 기계학습 유형과 알고리즘을 선정한 후 이를 토대로 모델을 생성해야 한다. 그리고 모델의 성능을 평가하고 수정, 보완해야 한다.

17 • 과대적합(Overfitting): 모델이 훈련 데이터에 너무 맞춰져 새로운 데이터에 대한 예측력이 떨어지는 현상
• 과소적합(Underfitting): 모델이 데이터의 패턴을 제대로 학습하지 못해 훈련 데이터에서도 낮은 성능을 보이는 현상
• 과적합 방지 방법: 훈련 데이터의 양을 늘리기, 학습 과정에서 데이터 정규화를 이용하기 등

18 과대적합(Overfitting)은 모델이 훈련 데이터에 너무 최적화되어 새로운 데이터(테스트 데이터)에서는 성능이 떨어지는 현상을 의미한다. 이를 방지하기 위해 데이터의 양을 늘리거나, 정규화 또는 교차 검증(Cross Validation)을 적용할 수 있다.

19 인공지능 기술과 서비스를 능동적으로 활용해 업무를 처리한다. 인공지능이 해결해야 할 문제를 정확히 선정하고 정의한다. 인공지능이 처리하지 못하는 직관적 문제, 감정을 다루는 문제 등을 해결한다. 도덕적, 윤리적 가치로 인공지능 기술과 서비스를 점검한다. 등

20 ※학생의 창의적인 답변을 유도하는 문제로, 다양한 가능성을 열어 두고 논리적인 근거를 제시하는 답변을 높게 평가한다.

(예시 답안) 미래 사회에서는 기계학습이 더욱 발전하여 의료, 교통, 교육 등 다양한 분야에서 개인 맞춤형 서비스를 제공하고, 인간의 삶을 더욱 편리하고 풍요롭게 만들 것으로 예상한다. 또한, 기계학습 기술은 새로운 약물 개발, 기후 변화 예측, 우주 탐사 등 인류가 직면한 다양한 문제들을 해결하는 데 중요한 역할을 할 것이다. 예를 들어, 의료 분야에서는 환자의 유전 정보, 생활 습관, 질병 이력 등을 분석하여 개인에게 최적화된 맞춤형 치료법을 제시할 수 있다. 교통 분야에서는 실시간 교통 상황을 분석하여 교통 체증을 최소화하고, 자율 주행 기술을 더욱 발전시켜 안전하고 효율적인 이동을 가능하게 할 것으로 예상된다. 교육 분야에서는 학생 개개인의 학습 속도와 수준에 맞춰 맞춤형 교육 콘텐츠를 제공하여 학습 효과를 극대화할 수 있을 것이다. 하지만 동시에 일자리 감소, 프라이버시 침해, 알고리즘 편향으로 인한 차별 등의 문제점에 대한 심도 있는 논의와 해결책 마련이 필요하다. 따라서 기술 발전과 더불어 사회적, 윤리적 문제에 대한 균형 있는 접근 또한 이루면 매우 좋을 것 같다.

21 • 긍정적 영향: 의료 진단 개선, 금융 사기 방지, 맞춤형 교육 등이 가능하다.
• 부정적 영향: 쉽게 지침, 윤리적, 사회적 불평등이 야기될 수 있다.

22 기계학습은 인공지능의 하위 분야로, 컴퓨터가 명시적인 프로그래밍 없이 데이터로부터 학습하도록 하는 기술이다. 기계학습은 인공지능이 복잡한 문제를 해결하고 인간과 유사한 능력을 수행하는 데 중요한 역할을 한다.
– 과거의 인공지능 연구는 주로 규칙 기반의 프로그래밍에 의존했었지만, 기계학습의 발전으로 인해 데이터로부터 스스로 학습하고 문제를 해결하는 인공지능 시스템을 구축할 수 있게 되었다.

23 데이터 편향으로 인한 차별 문제, 프라이버시 침해 문제, 알고리즘의 투명성 부족 문제 등이 발생할 수 있다. 이를 해결하기 위해 데이터 수집 및 전처리 과정에서의 공정성 확보, 개인 정보 보호 강화, 알고리즘의 작동 방식에 대한 설명 가능성 확보 등이 필요하다.
– 기계학습 모델 개발 시 윤리적인 문제점을 고려하고 해결하기 위한 노력이 필요하다. 데이터의 편향성을 줄이기 위한 노력, 개인 정보 보호를 위한 기술적, 제도적 장치 마련, 알고리즘의 투명성을 높이기 위한 연구 등이 함께 뒷받침되어야 한다.

24 train_test_split( ) 함수는 주어진 데이터를 훈련 데이터(Train Data)와 테스트 데이터(Test Data)로 나누는 역할을 한다. 이를 통해 모델이 훈련 데이터만 기억하는 것을 방지하고 새로운 데이터에 대한 성능을 평가할 수 있다.

25 random_state=42는 실행할 때마다 항상 같은 훈련 데이터와 테스트 데이터를 분할할 수 있도록 설정하는 역할을 한다. 이를 통해 모델의 재현성을 확보할 수 있다. (숫자는 다른 숫자를 설정할 수 있다.)

Ⓥ 디지털 문화

시험 대비 문제

01 디지털 기술과 진로 설계   본문 167~169쪽

01 ①	**02** ③	**03** ①	**04** ③	**05** ④
06 스마트팩토리	**07** ⑤	**08** ②	**09** ②	**10** ④
11 ④	**12** 사물 인터넷	**13** ④	**14** ㉠ 초연결, ㉡	
초융합, ㉢ 초지능	**15** ③	**16** ②	**17** ①	
18 ⑤	**19** 해설 참고	**20** ②		

해설

01 인공지능과 빅데이터는 대표적인 디지털 기술로, 인공지능은 인간의 지능을 컴퓨터로 구현한 것이고, 빅데이터는 대량의 데이터로부터 가치를 창출하는 기술이다. 클라우드 컴퓨팅은 서버나 저장 장치 등의 컴퓨팅 시스템 자원을 바로 제공하는 인터넷 기반의 컴퓨팅 시스템이고, 사물 인터넷은 각종 사물에 센서와 통신 기능을 내장하여 다른 기기나 시스템과 데이터를 주고받는 기술이다.

02 수업 시간에 맞춰 수업 준비를 하는 것은 디지털 기술을 활용한 사례가 아니라 주어진 일과에 따라 행동하는 것이다.

03 〈보기〉의 내용은 각종 사물에 센서와 통신 기능을 내장하여 다른 기기나 시스템과 데이터를 주고받는 기술인 사물 인터넷에 관한 것이다.

04 〈보기〉의 내용은 기존 데이터베이스를 뛰어넘는 대량의 데이터로부터 가치를 창출하고 수집, 발굴, 분석을 지원하는 기술인 빅데이터의 활용 사례다.

05 가상 화폐를 거래할 때 발생할 수 있는 해킹을 막는 기술로, '공공 거래 장부'라고도 하는 것은 블록체인이다.

06 스마트팩토리는 설비와 기계 등 제조와 관련된 모든 과정을 디지털 기술로 자동화한 공장으로 인공지능, 빅데이터, 사물 인터넷 등을 활용하여 공정 데이터를 실시간으로 수집하고 분석해 스스로 제어할 수 있는 공장이다.

07 버스 정류장에서 버스를 기다리는 것은 디지털 기술과 관련 없다.

08 • 컴퓨터 바이러스: 스스로를 복제하여 컴퓨터를 감염시키는 컴퓨터 프로그램
  • 백신: 안티 바이러스 소프트웨어를 일컫는 말로 컴퓨터 바이러스 등의 악성 코드를 탐지하고 방어하기 위한 소프트웨어
  • 방화벽: 보안 규칙에 따라 수신 및 발신 네트워크 트래픽을 모니터링하거나 필터링해 제어하도록 설계된 네트워크 보안 장치
  • 아이핀: 주민등록번호 대신 인터넷상에서 본인을 확인할 수 있는 수단

09 개인 맞춤형 수업은 다수의 교사가 학생을 지도하는 것이 아니라 학생을 분석한 뒤, 학생의 성취도에 맞는 학습 자료를 제공하고 AI 튜터 등을 활용하여 학생들에게 도움을 제공하는 것이다.

10 공장 자동화 시스템은 3차 산업혁명의 대표적인 사례로, 컴퓨터를 활용한 정보 통신 기술을 기반으로 자동화된 생산 체제를 도입하는 것을 의미한다.

11 사물 인터넷의 다양한 센서를 이용하여 데이터를 수집하고 인공지능이 음성 인식을 하거나 움직임을 분석하는 등의 역할을 한다.
증강 현실은 현실 세계 위에 가상의 요소를 추가하여 보여 주는 기술로, 〈보기〉의 ㉠에서는 증강 현실에 대한 내용은 없다.

12 사물 인터넷 기술은 각종 사물에 센서와 통신 기능을 내장하여 다른 기기나 시스템과 데이터를 주고받을 수 있는 기술로, ㉡에 해당하는 내용은 사물 인터넷에 관한 것이다.

13 공유 차량은 지역 또는 단체에 속한 구성원들이 한 자동차를 짧은 시간 단위로 나누어 사용하는 형태의 차량 공유 서비스로, 인공지능이 적용된 사례는 아니다. 음성 인식, 주변의 움직임, 빛, 소음을 감지한 밝기 조절, 자율주행, 실시간 교통 상황 분석은 인공지능이 적용된 사례들이다.

14 각각 초연결, 초융합, 초지능에 관한 설명이다.

15 4차 산업혁명 시대가 언급된 이후 빅데이터와 인공지능에 관한 관심이 커졌다. 컴퓨터와 인터넷은 3차 산업혁명 이후 인기가 높아진 분야이다.

16 ㉠에 들어갈 말은 4차 산업혁명으로, 4차 산업혁명 시대에는 빅데이터, 인공지능 등에 관한 관심이 높아지며 데이터 과학자, 인공지능 개발자 등의 직업에 관한 관심도 커졌다.

17 나. 디지털 기술이 발전하여도 인간이 할 수 있는 일이 사라지는 것은 아니고 역할이 달라진다. 디지털 기술로 대체되는 일은 디지털 기술을 관리하는 역할로 인간의 역할이 변경된다.
  다. 스마트팜은 각 농작물에 맞는 최적화된 온도, 습도, 일조량 등을 맞출 수 있어서 생산량은 증가한다.

18 디지털 기술에 의해 사람이 하는 일이 기계로 대체된다고 해서 사람이 하는 일이 모두 없어지는 것은 아니다. 사람은 기계를 관리하거나 디지털 기술을 활용하는 직업으로 역할이 달라지게 된다.

19 디지털 기술로 인해 기존에 있던 직업이 사라지거나 새롭게 생겨날 수 있다. 또한 디지털 기술에 의해 대체된 직업은 디지털 기술을 조작, 관리하는 역할로 직업의 역할이 변경될 수도 있다. 이러한 변화는 진로 선택에 영향을 미치는 중요한 요소이다.

20 〈보기〉의 내용은 디지털 기술에 의해 직업이 대체되고 있거나 역할이 변경되고 있다는 것으로, 이는 직업을 선택할 때 해당 직업이 미래에도 존재할 수 있는지 고려할 사항이다.

02 정보 공유와 보호　　　　　　　본문 173~175쪽

01 ⑤	02 ①	03 공유	04 ⑤	
05 식별	06 ②	07 ②	08 ④	09 ②
10 해설 참고	11 ⑤	12 ④	13 ①	14 ⑤
15 ②	16 ⑤	17 ⑤	18 ④	19 ①	20 ②

해설

01 전화번호, 집 주소 등이 포함된 정보는 개인 정보로서 단톡방 등에 공유하면 안 된다.

02 클라우드 환경은 인터넷만 연결되면 어디서나 컴퓨팅 시스템 자원을 활용할 수 있는 서비스로 인터넷이 되지 않으면 작업을 이어갈 수 없다. 또한 클라우드 환경의 특징 중 하나는 동시 작업이 가능한 것으로, 동시 작업을 위해 문서를 따로 저장할 필요는 없다.

03 정보를 얻고 다른 사람과 나누는 것을 '공유'라고 한다.

04 병원 운영(진료) 시간은 공유해도 되는 정보이다.

05 개인 정보는 살아 있는 개인에 관한 정보로 성명, 주민등록번호, 영상 등을 통해 개인을 식별할 수 있는 정보뿐 아니라 다른 정보와 결합하여 개인을 식별할 수 있는 정보이다.

06 재난 정보, 교통 정보, 날씨 정보, 병원 진료 시간 등은 공유하였을 때 가치가 올라가는 공유해도 되는 정보이다. 또한 정보 공유를 통해 다른 사람과 서로 협력하고 소통하여 어려운 문제를 해결할 수 있다. 개인 정보, 위치 정보, 의료 정보, 영상 정보 등은 보호해야 하는 정보이다.

07 이름, 전화번호, 집 주소 등은 개인 정보로, 이는 임의로 활용하면 안 된다. CCTV 또한 보호해야 하는 영상 정보로 CCTV를 설치할 때는 설치 위치와 목적을 명시한 안내판이 있어야 한다.

08 재난 정보, 날씨 정보, 교통 정보 등은 공유해도 되는 정보이다. 보호해야 하는 정보는 개인 정보, 위치 정보, 의료 정보, 영상 정보 등이 있다.

09 사람의 이동 경로는 위치 정보에 포함된다.

10 개인 정보는 살아 있는 개인에 관한 정보로 성명, 주민등록번호, 영상 등을 통해 개인을 식별할 수 있는 정보뿐 아니라 다른 정보와 결합하여 개인을 식별할 수 있는 정보이다.

개인 정보 종류
- 인적 사항: 성명, 주소, 주민등록번호, 가족 관계 및 가족 구성원 정보 등
- 신체적 정보: 얼굴, 홍채, 음성, 지문, 진료 기록, 혈액형, IQ 등
- 재산적 정보: 사업 소득, 봉급액, 대출 정보, 자동차, 보험 가입 현황 등
- 정신적 정보: 도서 대여 기록, 잡지 구독 정보, 사상, 종교, 가치관, 정당 활동 내역 등
- 사회적 정보: 학력, 병역 여부, 직장, 전과 기록 등
- 기타 정보: 전화 통화 내역, 위치 정보, 여가 활동 등

11 개인 정보의 주체는 자연인(自然人)이어야 하며, 법인 또는 단체의 정보는 해당되지 않는다. 법인의 상호는 개인 정보의 범위에 해당되지 않는다.

12 개인 정보는 개인에 관한 정보로 ① 성명, 주민등록번호 및 영상 등을 통하여 개인을 알아볼 수 있는 정보, ② 해당 정보만으로는 특정 개인을 알아볼 수 없더라도 다른 정보와 쉽게 결합하여 알아볼 수 있는 정보, ③ ① 또는 ②를 가명처리함으로써 원래의 상태로 복원하기 위한 추가 정보의 사용, 결합 없이는 특정 개인을 알아볼 수 없는 정보(가명 정보)이다.

13 인공지능 챗봇을 학습시킬 때 사용한 데이터에 이름, 전화번호, 주소 등이 포함된 것은 개인 정보를 오남용한 대표적인 사례이다. 인공지능을 학습시키는 데이터에 개인 정보가 포함되지 않았는지 필수적으로 확인하여야 한다.

14 ①, ②, ③, ④는 모두 개인 정보 오남용 사례다. 보유 기간이 지났거나 사용 목적을 달성한 개인 정보는 파기하여야 한다.

15 개인 정보가 포함된 파일은 P2P 공유 폴더에 저장하지 않아야 한다.

16 인터넷으로 금융 거래를 할 때는 PC방이나 공공장소에서는 이용하지 않는다.

17 SNS나 게임 등에서 개인 정보 유출이나 온라인 사기로부터 보호받기 위해서는 개인 정보 요구에 응답하지 않고, 공용 장소에서 자동 로그인 해제, 컴퓨터 사용 후 사용기록 삭제 등 정보 보호를 위한 조치를 하여야 한다.

18 **기관의 정보 보호 실천 방법**
- 무분별한 개인 정보 수집을 자제
- 개인 정보 수집 시 필수 정보와 선택 정보를 구분하여 수집
- 고유 식별 정보와 민감 정보는 원칙적으로 처리를 금지
- 개인 정보 위탁 시 고객에게 고지하고 철저히 관리
- 개인 정보 파일은 DB 보안 프로그램, 암호화 소프트웨어 등 안전한 방법을 사용하여 보관
- 보관이 필요한 증빙 서류는 법령에서 정한 보유 기간을 숙지하여 준수
- 개인 정보 파일은 수집 당시 사용 목적에 따라 이용한 후에는 알아볼 수 없도록 파기
- CCTV에는 반드시 안내판을 설치
- 개인 정보 보호에 관한 지침·문서 등을 반드시 구비
- 개인 정보 유출 통지, 집단 분쟁 조정, 단체 소송에 대비

19 민감 정보는 사상·신념, 노동조합·정당의 가입·탈퇴, 정치적 견해, 건강, 성생활 등에 관한 정보, 그 밖에 정보 주체의 사생활을 현저히 침해할 우려가 있는 개인 정보로서 대통령령이 정하는 정보이다. 민감 정보는 고유 식별 정보와 함께 원칙적으로 처리를 금지한다.

20 개인 정보를 수집하는 경우 개인 정보 수집에 대한 동의를 받고, 최소한의 개인 정보만 수집한다.

03 정보 보안과 디지털 윤리 본문 179~181쪽

01 정보 보안	**02** ②	**03** ①	**04** ⑤	**05** ④
06 ㉠ 훼손, ㉡ 변조, ㉢ 유출		**07** ①	**08** ③	**09** ④
10 해설 참고	**11** ③	**12** 딥페이크		**13** ④
14 ④	**15** ②	**16** ②	**17** ②	**18** ⑤	**19** ⑤
20 ⑤				

해설

01 정보 보안에 대한 설명이다.

02 해킹, 파밍, 피싱, 악성 코드는 디지털 범죄이고 백신은 정보 보안을 위해 디지털 범죄로부터 컴퓨터나 스마트폰 등의 단말기를 보호하는 프로그램이다.

03
- 스미싱: 문자와 피싱의 합성으로 문자 메시지를 이용한 피싱의 한 종류
- 파밍: 피싱의 진화한 형태로, 위조 사이트로 유도하는 피싱과 달리 위조 사이트로 강제로 이동시키는 방법

04
- 기밀성은 승인되지 않은 사용자가 정보의 내용을 알 수 없도록 비밀을 유지하는 것으로, 가와 다는 허가받지 않은 사람이 정보에 접근할 수 있게 된 사항으로 기밀성을 위반한 사례다.
- 나는 승인되지 않은 사용자가 정보를 수정할 수 없도록 정보를 보호하는 무결성 위반 사례다.

05 가용성은 승인된 사용자가 필요할 때 언제든지 정보에 접근하여 사용할 수 있도록 하는 것으로, 성능 및 트래픽 모니터링, 시스템 이중화 등을 통해 보장할 수 있다.

06 정보 보안이란 외부의 불법적인 접근으로부터 정보를 보호하는 것으로, 정보의 수집, 가공, 전송 등의 동작이 이루어지는 도중에 훼손, 변조, 유출 등을 방지하는 기술이다. 훼손은 정보를 파괴하는 것이고, 변조는 권한 없는 사용자가 불법적 수정 또는 정보를 중간에 가로채서 일부 또는 전부를 변경하여 수신자에게 전송하는 것이다. 유출은 정보가 불법적으로 외부로 나가는 것을 말한다.

07 정보 제공자는 콘텐츠 배포 및 공급을 담당하고, 정보 관리자는 콘텐츠의 유통을 위한 서버 및 통신망을 관리하고 운영한다.

08 정보 관리자는 콘텐츠의 유통을 위한 서버 및 통신을 관리하고 운영하며, 시스템을 해킹과 바이러스 등으로부터 안전하게 보호하고, 개인 정보 침해가 발생하지 않도록 하며, 장애가 발생하였을 때 신속하게 복구해야 한다. 호스팅 업체, 데이터 센터 등이 정보 관리자이다.

09 개인이 할 수 있는 정보 보호 방법으로는 비밀번호 주기적 변경, 복잡하여 유추가 어려운 비밀번호 설정, 컴퓨터나 스마트폰 잠금 설정, 백신 설치 및 최신 업데이트, 불필요한 개인 정보(사용 목적을 달성한 개인 정보) 삭제 등이 있다.

10 정보 공급자는 정보 시스템의 내·외부 위협으로부터 네트워크와 시스템을 보호하고 사생활 및 저작권 침해에 주의하여야 한다. 또한 시스템의 안정성을 확보하여야 한다.

11 악성 코드, 바이러스 등의 침입을 제한하여 안정성을 확보하는 것은 정보 공급자 중 정보 제공자의 역할이다.

12 인공지능을 활용하여 특정 인물의 얼굴이나 특정 부위를 합성한 영상 편집물로, 보기와 같이 긍정적으로 활용할 수 있다.

13 로봇 청소기로 집을 청소하는 것은 디지털을 활용하는 사례로, 윤리와는 관련이 없다. 나머지는 디지털 윤리 부재 시 나타날 수 있는 현상이다.

14 ㉠에 들어갈 말은 디지털 윤리로, 디지털 윤리의 부재로 인한 범죄는 디지털 기술의 발전으로 점점 치밀해지고 피해 규모도 커지고 있다.

15 디도스(DDoS: Distributed Denial of Service)는 '분산 서비스 거부 공격'이라고도 하며, 좀비 PC를 이용하여 대량의 트래픽을 유발해 시스템을 마비시키는 공격이다.

16 〈보기〉는 인증의 한 종류인 생체 인증 기술로 사용되는 생체 정보이다.

17 〈보기〉는 생체 인증으로, 인증은 적법한 이용자, 올바른 출처를 확인하는 과정이나 행위이다.

18 〈보기〉는 생체 인증으로, 인증 기술로는 생체 인증 외에도 pass 앱, PIN 번호, 공동 인증서 등이 있다.

19 클라우드 컴퓨팅은 디지털 기술의 한 종류로, 사용자의 관리 없이 서버나 데이터 저장 장치, 응용 프로그램, 컴퓨팅 파워 같은 컴퓨팅 시스템 자원을 필요시 바로 제공하는 인터넷 기반의 컴퓨팅 서비스로 정보 보안 기술은 아니다.

20 정보 보안 기술에는 암호화, 인증, 네트워크 보안이 있다. 암호화는 단방향 암호화, 비밀키 암호화, 공개키 암호화 등이 있고, 인증에는 생체 인증, PIN 번호, 공인 인증서, 공동 인증서 등이 있다.

네트워크 보안에는 악성 코드 차단 소프트웨어, 방화벽, 액세스 제어 등이 있다.

Ⅴ 대단원 마무리 문제

본문 182~185쪽

01 ①	**02** ④	**03** ⑤	**04** ③	**05** ⑤	**06** ④
07 ④	**08** ②	**09** ④	**10** ②	**11** ①	**12** ④
13 ②	**14** ②	**15** ①	**16** 클라우드 컴퓨팅		
17 가, 나, 라, 사, 아		**18** 정보 보안		**19** 해설 참고	
20 해설 참고		**21** 해설 참고			

해설

01 개인 맞춤형 서비스는 빅데이터와 인공지능이 발전하며 가능해졌다. 고객의 구매 패턴, 검색 이력, 소셜 미디어 활동 등의 빅데이터 분석을 통해 개별 맞춤형 서비스를 제공할 수 있었으며, 인공지능의 발전으로 고객의 미래 예측을 통해 개인 맞춤형 서비스는 더욱 정교해질 수 있다.

02 각종 사물에 센서와 통신 기능을 내장하여 다른 기기나 시스템과 데이터를 주고받을 수 있는 기술은 사물 인터넷이다.

03 사용자의 관리 없이 서버나 데이터 저장 장치, 응용 프로그램, 컴퓨팅 파워와 같은 컴퓨팅 시스템 자원을 필요시 바로 제공하는 인터넷 기반의 컴퓨팅 서비스는 클라우드 컴퓨팅이다.

04 자율주행차는 인공지능과 사물 인터넷 등 다양한 디지털 기술이 적용된 사례지만, 택시 기사가 운전을 해서 목적지까지 가는 것은 디지털 기술과 관련 없는 사항이다.

05 디지털 기술의 발전으로 단순한 일은 디지털 기술로 대체되고, 인간의 역할은 디지털 기술을 제어하고 관리하는 역할로 변경되고 있다. 또한 디지털 기술에 의해 새로운 일이 생겨난다.

06 정보를 공유하면 다양한 분야에서 더욱 그 가치가 올라갈 수 있다. 정보 공유를 통해 서로 협력하고 소통하며 어려운 문제를 해결할 수 있고, 여러 사람의 아이디어가 더해져 미처 생각하지 못한 부분을 다른 사람이 제시해 줄 수도 있다.

07 공유해도 되는 정보는 날씨 정보, 버스 배차 시간, 병원 진료 시간, 재난 정보 등이 있고, 보호해야 하는 정보는 주민등록번호, 전화번호, 사람이나 자동차의 이동 경로, 진료 기록, 처방전, CCTV, 블랙박스 등이 있다.

08 도서 대여 기록은 개인 정보 중 정신적 정보에 포함되지만, 읽고 있는 책을 보는 것은 개인 정보 침해가 아니다. 위치 정보는 개인 정

보 중 기타 정보에 포함되며, 개인 정보는 정보 주체의 동의 없이 임의로 열람하면 안 된다.

09 인공지능 챗봇을 학습시킬 때 사용하는 데이터에 이름, 전화번호, 주소 등 개인 정보가 포함되지 않았는지 주의하여야 한다.

10 학교에서도 학생 개인 및 관련 정보를 취급하고 있기 때문에 관련 정보를 보호하기 위해 노력해야 한다. 입학할 때 정보 제공 동의서를 받고, 필요한 목적에 따라 정보를 취급해야 한다.

11 승인되지 않은 사용자가 정보의 내용을 알 수 없도록 비밀을 유지하는 것은 정보 보안의 3요소 중 기밀성에 관한 내용으로 암호화, 접근 제어 등을 통해 보장할 수 있다.
②, ⑤는 무결성, ③, ④는 가용성에 관한 설명이다.

12 사기는 남을 속여 경제적 이득을 취하는 행위로, 인터넷이나 디지털 기술을 활용한 사기가 아닌 일반적인 사기는 정보 보안과 관련이 없다.

13 ㉠은 정보 제공자로 콘텐츠 배포 및 공급을 담당하며, 포털 사업자, SNS 사업자 등이 있다. ①은 정보 생산자, ③, ④, ⑤는 정보 관리자에 관한 설명이다.

14 ①은 랜섬웨어, ③은 피싱, ④는 해킹, ⑤는 스미싱에 관한 설명이다.

15 정보 보안 기술 중 네트워크 보안은 네트워크와 데이터의 무결성, 기밀성, 가용성에 대한 공격 및 장애로부터 컴퓨터 시스템을 보호하는 것으로, 악성 코드 차단 소프트웨어, 방화벽, 액세스 제어 등이 있다. 정보 보안 기술을 활용하여 정보를 안전하게 보호하여야 하는 것은 기관에서 해야 하는 역할이다. 정보 소비자인 개인은 컴퓨터나 스마트폰의 잠금 설정, 정보 보안 설정 등을 통해 자신의 정보를 보호하기 위한 노력을 하여야 한다.

16 디지털 기술의 하나로, 사용자의 관리 없이 서버나 데이터 저장 장치, 응용 프로그램, 컴퓨팅 파워와 같은 컴퓨팅 시스템 자원을 필요시 바로 제공하는 인터넷 기반의 컴퓨팅 서비스를 말한다.

17 • 다: 본인 확인 시 주민등록번호 대체 수단 사용하기
• 마: P2P 공유 폴더에 개인 정보 저장하지 않기
• 바: 금융 거래는 PC방에서 이용하지 않기

18 정보 보안은 외부의 불법적인 접근으로부터 정보를 보호하는 것으로, 정보의 수집, 가공, 전송 등의 동작이 이루어지는 도중에 훼손, 변조, 유출 등을 방지하는 기술이다. 정보 보안은 기밀성, 가용성, 무결성을 확보하는 데 목적이 있다.

19 디지털 정보를 처리하고 저장 및 전송하는 장치를 연구, 개발하는 기술이다.

20 미래 사회 3대 특징: 초연결, 초지능, 초융합
초연결은 네트워크로 사람과 사람, 사람과 사물, 사물과 사물이 연결되어 통신할 수 있는 상태를 의미하고, 초지능은 학습된 수준을 넘어 환경과 상호 작용하는 인공지능을 의미하며, 초융합은 여러 기술이나 산업, 지식, 학문 등이 결합해 새로운 산업이나 지식이 출현하는 것을 의미한다.

21 컴퓨터, 스마트폰, 태블릿 등을 사용할 때, 정보 보안 설정 기술을 사용하고 비밀번호를 주기적으로 변경한다. 비밀번호는 영어 대문자, 소문자, 특수 문자, 숫자 등을 섞어서 설정하고 본인 확인 시 주민등록번호 대체 수단을 활용한다. 등

 고등학교 정보

중 간 · 기 말 · 내 신 대 비

자습서 ✚ 평가 문제집

발 행 일	초판 1쇄 발행 2025년 04월 25일
지 은 이	안샛별 · 이산 · 임건웅 · 한지연 · 호준희 · 황성훈
발 행 인	신재석
발 행 처	(주) 삼양미디어
주 소	서울시 마포구 양화로 6길 9-28
전 화	02-335-3030
팩 스	02-335-2070
등록번호	제10-2285호
	Copyright © 2025, samyangmedia
홈페이지	www.samyang𝓜.com
I S B N	978-89-5897-447-5
정 가	20,000원